미국의 자연관 변천과 생태의식

미국학총서 VII

미국의 자연관 변천과 생태의식

펴낸곳 서울대학교출판문화원
펴낸이 이장무
엮은이 신문수

초판 1쇄 인쇄 2010년 7월 25일
초판 1쇄 발행 2010년 7월 30일
출판등록 제15-3호

주소 서울 관악구 관악로 599 우편번호 151-742
대표전화 02-880-5252 **팩스** 02-888-4148
마케팅팀(주문상담) 02-889-4424, 02-880-7995
이메일 snubook@snu.ac.kr
한글홈페이지 www.snupress.com
영문홈페이지 eng.snupress.com

ISBN 978-89-521-1107-4 94300
978-89-521-1106-7 (세트)

미국학총서 VII

미국의 자연관 변천과 생태의식

신문수 엮음

hanges in the American View of Nature and Ecological Awareness

서울대학교출판문화원

Changes in the American View of Nature and Ecological Awareness

Edited by Moonsu Shin

Seoul National University Press

머리말

지구 환경문제의 심각성에 대한 허다한 경고와 반성의 목소리에도 불구하고 그 개선의 기미는 보이지 않고 있다. 이제 자연파괴와 환경오염은 지구촌 전체의 존망이 걸린 중대한 국제적 관심사로 부상하고 있다. 세계의 정치지도자들이 나서서 이산화탄소의 배출을 자율적으로 규제할 것을 다짐하기에 이른 것 자체가 사태의 심각성을 새삼 말해 주고 있는 것이다. 지구촌 전체의 파멸을 피하기 위해서 우리는 이제까지의 삶의 방식과 관행을 근본적으로 개혁하지 않으면 안 된다. 그러기 위해서는 자연과 인간의 관계에 대한 반성적 성찰, 특히 자연을 대상적 존재로 보아 온 이원론적 세계관과 그에 입각한 제반 사회적 관계의 변혁을 통한 보다 근본적인 사고방식과 생활태도를 정립하고 그것을 하나의 사회적 윤리로 내면화할 필요가 있다.

환경위기가 절박할수록 다시 강조하거니와 우리는 삶의 근본을 진지하게 되돌아보아야 한다. 예컨대 '자연'이란 말의 다의적 의미를 되새겨 보는 것도 그런 노력의 하나로 꼽을 수 있을 것이다. 우리는 일상사에서 별 의식 없이 자연이란 말을 손쉽게 쓰고 있으나 그 뜻하는 바는 실로 천차만별이다. 자연보전을 목적으로 내세운 일이 흔히 자연의 파괴로 귀결되고 마는 것도 저마다 자연이란 용어를 자기 방식대로 이해하고 있는 데에 적잖은 책임이 있다고 해도 과언이 아니다. 결국 우리가 처한 위기의 현실을 심층적으로 또 복합적으로 살핌과 동시에 상호 소통하고 이해하는 노력을 게을리 하지 않는 것이 그 극복의 첫걸음이 되어야 할 것이다.

이런 점에서 이번에 서울대학교 미국학연구소의 '미국학총서'의 하나로 『미국의 자연관 변천과 생태의식』을 발간하게 된 것은 뜻깊은 일이다. 잘 알려져 있듯이 미국의 국민적 정체성 정립에서 자연은 중요한 요소였다. 미국은 영국의 식민지에서 벗어나 독립국가로 탄생하면서 광활한 대자연을 지닌 자연의 나라를 표방했었다. 그러나 19세기 후반부터 가속화되기 시작한 산업화로 미국 사회는 질적 변화를 거듭하여 오늘에 이르러서는 환경위기의 최전선을 형성하고 있는 이른바 후기산업사회로 탈바꿈하였다. 이 책은 이런 역사적 과정을 거치면서 자연에 대한 미국인의 시각이 어떻게 변화해 왔고, 또 그러한 자연관의 변모가 어떤 생태의식을 촉발해 왔는지를 조감해 보고자 하는 의도의 소산이다. 이런 조망은 그 자체로 흥미 있는 일이기도 하지만 그것을 하나의 사례로 삼아 환경문제를 해결하기 위한 생태적 예지를 길어낼 수 있다면 더더욱 의미 있는 일일 것이다. 광활한 자연을 국민적 정체성의 원천으로 삼았던 미국이 산업화 과정에서 어떻게 자연을 훼손했고, 그 상처를 치유하고자 어떻게 노력했는가를 검토하는 과정에서 자연의 용례가 얼마나 다의적인지를 새삼 확인함과 동시에 급속한 산업화로 미증유의 심각한 환경문제를 겪고 있는 우리 사회에 타산지석의 교훈을 줄 것이라 믿는다.

자연이 미국의 국민적 정체성의 근간이요 공동체 귀속감의 뿌리로 작용해 왔기에 인간과 자연의 관계에 대한 성찰은 필경 미국적 자아 형성과 문화적 에토스의 본질을 되새겨 보는 작업이기도 하다. 이 점에서 이 책은 미국의 문화적 이념과 가치, 미국적 자아와 국민적 정체성의 본질에 대한 이해를 깊게 하는 데에도 기여할 것이다. 특히 인간의 문화와 자연환경의 역동적인 상호작용에 초점을 맞추어 미국의 정신사를 새롭게 조감하는 이 책의 연구방법론은 문화 연구는 물론 생태학 및 지역학 연구의 새로운 가능성을 제시한다고 말할 수 있다. 기존의 문화사와 생태환경사를 종합한 이러한 연구 방식은 인간이 자연의 일부라는 생태학적 명제를 학문적으로 실천하는 것이기도 하다. 따라서 이 책은 미국 문화사에 대한 새로운 조망을 제공하면서 아울러 생태적 예지를 내면화시키는 환경윤리 교육의 지평에도 열려 있다.

생태학적 시각에서 미국 자연관의 변천을 역사적으로 조명한 연구도, 그것을 미국적 자아 형성이나 문화적 정체성과 연관시킨 연구도, 그것을 생태학적 사유의 형성과 연관시켜 심층적으로 검토하고 있는 연구도 국내에는 아직 찾아볼 수 없는 실정이다. 물론 개별 작가나 작품을 통해 상기 주제를 단편적으로 다룬 연구들은 더러 있다. 환경위기의 심화, 그에 대한 반응으로 자연기 문학에 대한 관심의 증대, 특히 문학과 환경이 영문학 내의 중요한 연구 분과로 발돋움한 데 힘입어 미국의 경우 자연 혹은 문학생태학에 관한 연구가 현저히 증가하고 있는 추세다. 그러나 우리의 경우는 아직 초보 단계를 벗어나고 있지 못하다. 이 책은 이런 점에서 우리 인문학 분야에서 문학을 통한 환경의 중요성을 일깨우는 문학생태학에 대한 관심의 환기와 확산에 기여할 것으로 생각한다.

이 책은 2007년도 한국학술진흥재단(현 한국연구재단) 기초연구 과제 중 창의주제 분야의 하나로 선정된 연구 과제(원제: 미국의 자연관 변천과 생태적 사유의 형성)의 성과를 정리한 것이다. 서울대학교 미국학연구소의 주관 아래 전공 분야가 서로 다른 8명의 연구자들이 2년여에 걸쳐 연구에 매진한 결과다. 그 결과의 일부가 서울대학교 미국학연구소에서 발행하는 『미국학』 32집 2호(2009년 11월 발행)에 게재된 바 있다. 그동안 한국의 미국학 진흥에 큰 기여를 해 온 우리 연구소의 '미국학총서'에 이 책이 추가됨으로써 총서의 지평이 한층 확대되었다고 자부한다. 끝으로 이 책이 발간되기까지 수고한 분들에게 감사의 말씀을 드리고자 한다. 우선 연구비를 제공해 준 한국학술진흥재단에 사의를 표한다. 아울러 학제적 연구의 어려움에도 불구하고 연구에 참여하여 훌륭한 연구 성과를 낸 연구자 여러분에게 심심한 감사의 말씀을 드린다. 또한 연구의 원활한 진행을 위해 애써 준 대학원의 이해언 군, 미국학연구소의 조교로 일하면서 그동안 연구 활동을 지원해 준 이동환, 김종호, 박진희 선생의 노고에 대해서도 고마움을 전한다. 끝으로 어려운 환경 속에서도 이 책의 출간을 맡아 준 서울대학교출판문화원에도 감사의 말씀을 드린다.

2010년 7월

서울대학교 미국학연구소 소장 정상준

차례

1

서론

자연과 미국 문화

신문수

새삼스러운 말이지만 자연은 미국 국민문화 형성에 각별한 의미소다. 종교의 자유를 찾아 신대륙에 건너온 청교도들이 대면한 "사악하고 황량한 황야"든, 19세기 중엽 낭만주의적 숭고 미학을 자극한 장엄한 풍경이든, 환경오염으로 생명의 소리가 사라진 침묵의 숲이든, 자연은 미국인의 자아의식과 문화적 정체성을 규정하는 데 빼 놓을 수 없는 요소다. 모든 것이 불안정했던 건국 초기에 토머스 제퍼슨Thomas Jefferson을 비롯한 정치 지도자들이 민주주의 정치 체제를 확고히 하고 공화주의 정치 이념을 기반으로 한 국민일체 의식을 숙성시킬 수 있었던 것도 미국이 유럽에서는 찾아볼 수 없는 전인미답의 광활한 영토를 소유한 나라, 다시 말해 제퍼슨이 표현한 대로 "야성적이고 압도적이면서 또한 마음을 가라앉히고 즐거움을 선사하는"(Jefferson 1984, 148) 장엄한 대자연의 나라라는 자부심이었다. 청교주의 이론가 페리 밀러Perry Miller는 이런 시각에서 「자연과 국민적 자아Nature and the National Ego」라는 글에서 미국 정신의 추동력은 성경 못지않게 자연에서 비롯된 것임을 강조하였고, 보다 최근에 마이라 젤런Myra Jehlen은 "'미국'과 '미국인'이라는 정초적 개념 형성의 결정적 요소는 추상적인 이념들이라기보다는 대륙 국가라는 물리적 사실"(Jehlen 3)이라는 지적을 한 바 있다. 미국 사회에서 자연은 이처럼 국민적 정체성의 근간이요 공동체 귀속감의 밑바탕으로 작용해 왔기 때문에 미국인의 자연관 변천 양상에 대한 검토는 필경 미국적 자아 형성과 문화적 에토스의 본질을 되새겨보는 작업일 수밖에 없다.

미국 문화의 이해에서 '자연'이 빼놓을 수 없는 중요 요소라는 생각은 물론 새로운 것은 아니다. 일찍이 미국의 독특한 사회적 관습과 미국적 성격 정립에 프런티어 체험이 결정적 역할을 했다고 주장한 프레더릭 잭슨 터너Frederick Jackson Turner, 미국 문학에서 장소의 혼the Spirit of Place이 중요한 문학적 모티프를 이루고 있음을 환기시킨 로렌스D. H. Lawrence, 이 연장선상에서 서부와 변방의 문학적 의미를 탐구한 에드윈 푸셀Edwin Fussell 등은 모두 자연과의 만남이 미국적 체험의 핵심을 이루고 있음을 지적했다. 이른바 신화-상징학파에 속하는 『아메리칸 아담*The American Adam: Innocence, Tragedy, and Tradition in the Nineteenth Century*』(1955)의 저자 루이스R. W. B. Lewis, 『처녀지*Virgin Land: The American West as Symbol and Myth*』(1950)를 통해 변방 너머로 사람들을 유혹한 배후지의 신화적 기능을 해부한 헨리 내시 스미스Henry Nash Smith, 『정원 속의 기계*The Machine in the Garden*』(1964)에서 원시적 자연과 도시 문명의 사이에 자리한 '중간 풍경middle landscape' 속의 목가적 삶에 대한 동경이 미국적 유토피아의 핵심을 이루고 있다고 지적하면서 정원과 기계의 갈등 문제를 탐구한 리오 맑스Leo Marx 등도 자연이 이른바 '미국적 정신the American Mind'의 탐구에서 중요한 고려 사항임을 일깨웠다.

요컨대 이들 신화-상징학파의 이론가들은 미국의 독특한 자연환경(스미스의 '처녀지')은 미국적 성격(루이스의 '미국적 아담')을 길어내는 터전이고 사회적 소명(밀러의 '황야로의 심부름')을 정당화하고 그것을 실현하는 바탕이었음을 재확인한다. 신화-상징학파의 관심사에 대한 이와 같은 요약은 미국 자연 담론의 특징적 전개 양상을 다시금 상기시킨다. 그것은 국민적 정체성(미국적 성격)의 탐구, 국민적 이념 및 사회적 과제와 목표의 성찰을 거의 언제나 포함한다. 건국 초는 물론이고 서부 개척이 중요한 사회적 관심사가 되었던 19세기 중엽 그리고 요세미티와 옐로스톤의 국립공원 지정과 함께 공유지의 관리와 이용이라는 문제가 대두된 19세기 말경의 자연에 대한 담론에서 이 점은 특히 두드러진다. 미국 사회에서 자연은 이처럼 물리적 환경에 그치지 않고 당대 사회의 이념과 가치 체계가 투영된 표상이었다. 자연은, 로렌 벌랜트Lauren Berlant의 용어를 빌려 다시 말한다면, "국민적 상징계the National Symbolic"를 구성하는 중요한 담론적 실천 체계이자 상징적 자산인 것이다.[1]

자연에 대한 미국 사회의 지속적인 관심에 신대륙의 원형적 이미지, 곧 멋진 신세계에 대한 유토피아적 희원이 깃들어 있음을 간과할 수 없다. 이러한 사실은 자연을 중요한 상징적 자산으로 간주해 온 자연중심주의naturism의 전통에 면면히 흐르고 있는 것이 전원주의pastoralism라는 데서 확인할 수 있다. 목가적 전원에 대한 동경은 주지하듯 정치적 차원에서는 제퍼슨적 농경주의로 변주되어 나타났었다. 제퍼슨이 농경주의를 선호한 것은 땅을 직접 경작함으로써 자연과 접촉하고 그 과정에서 민주적 시민으로서 필요한 자립심과 윤리적 덕성을 기를 수 있다고 생각했기 때문이다. 그는 농부를 "신이 선택한 사람"이라고 표현했다 (Jefferson 1984, 290). 시류를 타지 않는 안정적인 농업이 경제적으로 독립적이고

1. 벌랜트가 말하는 '국민적 상징계'는 사람들을 국가 공동체의 일원으로, 다시 말해 국민적 주체로 구성해 내는 제반 담론 체계를 일컫는다: "[The National Symbolic refers to] the order of discursive practices whose reign within a national space produces, and also refers to, the 'law' in which the accident of birth within a geographic/political boundary transforms individuals into subjects of a collectively-held history. Its traditional icons, its metaphors, its heroes, its rituals, and its narratives provide an alphabet for a collective consciousness or national subjectivity"(Berlant 20).

자족적인 삶을 보장해 줄 수 있을 뿐만 아니라 자연 속의 노동을 통해 신과 접촉하는 영적 체험을 맛볼 수 있다고 생각했기 때문이다. 농본주의적 삶의 길과 목가적 삶에 대한 문화적 선양에도 불구하고 미국은 19세기의 후반에 이르러 서구 산업화의 선두 주자로 나섰고 도시화도 날로 심화되었다. 오늘날 미국의 농촌 인구는 3퍼센트도 채 안 된다. 급격한 산업화와 가속되는 도시화의 와중에서도 의미 있는 사회문화적 코드로서 자연의 호소력이 지속되어 왔다는 것은 특기할 만한 일이다. 이런 점에서 생태주의에 대한 오늘의 고양된 관심은 환경위기에 대한 적극적 대응의 차원에서만이 아니라 문화적 전통의 자극에서 비롯된 측면도 크다는 것을 유념할 필요가 있다.

자연과 밀착된 목가적 삶의 선양은 흔히 산업자본주의 체제에 대한 비판과 저항으로 간주되어 왔다. 신화-상징학파의 이론가들도 이 점을 강조했다. 그러나 근래에는 이를 달리 이해하는 시각도 제기되고 있다. 가령 랠프 월도 에머슨 Ralph Waldo Emerson은 『자연*Nature*』에서 자연과의 본원적 관계를 회복하라고 역설했는데, 이는 변방에 홀로 선 개척민의 삶의 방식의 선양으로도 비칠 수 있는 것이다. 문명의 손길에서 벗어나 있는 숭엄한 자연에 대한 문학적 및 회화적 재현은 19세기 중엽 미국의 자생적이고 독자적인 예술 양식으로 주목되어 왔지만 이 또한 '명백한 운명'을 앞세운 팽창주의의 확산에 일조했다는 비판을 받고 있다. 서부를 '처녀지'로 신화화한 스미스의 시각에 대해 특히 페미니즘 진영의 비판은 더욱 신랄하다. 페니모어 쿠퍼James Fenimore Cooper를 비롯한 변방 소설가들이 묘사한 서부는 남성 주인공들이 삶의 의미를 발견하고 새로운 자아를 정립하는 공간으로 낭만화되어 있지만 여성들에게는 남성적 질서 속에 갇혀 순종과 억압이 강요되는 곳일 뿐이라는 것이다.[2] 인디언과 흑인의 숱한 희생과 굴종 그리고 이민자들의 피땀이 얼룩진 곳이 서부일진대 이런 비판은 온당하다고 아니

---

2. Kolodny 1984, 225-26 및 Baym 1992 참조.

할 수 없다. 아네트 콜로드니Annette Kolodny는 그리하여 변방의 자연을 서로 다른 관습과 언어가 충돌하고 상호 침투하는 "문화 접촉의 장소," 곧 다양성과 잡종성으로 생동하는 유동적인 공간으로 재구성할 것을 촉구한다(Kolodny 1995, 11). 신화-상징학파의 문화이론에 대한 근래의 문화연구가들의 이와 같은 비판은 미국적 전통을 이루고 있는 자연중심주의에 대한 단선적 시각의 경계를 촉구한다고 할 것이다.

'자연'이라는 말은 우리가 일상적으로 자주 또 손쉽게 쓰는 말이다. 그러나 그 의미를 명료하게 밝히고자 하면 할수록 미궁으로 빠져들기 십상인 단어이기도 하다. 그 사용 맥락이 다기하고 의미의 층이 두텁기 때문에 그것은 레이먼드 윌리엄스Raymond Williams가 한탄했듯이 영어에서 가장 복잡한 단어 중의 하나다(Williams 68). 더욱이 자연은 미국 문화사에서 마찬가지로 다의적인 '변방', '야생지', '서부' 같은 용어와 종종 혼용되고 있다. 미국 자연관의 변천사를 조감하고 아울러 생태의식의 태동을 살피고자 하는 이 책에서는 이런 전제 아래 크게 두 가지 관점에서 자연의 다의적 의미를 검토해 보고자 한다. 앞서 살핀 자연을 핵심적인 문화 코드로 간주해 온 전통적인 미국 문화의 관점과 오늘의 환경위기에 대한 자각에서 자연과 인간의 관계를 반성적으로 되돌아보고자 하는 생태학적 관점이 그것이다. 전자가 자연을 어떤 관념의 표상으로 보는 알레고리적 서사의 경향이 두드러진다면, 후자는 그 담론의 세계로부터 환원된, 인간의 파괴와 훼손의 대상이 되어 온 현실적 자연, 물리적 자연 세계가 초점이 된다.

물론 두 관점이 엄격히 구별되는 것은 아니다. 그러나 이 두 방향은 오늘의 환경 담론에서 특히 정치적 실천의 문제와 결부될 때 미묘한 갈등을 표출해 온 것도 사실이다. 예컨대 '야생지'의 개념을 둘러싼 윌리엄 크로논William Cronon과 게리 리스Gary Lease 및 마이클 술레Michael E. Soulé의 논쟁도 그런 경우다. 미국 문화에서 특별한 의미를 띠어 온 '야생지'라는 용어가 실체적 대상이라기보다는 물신화된 문화적 구성물이라는 크로논의 지적에 대해 리스와 술레는 자연을 포함한 모든 개념의 언어적 매개를 인정하면서도 언어 이전의 물적 현실로서의 자연을 도외시하는 시각의 위험성을 경고한다.[3] 맥락은 다르지만 영국의 생태철학자 케이트 소퍼Kate Soper도 오늘의 환경 담론에 이 두 관점이 교차함을 주목하면서 양자가 상호 보완적인 접점을 찾을 때 정치적 실천에서 보다 생산적인 결과를 낳을 수 있다는 지적을 한 적이 있다.[4] 인간의 자연 침탈이 본격화되는 근대 이후 어느 시대를 막론하고 이 두 시각은 상호 교차해 왔다. 따라서 인간과 자연의 관계 양상의 전모를 파악하고자 한다면 양자의 변증적 종합이 필히 요청된다. 이 책 또한 이런 변증적 시각에서 미국 자연관의 변천 과정을 검토하고 그 바탕 위에서 생태적 사유의 지평을 엿볼 것이다. 이런 맥락에서 자연에 대한 우리의 입장을 몇 가지로 정리하여 논의의 지침으로 삼고자 한다.

첫째, 자연은 단순한 지리적 공간이 아니라 당대 사회의 이념과 가치가 투영된 이념태다. 다시 말해 자연은 물리적 환경이자 도구적 자원으로 기능하면서 또한 자아와 국민적 정체성을 구성하는 중요한 변수다.

둘째, 자연은 인간에게 근원적 귀속감을 제공하고 온생명으로서 우리의 나날의 삶을 포용하는 생명 체계다. 다시 말해 자연은 인간의 삶과 유리된 별개의 대상이 아니라 삶의 본원적 장소, 인간 실존의 근원적 터전인 의식을. 이런 시각에

---

3. 크로논의 입장에 대해서는 그의 논문 「야생지의 문제The Trouble of Wilderness; or, Getting Back to the Wrong Nature」를, 리스와 술레의 입장에 대해서는 두 사람이 편집한 『자연의 재발명? 포스트모던 해체론에 대한 대답*Reinventing Nature? Responses to Postmodern Deconstruction*』에 실린 리스의 「서문: 공격받고 있는 자연Introduction: Nature under Fire」과 술레의 「자연의 사회적 포획The Social Siege of Nature」 참조. 이 논쟁에 대한 보다 자세한 논의는 Mazel xiii-xix 및 Chaloupka 참조.

4. 소퍼는 자연의 실체성을 강조하는 입장을 'nature-endorsing perspective', 자연이 문화적으로 구성된 개념이라는 포스트모던적 자연관을 'nature-sceptical perspective'로 대별하고 양자가 접점을 찾을 것을 촉구한다: "Just as a simplistic endorsement of nature can seem insensitive to the emancipatory concerns motivating its rejection, so an exclusive emphasis on discourse and signification can very readily appear evasive of ecological realities and irrelevant to the task of addressing them"(Soper 8).

서 존재의 터전으로서의 장소의 회복을 강조해 온 마르틴 하이데거Martin Heidegger의 철학, 장소애topophilia를 지리적 상상력의 중요한 요소로 강조한 이푸 투안Yi-Fu Tuan의 지리학, 지역의 특수성과 고유한 형편에 최적인 생활양식을 추구하고자 하는 근래의 생태지역주의bioregionalism는 자연과 인간의 바람직한 관계를 살피는 데 중요한 참조항이다.

셋째, 자연은 인간에게 유용한가의 여부와 상관없이 그 자체로 내재적 가치를 지닌 존재의 질서다. 자연의 고유한 존재 가치는 생명체뿐만 아니라 앨도 레오폴드Aldo Leopold가 생명공동체에 포함시킨 물, 공기, 대지와 같은 무생물의 세계도 포괄한다. 이는 자연의 남용과 훼손이 부당한 것임을 환기시키는 중요한 전거이자 자연에 대한 외경심의 원천을 이루는 생각이기도 하다. 실천적 차원에서 이 주장은 첨예한 대립 양상을 표출하기 십상인데, 예컨대 자연보전주의preservation와 자연보호주의conservation의 대립도 이의 수용과 그 한계의 문제에서 서로 다른 입장으로 갈리기 때문이다.

넷째, 자연은 심미적 즐거움의 원천이다. 자연은 일상적 삶에서 맛볼 수 없는 광활한 공간과 아름다운 풍경을 제공한다. 이를 통해 조화와 균형의 아름다움, 전체적 질서와 미적 통일성을 완상玩賞하고 향유할 수 있다. 자연과 심미적 감수성의 문제는 최근 부상한 환경미학environmental aesthetics의 중요한 관심사다. 그 이론적 선구자의 하나인 앨런 칼슨Allen Carlson에 따르면 환경미학은 자연물에서 이상적 미의 모델을 구하면서 자연이 곧 심미적 체험의 전범이라고 주장한 18세기 미학에 이론적 뿌리를 두고 있다. 거기에서 파생한 19세기의 실증주의 미학은 인간의 손때가 묻지 않은 원시적 자연이야말로 으뜸가는 심미적 구현체임을 강조하면서 자연 파괴와 훼손을 질타했다.[5]

다섯째, 자연은 정태적이고 수동적인 대상이 아니라 "거대한 유기체super-

5. Carlson 2009, 1-21. 이 밖에 Carlson 2000, Budd 1-23 참조.

organism"다. 크로논이 『대지의 변화상*Changes in the Land*』이라는 책에서 환기시키는 것처럼 생물체가 그렇듯이 자연계 역시 탄생, 성장, 성숙, 사멸의 과정을 겪으며 변화해 간다. 가령 흔히 볼 수 있는 울창한 나무숲도 처음에는 자그마한 연못으로 출발하여 시간이 흐르면서 보다 넓은 늪으로, 다시 초지대로, 이윽고 선구 식물들이 자라는 잡목림으로 변화하고, 더 시간이 흐르면서 큰 나무들이 자라는 숲으로 발달해 간다(Cronon 1983, 10-11). 유기체로서의 자연은 따라서 그 나름의 질서와 체계 그리고 기억을 지닌다. 시인 게리 스나이더Gary Snyder의 표현대로 자연은 "책이 아닌, 행위, 하나의/ 뛰어난 오랜 문화"인 것이다(Snyder 1993, 381).

앞에서 강조했듯이 기실 자연과 문화는 서로 분리된 것이 아니다. 그것은 상호 배제적인 것이 아니라 서로가 서로에게 침투하며 유기적 전체를 이루는 상호 보완적인 것이다. 생명의 본성에 충실한 역동적 삶을 포용하는 환경이란, 사회생태학자 머리 북친Murray Bookchin의 주장처럼, 자연계와 인위적인 문화환경 모두를 포괄하는 것이어야 마땅하다. 우리가 갈색 경관을 이루고 있는 도시환경을 미국 자연관의 변천사를 살피는 우리 연구의 종장으로 설정하고, 오늘날 절대다수의 현대인들이 살아가는 도시에서도 자연의 신비를 발견할 수 있는 장소로 성찰하고자 하는 것도 이 때문이다. 따라서 자연이 특별한 의미소로 작용해 온 미국 사회에서 자연과 문화를 대립적인 것으로 설정하고 자연을 정복과 착취의 대상으로 삼아 온 서구 기독교 문명의 오랜 사고 관행이 어떻게 변주되었는지를 각별히 주목할 필요가 있다. 독립 50주년을 전후한 19세기 중엽 국민주의 의식이 팽배했던 미국 사회가 신생 공화국과 유럽 구체제의 차이를 자연과 문명의 대립으로 치환시킴으로써 미국 예외주의 수사를 길어냈다는 점은 의미심장한 것이다.

생태학자인 캐럴라인 머천트Carolyn Merchant는 21세기의 새로운 환경윤리의 하나로 자연과의 '동반자 윤리partnership ethic'를 말한 적이 있다. 그녀가 말하는 동반자 윤리는 인간의 삶과 자연생물계의 삶이 상호 의존적일 때 양자 모두 최대의 복리를 누릴 수 있다는 인식에 입각해 있다(Merchant 2004, 223). 머천트는 인간과 자연의 상호의존성을 공리주의적 관점에서 말하고 있지만 그것은 인간의 윤리적 책임을 강조하는 방편에서이고, 인간과 자연은 요컨대 근원적으로 불가분리한 관계다. 따라서 인간과 인간의 사회적 관계 못지않게 인간과 자연 존재자와의 유기적 관계도 삶의 현실을 구성하는 중요한 요소다.

이런 입장에 설 때 삶의 환경이란 보다 구체적으로 어떤 의미를 갖는 것인가? 미국의 환경사를 조감하는 저서, 『자연의 나라 : 미국의 환경사*Nature's Nation: An Environmental History of the United States*』에서 존 오파이John Opie는 환경을 보는 세 가지 입장을 기존의 역사적 시각과 대비시켜 정리한 바 있다. 첫째, 대부분의 역사서는 환경을 인간의 문화적 활동이 영위되는 불변하는 배경으로 다루고 있으나, 환경중심적 시각에서는 지형, 기후, 야생 생태를 포함하는 자연환경이 우리 삶을 형성하는 중요 변인으로 고려된다. 둘째, 환경중심적 역사는 기존의 역사가 지리적 팽창, 정치제도, 국민총생산, 명백한 운명과 같은 이념에 치중한 나머지 사람들이 환경자원을 오염시키고 남용한 면을 도외시하는 것을 비판한다. 셋째, 환경사는 청교주의, 초월주의, 민주주의의 팽창, 정부의 자원이용 규제 같은 전통적인 역사적 이슈에 관심을 기울이는 동시에 두 번째 입장의 문제점을 보완하는 종합적인 시각에서 인간과 자연의 지속적인 상호 영향을 주목한다.

인간의 문화적 활동과 자연의 역동적 상호작용이라는 보다 종합적인 시각에서 환경의 변천사를 살필 필요성을 강조하는 오파이의 관점은 이 책에 중요한 참조틀을 제공한다. 자연관의 변천에 대한 역사적 조망도 오파이가 강조한 것처럼 양자의 상호 연관을 동시적으로 살피는 노력이 긴요하다. 그럴 때 비로소 인간이 생태공동체의 일원이며 자연이 유기적 생명체로서 인간의 삶을 포용하는 공간임이 분명하게 드러날 수 있기 때문이다. 이 점에서 이 책의 입장은 기존의 문화사적 시각과 변별된다. 예컨대, 자연을 악의 온상으로서 혼란과 야만 상태에 방기된 황야로 파악했던 청교도적 자연관은 18세기 말에 이르면 자연을 신성의 발현 혹은 미덕의 상징으로 보는 태도에 자리를 내준다. 자연에 대한 이런 긍정적인 인식 전환을 기존의 문화사는 독립과 더불어 구세계인 유럽에는 없는 광활한 대자연을 미국의 국가적 정체성으로 내세워야 할 정치적 필요성이나 뒤이은 서부 팽창과 연관된 경제적 동기로 흔히 설명한다. 그러나 자연환경 변화에 초점을 둔 최근의 연구들이 밝히고 있는 것처럼 이 시기의 자연관의 변모는 이런 정치사회적 변화 못지않게 급격한 개발로 인한 자연의 훼손과 남용이 심각해지면서 사라져 가는 자연에 대한 윤리적 책임감과 예레미아적 탄식이 뒤섞인, 보다 복합적인 태도의 소산이기도 하다. 뉴잉글랜드의 숲의 변화상을 면밀히 조사한 『소로의 고장*Thoreau's Country: Journey through a Transformed Landscape*』(1999)이라는 연구서에서 데이비드 포스터David R. Foster 또한 비슷한 시각에서 헨리 데이비드 소로Henry David Thoreau의 생태학적 사고가 인구증가와 산업화로 삼림이 날로 황폐화되고 있는 역사적 정황에서 뉴잉글랜드의 숲을 되살리고자 하는 현실적 요구의 소산이라고 지적한 적이 있다. 물리적 환경 변화를 중시하는 이러한 시각을 적극 수용할 때 인간의 사회적 삶과 일상문화를 보는 지평이 확대되고 따라서 삶에 대한 이해의 심화도 기대할 수 있는 것이다.

이러한 맥락에서 우리는 미국의 청교도 시대로부터 독립과 남북전쟁을 거쳐 환경문제가 심각한 사회적 이슈가 되고 있는 현금現今에 이르기까지 미국인의 자연관이 어떻게 변천해 왔으며, 그러한 자연관의 변모가 어떤 생태의식을 촉발해 왔는가를 통시적으로 검토하고자 한다. 그것은 환경위기의 최전선에 서 있는 미국의 사례를 역사적으로 조망해 봄으로써 날로 악화되어 가는 지구환경문제의 극복을 위한 생태적 예지를 도출해 보고자 하는 노력의 일환이기도 하다. 다시 말해 이 책의 관심은 인간과 자연의 관계에 대한 역사적 조감과 그것의 반성을 통한 바람직한 미래상의 모색하는 양 방향으로 열려 있다.

이 책에서는 식민지 시대부터 현금에 이르는 미국사의 전개 과정을 통념에 따라 8개의 국면으로 나누고, 각 국면의 특징적인 자연관을 요약한 다음 그런 자연관이 어떤 역사적 맥락에서 태동했고 어떤 사회적 반응을 낳았으며, 그런 역사적 과정에서 어떤 생태의식을 길어냈는지를 살핀다. 우리의 논의는 식민지 시대의 자연관에 대한 검토로부터 시작된다. 제2장 「식민지 시대의 자연관: "아르카디아"에서 "울부짖는 황야"까지」는 신대륙에 처음 건너온 영국인들의 눈에 비친 자연풍경을 두 가지로 대별하여 살핀다. 신대륙을 일종의 아르카디아로 묘사하여 힘겨운 삶에 지친 유럽인들을 유혹한 버니지아 식민자들의 이미지와 신앙을 시험하고 단련시키며 신의 부름을 이행해야 하는 고달픈 황야로 이해한 뉴잉글랜드 청교도들의 이미지가 그것이다. 그러나 이 두 시각은 대립한다기보다는 상호 교차한다. 이 시기를 대표하는 청교도 시인 앤 브래드스트리트Anne Bradstreet의 시는 좋은 예다. 거기에는 전형적인 청교도적 멘탈리티와 자연 풍광에 대한 낭만주의적 시각이 공존하고 있기 때문이다.

제3장 「'자연의 나라': 국가 건설과 자연의 재발견」은 독립과 더불어 변모된 자연의 이미지를 탐구한다. 자연은 이제 더 이상 청교도들의 눈에 비쳤던 황야도, 문명의 행진을 가로막는 장애물도 아니다. 그것은 신생 공화국의 자긍심의 원천으로서 신성의 발현체요 숭고미의 원천이자 번영을 약속하는 표상으로 다가온다. 그 변모의 중요 동인은 물론 독립혁명이지만 이 밖에 이신론理神論 사상, 낭만주의 미학도 그 변인으로 꼽을 수 있다. 독립혁명기의 시인인 필립 프리노Philip Freneau와 뒤 이은 윌리엄 브라이언트William Cullen Bryant의 자연시는 이런 변화상을 뚜렷이 보여 준다. 혁명의 혼란이 가라앉고 나라가 안정되면서 변경 너머의 광활한 자연에 대한 관심이 커지고 경제 발전이 가속되면서 자연의 이용도 급속히 증대된다. 자연에 대한 관심이 고조됨과 동시에 그 남용에 대한 우려의 목소리가 들리기 시작한 것은 이 때문이다. 윌리엄 바트램William Bartram의 여행기, 허드슨강파의 풍경화, 페니모어 쿠퍼의 『개척자들*The Pioneers*』은 자연

에 대한 달라진 태도와 그것의 복잡한 함의를 증언한다.

잭슨 시대(1828~1836)에서 도금 시대(1865~1900)로 이어지는 미국의 산업화 시기는 미국의 자연관 변천사에서 그 어느 시기보다도 중요한 국면을 형성한다. 산업화와 더불어 자연훼손이 한층 심해지고 그 대응으로 생태의식이 본격적으로 태동되기 때문이다. 제4장 「산업화의 진전과 자연훼손 : 생태학적 사유의 태동」은 이 시기에 초점을 맞추어 산업화와 그 대응을 살펴본다. 무분별한 벌목이 자연에 미치는 영향을 세밀히 관찰한 조지 퍼킨스 마시George Perkins Marsh의 『인간과 자연*Man and Nature*』 그리고 미국 생태문학의 아버지라고 할 수 있는 소로의 저작, 특히 그의 대표작인 『월든*Walden*』은 시대의 일반적 흐름에 대한 예리한 반응이다. 자연의 훼손을 우려하면서도 마시가 인간중심주의를 벗어나지 못하는 한계를 노정하는데 반해 『월든』은 인간중심주의에서 비껴 선 '포기의 미학'을 현시하는 동시에 대자연에 다가가기 위한 자기절제와 영적 각성의 필요성을 역설함으로써 생태적 사유의 한 전형을 보여 준다.

제5장 「국립공원의 창설과 자연보전운동」은 도금 시대를 거치면서 자연훼손이 더욱 심각해지자 국가적인 이슈가 된 자연보전운동에 대해 논의한다. 남북전쟁 후 정부의 주도로 국립공원이 지정되고 19세기 말에 이르러 시에라 클럽Sierra Club을 창설한 존 뮤어John Muir를 비롯한 환경보전론자들이 본격적으로 환경의식을 고취하는 대중운동이 일어나게 된다. 이 장에서 국립공원 창설 과정을 자세히 살펴보고 특히 그 역사적 배경을 집중적으로 조명함으로써 20세기의 실천적 환경운동의 출발을 조명하고자 한다.

제6장 「대지윤리의 안과 밖 : 인간중심주의에서 생태중심주의로의 전환」은 앨도 레오폴드Aldo Leopold, 메리 오스틴Mary Austin, 그리고 에드워드 애비Edward Abbey의 생태사상을 살펴봄으로써 20세기 전반기 미국인의 자연관 변천을 탐구한다. 레오폴드가 주장하는 대지윤리는 독자적으로 고안한 것이 아니라 당시의 생태사상을 종합한 것이라고 보는 것이 옳다. 대지윤리의 핵심은 대지가 소모품

이 아니라 공동체이며, 인간은 그 공동체의 정복자가 아니라 구성원의 하나라는 것이다. 오스틴이 『갈수渴水의 땅*The Land of Little Rain*』에서 천명하는 자연만물의 내재적 가치와 자연과 인간의 상호 연관성은 레오폴드의 공동체 개념의 초석이 되고, 그녀의 에코페미니즘과 생태지역주의적 비전은 레오폴드는 물론 애비에게 자연을 새롭게 인식할 관점을 제공한다. 애비의 생태적 사유와 구체적 행동주의는 오스틴과 레오폴드의 생태중심주의가 급진적으로 발전한 것이라고 할 수 있다. 이들은 자연에 관한 우리의 인식을 인간중심주의에서 생태중심주의로 바꾸지 않으면 우리 자신의 생존조차 제대로 보장할 수 없다는 점을 분명히 한다.

제7장 「죽음의 문명: 원자폭탄의 발명에서 『침묵의 봄』까지」는 현대 미국 환경윤리의 연원과 현황의 검토에 초점을 맞추면서, 오늘날 우리가 직면한 환경위기 상황에 그것이 어떤 메시지를 던져 주는지에 대해서도 살펴본다. 환경문제에 접근하는 방식은 대체로 기술중심주의와 생태중심주의로 나뉜다. 전자가 도구적 가치, 경제적 시각, 인간중심주의에 기울어 있다면, 후자는 본래적 가치, 심미적 시각, 탈인간중심주의에 근거하고 있다. 그런데 환경위기를 극복하기 위해 절실히 요청되는 삶의 변화와 미래에 대한 비전은 후자의 계열에 속하는 소로, 뮤어, 레오폴드의 생태적 삶의 자세에서 찾아볼 수 있다. 그리고 20세기 후반기에 그것을 과학적 글쓰기를 통해 대중화시킨 레이철 카슨Rachel Carson의 시도에도 주목할 필요가 있다. 오늘날 미국의 환경담론을 이끄는 정신은 이처럼 심미적 감수성을 지니고 자연의 본래적 가치를 수용하는 형이상학적이고 종교적인 이상주의에 뿌리를 두고 있으며, 미래의 희망 또한 그것의 적극적인 실천 노력에서 발견할 수 있기 때문이다.

제8장 「자연과 여성 : 에코페미니즘의 도전」은 1970년대에 들어서서 죽어가는 지구를 되살리는 데 여성이 앞장서야 한다는 기치를 내건 에코페미니즘 운동을 조명한다. 에코페미니즘은 한편으로는 기존의 생태주의, 환경보호주의, 페

미니즘에 도전하면서 다른 한편으로는 그것들을 연결시킨 것이라고 할 수 있다. 에코페미니즘은 1970～1980년대에 반군사주의와 반핵운동 과정에서 태동하여 미국 사회에서 인간과 자연의 관계를 이해하고 그 관계를 개선하는 데 역동적이고 실천적인 장으로서의 역할을 해 왔다. 에코페미니즘은 또한 남성중심적인 가부장제에 토대를 둔 반생명적인 문화와 사회적 제도의 개선에도 역점을 두어 왔다. 이 장에서 이런 역사적 배경을 살핌과 동시에 여성과 자연의 관계를 특징짓는 다양한 관점의 검토를 통해 에코페미니즘이 나아갈 방향을 모색해 본다. 아울러 미국 원주민 작가인 린다 호건Linda Hogan의 작품 분석을 통해 생태적 의식의 각성과 훼손된 정신의 치유 가능성을 탐색해 본다.

최근 생태비평은 도시를 포함한 인간의 삶의 터전에서 나타나는 환경문제 및 이와 연관된 사회 불평등 문제에 관심을 보여 왔다. 하지만 '환경정의'라는 주제를 중점적으로 다루는 사회생태비평적 담론은 결과적으로 도시의 녹색 자연에 대해 무심했으며 도시자연문학 역시 조명을 받지 못하고 간과되어 온 경향이 있다. 사회생태비평에서 도시의 녹색 자연과 도시자연문학 장르가 다루어지지 않는 이유는 심층생태비평과 마찬가지로 자연과 문화를 별개의 영역으로 상정한 데 기인한다. 앞에서 지적한 대로 자연/문화의 이분법적 대립구도는 편의적인 것이다. 인간 문명은 야생자연에 흔적을 남겨 왔고 자연 역시 도시 문명 속에 잔존하고 있다. 인간에 의해 변형된 도시의 자연과 환경 역시 자연문학의 중요한 관심영역이라는 것은 그동안 생태비평이 별로 주목하지 않았던 도시자연문학 작품에 잘 드러나 있다. 제9장 「갈색 풍경의 생태학 : 도시자연문학의 등장」은 이런 문제의식에서 그동안 환경운동의 사각지대로 남아 있던 도시의 갈색 경관 속에서 생태적 예지를 발견하고자 하는 노력을 조명한다. 최근에 주목받고 있는 도시자연문학 작가인 찰스 시버트Charles Siebert, 리사 코투리어Lisa Couturier, 마이클 록랜드Michael Rockland의 작품 중 각각 뉴욕 시의 (자연)환경을 다루는 『위커비*Wickerby: An Urban Pastoral*』(1998), 『뱀의 소망*The Hopes of Snakes*』(2005), 『눈신발로 하수도 따라가기Snowshoeing through Sewers』(1994)가 주요 논의 대상이다.

자연을 사회문화적 담론의 중요한 요소로 고려해 온 미국 문화의 전통에서 친생태적 사유의 편린은 간단없이 조우할 수 있다. 예컨대 오늘의 심층생태학이 강조해 마지않는, 자연을 생명의 유기적 관계망으로 파악하는 관점을 우리는 앨도 레오폴드, 존 뮤어, 조지 퍼킨스 마시, 헨리 데이비드 소로를 거쳐 멀리 독립혁명기의 식물채집자이자 여행기 작가인 윌리엄 바트램에게서도 찾아볼 수 있다. 미국 자연관의 변천을 통시적으로 되돌아보면서 우리는 오늘날 인류가 당면하고 있는 환경문제가 오랜 역사적 뿌리를 지니고 있다는 것을 새삼 확인한다. 환경위기를 극복하기 위한 전 지구적 노력에도 불구하고 사태가 호전되지 않는 것도 우리 삶의 방식에 깃들어 있는 전통과 습속의 완강함 탓일 것이다. 새로운 삶의 비전을 모색하더라도 과거를 거듭 돌아보아야 할 이유가 여기에 있다.

우리가 당면하고 있는 환경위기는 기술문명을 바탕으로 한 근대적 삶의 방식과 태도의 소산일 뿐만 아니라 사고와 상상력의 문제이기도 하다. 자연을 객체적 대상으로 혹은 물질적 복리를 위해 이용할 자원으로 여기는 사고방식은 근대 서양문화 전통의 저류를 이루고 있다. 환경위기에서 벗어날 대안적 사고와 삶의 방식은 자연에 대한 이런 관성적 생각의 탈피 없이는 기대하기 어렵다. 미국 자연관의 변천을 인문적 사유 전통의 흐름에서 검토한 것도 이런 까닭에서다. 그렇긴 하나 한 사회의 자연에 관한 태도는 여러 가지 통로를 통해 형성된 것이다. 따라서 논의의 지평은 넓고 깊어야 하며 경계를 넘나드는 유연성을 지녀야 한다. 이런 점에서 논의의 전거가 문학 작품과 자연기 전통에 속하는 텍스트에 치우쳐 있는 이 책의 한계를 자인하지 않을 수 없다. 논의가 백인 주류사회의 자연관을 중심으로 이루어졌다는 점도 또 다른 한계다. 가령 근래의 생태 담론이 인간과 자연의 유리 현상에 대해 언급하면서 흔히 거론하는 도시/시골의 대립 모티프가 문화마다 다른 함의를 띠고 있음을 로렌스 뷰얼Lawrence Buell은 지적한 적이 있다(Buell 1995, 13). 미국 사회에서도 그것이 모든 사회적 구성원에게 동일한 함의를 띠고 있는 것은 아니었다. 아프리카계 미국인들의 장소 의식을 논하면서 멜빈 딕슨Melvin Dixon은 흑인들이 야생지를 상찬하는 것은 백인과는 다른 이유에서임을 강조하고 있다. 노예해방 이전까지 흑인들에게 그것은 노예생활에서 잠시나마 벗어나 흑인들끼리 모여 영적 체험을 나누던 숲이나 소택지로서의 의미가 먼저다. 다시 말해 야생지는 노예적 삶의 터전인 플랜테이션 너머의 자유의 공간을 뜻했고 시골도 이런 맥락에서 이해되었다. 19세기 말 짐 크로우Jim Crow의 시대 이후 시골은 흑인들에게 자의적 폭력과 노예화의 상흔이 서린, 그래서 도망쳐야 할 공간으로 나타난다.[6] 이처럼 인종과 성 혹은 계급에 따라 장소의 함의는 달라진다. 우리의 논의에 이런 점을 충분히 고려하지 못한 아쉬움이 있다.

미국의 자연관에 대한 이해는 미국 정신의 본질을 탐구하는 길이다. 특히 문화와 자연 환경의 역동적인 상호작용에 초점을 맞추어 미국의 정신사를 새롭게 조감하는 이 책의 방법론적 시각은 문화 연구는 물론 생태학 및 생태문화사 연구의 새로운 지평을 모색하기 위한 노력의 소산이기도 하다. 기존의 문화사와 생태환경사를 종합한 이러한 연구 방식은 인간이 자연의 일부라는 생태학적 명제를 학문적으로 실천하는 의의를 지닌 것이다. 이 점에서 이 책은 미국사를 새로운 시각으로 조감함과 동시에 생태적 예지를 내면화시키는 환경윤리적 교육 효과도 기대하고 있다. 이 책이 여러 가지로 미흡함에도 불구하고 새로운 방법론 모색을 위한 첫걸음을 내디딘 점에 우리는 스스로 큰 의의를 두고자 한다. 끝으로 광활한 자연을 국민적 정체성의 원천으로 삼았던 미국이 산업화의 과정 속

6. 딕슨은 흑인의 삶의 경험에서 특별한 의미를 띠었던 야생지wilderness, 지하실under-ground, 산정mountaintop을 흑인의 장소의식 구성에서 주목해야 할 공간으로 거론하고 있다(Dixon 3-5).

에서 어떻게 자연을 훼손했고, 그러한 상처를 어떻게 치유하고자 노력했는지에 대한 이 책의 검토에서 급속한 산업화로 미증유의 심각한 환경문제를 겪고 있는 우리 사회에 타산지석의 교훈이 찾아지길 희망한다.

2

식민지 시대의 자연관

"아르카디아"에서 "울부짖는 황야"까지

임우진

1) 신대륙의 발견

크리스토퍼 콜럼버스Christopher Columbus가 1492년 아메리카 대륙에 첫발을 디딘 이후 아메리카 대륙은 유럽의 주요 관심 대상이었다. 아시아, 특히 인도로의 무역항로 개척을 목적으로 시작되었던 아메리카 대륙으로의 진출은 점점 그 자체로 중시되었다. 유럽 각국이 아메리카 대륙에 교두보를 마련하기 위해 노력하면서 아메리카 대륙은 식민지 경쟁의 각축장이 되었다. 특히 당시 유럽의 중요한 산업이었던 선박 건조에 필요한 목재의 공급처로 부상하면서 아메리카 대륙의 풍요로운 자연환경은 유럽인의 시선을 끌기에 충분하였다.

역사적으로 자연이 인간의 문명 발전과 밀접한 연관을 맺어 왔다는 사실은 부정할 수 없다. 그 관계는 물론 시대와 장소에 따라 편차를 보였다. 자연은 문명 발전의 기본적인 조건으로 물리적 대상이자 경제적 자원이었다. 자연은 또한 인간의 삶을 되돌아볼 수 있는 예술적 관조의 대상이었다. 물리적 환경이든, 경제적 자원이든, 혹은 심미적 대상이든 자연에 대한 인간의 인식은 시대 의식과 문화적 차이를 반영하기 마련이다. 이런 점에서 자연은 인간의 삶과 문화, 나아가 역사를 이해하는 데 필수불가결한 요소라 할 수 있다. 프랑스의 사상가 미셸 푸코Michel Foucault의 표현을 빌리면 자연은 시대와 지역을 이해할 수 있는 하나의 인식소episteme와 같다.

하나의 인식소로서의 자연은 식민지 시대 미국의 역사와 문학을 이해하는 데 있어서 중요한 잣대다. 예컨대 영국의 소설가 D. H. 로렌스D. H. Lawrence는 그의 『미국고전문학연구*Studies in Classic American Literature*』에서 미국과 미국 문학을 유럽과 구분 짓는 일차적인 요소로 "장소의 혼the spirit of place"을 지적하고 있는데, 그가 말하는 장소 또는 대지는 바로 아메리카 대륙의 자연환경을 지칭한다. 실제로 아메리카 대륙에 대한 유럽인들의 기록이 우선 아메리카 대륙의 자연환경을 중심으로 이루어졌던 까닭은 이국적인 낯섦이 압도적이었을 뿐 아니라 광활함과 생물종의 다양함 또한 유례 없는 것으로 비쳐지기 때문이다. 예를 들어 콜럼버스는 아메리카 대륙, 엄밀히 말하면 카리브 해의 히스파니올라Hispaniola, 곧 오늘날의 아이티공화국과 도미니카공화국의 자연환경을 목격하고 "경이롭다marvelous"고 말하고 있는데, "경이롭다"는 표현의 당시 의미를 고려할 때,[1] 유럽인의 아메리카 대륙의 독특성에 대한 경탄을 짐작할 수 있다.

그 규모나 식생의 다양성 그리고 독특성에서 비교도 되지 않음에도 불구하고, 흥미로운 점은 많은 유럽인들의 아메리카 대륙의 자연에 대한 묘사가 주로 목가시pastoral의 전원풍경, 즉 아르카디아Arcadia와 다르지 않다는 점이다. 그렇다고

---

1. 『옥스퍼드 영어 사전』은 marvel을 "to be filled with wonder or astonishment. (In Modern use, stronger than wonder)"라고 정의하고 있다.

식민지 시대의 자연관이 목가시의 아르카디아를 토대로 이루어진 것은 아니다. 일반적으로 식민지 시대의 자연관은 "울부짖는 황야howling wilderness"라는 표현을 중심으로 설명되어 왔다. 이는 주로 식민지 시대의 역사를 뉴잉글랜드를 중심으로 정착한 청교도들의 삶을 통해서 파악해 왔기 때문이다.[2]

하지만 식민지 시대의 다양한 기록을 살펴보면, 식민지 시대의 자연관은 크게 버지니아 지역을 중심으로 하는 아르카디아와 뉴잉글랜드 지역을 중심으로 하는 황야의 개념으로 나누어 볼 수 있다. 물론 이 두 개념은 지역적인 그리고 종교적인 차이 등으로 현저하게 구분되기도 하지만 전혀 무관하게 독립적으로 생성·발전하는 것은 아니다. 어떤 의미에서 보면 두 개념은 지역적, 종교적 차이에도 불구하고 중첩되고 상호작용하면서 발전한다. 때문에 식민지 시대의 미국의 자연관을 올바르게 인식하기 위해서는 아르카디아와 울부짖는 황야의 개념, 그리고 그 개념이 어떻게 아메리카의 자연에 적용되고 정착민들의 삶을 어떻게 반영하고 있는가, 나아가 그 개념들이 어떻게 분화, 통합, 변천의 과정을 겪는가를 살펴보아야 할 것이다.

2) 아르카디아로서의 자연

목가시의 전통은 그리스의 시인 테오크리투스Theocritus의 『목가*Idylls*』와 로마의 시인 베르길리우스Vergilius/Virgil의 『목가*Eclogues*』에서 시작되었다. 특히 베르길리우스는 그리스의 펠로폰네소스 반도의 한 지역인 아르카디아를 작품

2. 엄밀히 논한다면 식민지 시대 미국의 역사는 1607년 버지니아의 제임스타운에서 시작되었다고 할 수 있다. 그럼에도 불구하고 제임스타운을 중심으로 한 버지니아의 역사가 소홀히 다루어진 데에는 몇 가지 이유가 있다. 우선 WASP라는 명칭에서 알 수 있듯이 지금까지도 미국의 역사의 중심에는 프로테스탄트가 있어 왔다는 인식 때문이다. 또한 뉴잉글랜드 지역과 비교할 때 제임스타운으로의 이주는 영구 정착보다는 일시 체류의 성격을 띠고 있었기 때문이다.

제임스타운 건설

의 배경으로 삼았는데, 아르카디아의 고립된 지형은 시적 파라다이스, 즉 그 옛날 황금기를 다룰 수 있는 문학적 구성물의 이상적인 장소였다(Gifford 20). 도시화가 급속히 진행되기 시작한 르네상스 시기에 아르카디아를 배경으로 한 목가시가 만연하게 되고, 이후 목가시는 이상적인 자연을 노래하는 문학의 대명사가 되었다.[3] 물론 그 후 목가시는 무수히 많은 변화와 발전의 과정을 통해 굴절하였음에도 불구하고 기본적인 구조는 지속되었다. 목가시는 공간적으로 타락하고 비인간적인 도시와 평화롭고 풍요로운 시골 또는 전원을 그리고 시간적으로 타락한 현재와 이상적이고 목가적인 과거를 대비시킨다(Garrard 35). 특히 영국의

---

3. 유럽인의 인식 속에 자연을 노래한 문학으로 목가시가 자리 잡은 것은 20세기 새롭게 자연에 대한 관심과 이해를 촉발시킨 레이철 카슨Rachel Carson의 『침묵의 봄*Silent Spring*』에서도 확인할 수 있다. 『침묵의 봄』의 첫 장인 「내일을 위한 우화」는 바로 목가시에서 그리고 있는 자연을 묘사하고 있으며 이는 서양인들의 인식 속에 자연과 목가시의 자연이 동일시되어 있음을 염두에 둔 것이라 할 수 있다.

비평가 그렉 가라드Greg Garrard가 지적하고 있듯이, 자연의 관점에서 볼 때 목가시는 자연에 대한 지속적인 관심의 표현이 아니라 인간의 삶을 반영하는 자연을 노래한다(Garrard 35). 한마디로 목가시는 쓰여진 시기의 사회적 상황을 설명·비판하는 이데올로기의 성격을 띠고 있다. 예컨대 레나토 포기올리Renato Poggioli는 "순수와 행복을 향한 이중의 갈망"을, 프랭크 커모드Frank Kermode와 리오 맑스Leo Marx는 "예술과 자연의 대립"을, 월터 그레그Walter Greg는 "황금기"를, K. W. 그랜스덴K. W. Gransden은 "도시 생활에 대한 반감"을, 그리고 할렛 스미스Hallett Smith는 "유유자적otium"을 목가시의 중심개념으로 각각 정의한다(Alpers 10-11). 이런 맥락에서 미국의 비평가 애너벨 패터슨Annabel Patterson은 "어떻게 작가와 예술가들이 『목가*Eclogues*』가 담고 있던 기능과 의도 안에서 목가시를 사용해 왔는가"라고 언급하면서 목가시와 이데올로기의 관계에 주목한다(Patterson 7).

사실 식민지 시대의 아메리카 대륙에 대해 많은 탐험가와 정착민들이 아르카디아로 묘사하고 있지만 그 밑바탕에는 다양한 이해관계가 놓여 있었다. 가령 콜럼버스는 아메리카 탐험의 후원자였던 루이스 데 산탄젤Louis de Santangel에게 보낸 편지에서 히스파니올라에는 "경작할 수 있는 많은 땅과 꿀과 아주 다양한 종류의 새와 과일이 있다. 그리고 내륙에는 광물과 광산이 있고 그 인구는 무수히 많다"[4]라고 전하고 있는데, 이는 탐험의 후원자들에게 유럽인들의 이상적인 자연으로서의 아르카디아에 대한 소망을 현실화시키는 동시에 그곳의 물적 자원과 인적 자원, 즉 경제적 가치를 강조하는 것이라 할 수 있다.

한편 리처드 해클루트Richard Hakluyt는 그의 주로 16세기 영국의 세계여행 기록을 정리한 『탐험과 발견*Voyages and Discoveries*』의 서문에서 아메리카 대륙, 특

4. Christopher Columbus, "From Letter to Luis de Santangel Regarding the First Voyage", *The Norton Anthology of American Literature*, ed. Nina Baym, 5th ed. Vol. 1 (New York: W. W. Norton, 1998), 13. 이후 작품 인용은 주로 *The Norton Anthology of American Literature*에서 하였음.

히 버지니아에 대한 당시 영국의 일반적인 입장을 피력하고 있다.

> 우리의 코앞에는 버지니아라는 거대하고 풍요로운 공간이 있다. 최근에 그곳의 내륙은 매우 달콤하고 기후가 온화하며 풍부한 은광이 있으며 모든 용품들을 손쉽게 얻을 수 있다. 1595년이라고 기록된, 내 손에 들어온 가로챈 편지에서처럼 스페인의 왕을 위해 멕시코에서 만들어진 그 지역의 비밀 지도에서 그들은 버지니아가 멕시코보다 더 좋고 풍부한 지역임을 인정하고 있다. … 여왕 폐하는 신의 도움을 받아 단기간에 상당히 많고 예기치 않은 결과를 얻고, 영토를 확장하고, 금고를 가득 채우고, 많은 이교도들을 그리스도의 신앙으로 되돌릴 수 있을 것이다.(Hakluyt 37)

버지니아의 자연에 대한 해클루트의 묘사는 히스파니올라에 대한 콜럼버스의 묘사와 별로 다르지 않다. 이는 아메리카 대륙에 대한 유럽 사회의 입장이 크게 다르지 않다는 사실을 보여 준다. 특히 해클루트는 버지니아 식민지 개척이 스페인과의 식민지 경쟁에서 우위를 점할 수 있을 뿐 아니라 "영국의 영토를 확장시켜 주고 영국의 재정을 증가시키고 많은 이교도들을 그리스도의 신앙으로" 개종시킬 수 있다고 주장하고 있다. 이는 영국을 비롯한 유럽 사회의 제국주의의 일반적인 입장과 동일하다. 유럽 사회의 제국주의 식민지 정복은 일반적으로 주로 풍부한 천연자원을 기반으로 한 경제적인 부과 기독교 복음의 전파라는 종교적 사명에 초점을 맞추고 있는데, 해클루트의 주장은 한마디로 유럽 사회와 영국의 일반적인 제국주의의 입장을 대변하고 있다고 할 수 있다.

1584년 지금의 노스캐롤라이나 지역을 탐험한 영국의 탐험가인 아서 발로 Arthur Barlowe 또한 그 지역의 풍요로움을 설명하면서 "그와 비슷한 풍요로움은 세계 어디에서도 찾을 수 없을 것이다"(Barlowe 69)라고 말한다.

> 7월 2일 우리는 얕은 물을 발견하였고, 거기에서 우리는 마치 온갖 향기로운 꽃들로 만발한 아름다운 정원에 있는 것처럼 아주 달콤하고 강한 향기를 맡았다. 그 향기로 우리는 육지가 그리 멀지 않다고 확신하였다.(Barlowe 68)

테오도르 드 브리(Theodor de Bry)의 삽화, 버지니아의 인디언 마을, 1588

그런데 여기서 흥미로운 점은 아메리카 대륙에 대해 발로가 가지고 있던 주요한 이미지가 그가 뭍에 이르기 전에 형성된 것이라는 사실이다. 이는 콜럼버스 이후 유럽 사회에서 아메리카 대륙을 아르카디아나 에덴동산으로 이해하려는 태도가 이미 만연했을 뿐 아니라 고착화되어 있었음을 드러낸다. 따라서 위에서 인용한 발로의 설명은 기존 유럽 사회가 바라본 아메리카 대륙에 대한 이해와 관심을 그대로 반영하는 상상력의 소산이다. 발로는 여기서 그치지 않고 아메리카 대륙을 아르카디아의 시간적 배경이 되는 "황금기golden age"에 비유하고 있다(Barlowe 73). 하지만 유럽인들에게 황금기는 이제는 되돌아갈 수 없는 과거의 향수를 자극하는 시기이며, 아르카디아는 토머스 모어Thomas More의 "유토피아"가 그러하듯이 시간 또는 "역사성"을 담보할 수 없으며 현실에서는 불가능한 공간이다.[5]

한편 16세기 말 유럽 사회는 종교개혁과 새로운 중산층 계층의 부상 등으로 정치적, 경제적 혼란이 심한 격동기였다. 특히 점점 확대되기 시작한 도시의 성

5. 목가시의 공간이 아르카디아가 지닌 무시간성 때문에 미국의 비평가 폴 앨퍼스Paul Alpers는 그의 『목가시란 무엇인가?*What Is Pastoral?*』에서 케네스 버크Kenneth Burke의 "대표적 일화representative anecdote"라는 개념을 끌어들여 목가시를 설명하고자 한다. 그에 따르면 일화는 그 일화가 다루는 현실의 소재와 현실의 삶의 조건으로부터 벗어날 수 없다, 따라서 일화의 대표성은 현실의 한 측면의 전형적인 예로서 구체적인 묘사와 재현을 가능하게 한다(Alpers 13-14).

장과 확산은 유럽인들의 심리적 불안을 가중시켰다. 이런 상황에서 아메리카 대륙은 그들의 바람을 충족시키기에 충분하였다(Gifford 41). 즉 아메리카 대륙은 발로우를 비롯한 많은 유럽인들이 꿈꾸었던 소망충족wish-fulfillment의 공간이었다. 때문에 앞서 목가시의 기본적인 공간적 구조에서 언급했듯이, 아메리카 대륙을 아르카디아로 설명하는 것, 즉 유럽 사회는 혼탁하고 온갖 부정적인 것들이 난무하는 도시와 같고 그와 반대로 아메리카 대륙은 평화롭고 부정적인 인상을 풍기는 것이 전혀 없는 곳으로 그려지는 것은 당연한 결과다. 나아가 발로는 아메리카 대륙에 살고 있는 원주민들은 "아주 점잖고 사랑스럽고 믿음직하며 거짓과 배반이 없는"(Barlowe 73), 계몽주의 사상가 장 자크 루소Jean-Jacques Rousseau의 표현을 빌리면 "고귀한 야만인noble savage"으로 그리고 있는데, 이 또한 부정과 거짓 그리고 배반을 자행하는 혐오스러운 유럽인들을 염두에 둔 진술이라 할 수 있다.

아메리카 대륙, 특히 버지니아를 아르카디아로 파악하는 입장은 당시 버지니아에 대해 설명하는 핵심적인 요소로 다양한 문헌에서 끊임없이 나타나고 있다. 예컨대 로버트 비벌리Robert Bevelery는 『버지니아의 역사와 현 상태*The History and Present State of Virginia*』에서 버지니아의 아름다움을 묘사하면서 "영국의 식물학자들에게 아직 알려지지 않은 수천 종의 꽃들이 피어 있으며 사시사철 들판과 계곡에는 이런저런 꽃들로 아름답게 장식되어 숲은 정원처럼 향기로 가득하다"(Beverley 140)라고 기록하고 있다. 특히 그는 발로와 마찬가지로 그런 아르카디아에 살고 있는 인디언들의 순박함을 강조하면서, 그곳의 인디언들은 "노동의 저주 없이 놀이를 즐긴다" 그리고 "이 행복한 사람들은 농경 생활의 어려움을 전혀 경험하지 않는다"(Beverley 156)라고 기술하고 있다. 한마디로, 아르카디아의 풍부한 자연환경 속에서 살고 있는 인디언들은 근심·걱정이 없는 한가롭고 평화로운 삶, 즉 "유유자적otium"한 삶을 살고 있다는 것이다.

이처럼 유럽과 대비되는 아메리카 대륙의 풍부한 자연환경과 평화로운 생활에 대한 묘사는 제임스타운 건설에 주도적인 역할을 한 존 스미스John Smith에게서 확연히 나타난다.

> 여기서는 자연과 자유가 우리가 영국에서는 부족하였던 또는 상당한 값을 치르게 한 것을 자유롭게 할 여유를 준다. 포도나무, 과일, 또는 채소를 심는 것보다 그리고 집 앞에서 활기를 얻으려고 마음 내키는 대로 그들의 땅을 농토, 정원, 과수원으로 만들고 건물이나 배 등을 만드는 일을 생각하는 것보다, 또한 바다에서 아버지와 어머니와 아이가 작은 낚싯대를 드리우고 온갖 살찐 물고기를 즐겁게 잡는 작은 배보다 무엇이 더 즐겁겠는가?(John Smith 116)

존 스미스가 볼 때, 아메리카 대륙의 풍요로운 자연은 유럽, 특히 영국에서는 얻을 수 없는 것이다. 특히 자연의 풍족함은 거주민의 심리적인 즐거움을 보장한다. 하지만 스미스에게 아메리카 대륙은 단순히 소망충족이 가능한 비현실적인 꿈의 공간도 아니고 하나의 은유로만 존재하는 공간은 아니다. 또한 목가시가 보여 주는 언어적 전복의 공간도 아니다.[6] 아메리카 대륙은 유럽이라는 현실을 비판할 수 있는 매개를 제공한다는 의미에서 실질적인 전복의 공간으로 러시아의 비평가 미하일 바흐친Mikhail Bakhtin의 표현의 빌리면 "카니발carnival"이 가능한 실재하는 현실의 공간이다. 즉 존 스미스의 아메리카 대륙에 대한 고찰은 아르카디아의 개념이 아메리카 대륙에 적용되는 과정에서 그 개념 자체가 새로운 현실적 요청에 따라 변화하고 있음을 보여 준다. 스미스는 아메리카 대륙을 아르카디아로 묘사하는 데 그치지 않고 아메리카 대륙에 정착하고자 하는 유럽인들에게 '근면'이라는 새로운 덕목을 요구하면서 "미덕과 관대함만 있다면 하느님의 축복과 자신의 근면성으로 그리고 다른 사람에 대한 편견이 없다면 이

6. 크리스토퍼 말로Christopher Marlowe의 목가시인 「열정적인 목동The Passionate Shepherd to His Love」에 대한 월터 롤리Walter Raleigh의 답시인 「님프의 대답Nimph's Reply to the Shepherd」은 아르카디아의 삶에 대한 현실적인 비판의 성격을 띠기보다는 언어적인 유희에 불과해 보인다.

거친 대지에서 농사를 짓고 후손을 위한 토대를 마련하는 것보다 더 즐거운 일이 있을까?”(John Smith 114)라고 묻고 있다.

스미스는 이와 같은 물음을 통해 아메리카 대륙을 유럽의 현실을 비판하는 매개로서뿐만 아니라 동시에 아메리카 대륙 자체로 자족적인 의미가 있는 아르카디아를 제시하고자 한다. 목가시의 아르카디아가 어둡고 혼란스런 현실 또는 도시 생활에 대한 해결책으로만 존재한다면, 도시의 문제가 해결되는 순간 아르카디아의 존재 의미는 사라지고 만다. 마찬가지로 아메리카 대륙이 유럽의 대안으로서만 존재한다면 아르카디아로서의 아메리카 대륙은 유럽의 문제가 해결되는 순간 아르카디아로서의 아메리카 대륙은 사라질 수밖에 없다. 한마디로 아메리카 대륙의 존재 의미와 그 당위성은 유럽 사회에 달려 있다고 할 수 있다. 이런 맥락에서 스미스의 반문은 아르카디아로서의 아메리카 대륙에 새로운 의미를 부여하고 변화할 것을 요구하는 것이라 할 수 있다.

다른 한편 스미스의 물음은 목가시의 비역사성이라는 한계를 극복할 수 있는 방향을 제시한다. 스미스는 시간의 흐름 밖에 존재하는 아르카디아의 공간이 아니라 현실에서 가능한 역사적 실재로서 지속 가능한 아르카디아로 제시하고자 한다. 가라드는 시간의 연속성에서 목가시를 사라진 과거에 대한 향수를 강조하는 애도시elegy, 풍요로운 현재를 그리는 목가idyll, 그리고 회복된 미래를 갈망하는 유토피아utopia로 구분 짓고 있지만(Garrard 37), 여전히 가라드가 주장하는 목가시의 세 양상은 근본적으로 현실적 불가능성을 담고 있다. 하지만 스미스는 이상적인 목가적 자연에 현실성을 부여하기 위해서 기존의 유럽 사회가 지향하는 가치, 즉 계급적 구분과 그에 따른 비천한 노동을 부정하고 심지어 타파하려고 한다. 스미스는 그의 물음에서 아메리카 대륙이 아르카디아로 실현되기 위해서는 우선 “다른 사람들에 대한 편견”이 없어야 한다고 주장하고 있는데, 그가 이렇게 주장하는 데에는 1607년 제임스타운의 경험이 중요한 역할을 하였다. 1607년 제임스타운에 도착한 존 스미스 일행은 전부 105명이었다. 그중 30퍼센트가 넘는 36명이 신사계급으로(Abbay 45), 그들은 제임스타운 건설에 거의 참여하지 않았을 뿐만 아니라 식량 배급 등을 독점하고 방만한 운영을 하였다. 게다가 스미스를 감금하는 사건에서도 짐작할 수 있듯이, 그들 사이에는 불화가 끊이지 않았으며, 반목과 시기 그리고 편견은 제임스타운의 정착과 발전의 걸림돌이었다. 이와 같은 스미스의 경험은 계층 간의 갈등과 편견에 대해 강하게 비판하였으며 근면성을 언급하면서 노동의 중요성을 강조한다.

노스캐롤라이나와의 경계 분쟁을 해결하기 위해 버지니아를 여행한 윌리엄 버드William Byrd도 존 스미스와 유사한 입장을 취하고 있다. 버드는 제임스타운이 건설되는 데 있어서 존 스미스의 노력을 높이 평가하면서 동시에 버지니아의 젠트리 계층을 강하게 비판하고 있다. 버드에 따르면 신사계급을 비롯한 대다수의 초기 제임스타운의 개척자들은 "모든 노동을 저주로 파악하였다"(Byrd 430). 따라서 그들은 인디언이 제공한 옥수수를 심기보다는 영국에서 가져온 묵은 곡물에 의존하려고 하였으며 그렇지 못한 경우에도 "땅을 개간하기보다는 숲에서 나는 야생과일을 찾으려고 하였다"(Byrd 430).

버드의 기술에서 나타나듯이 제임스타운에서 이상적인 아르카디아와 목동의 모습을 찾기는 어렵다. 심지어 풍요로운 천연자원이 주는 무노동의 이상은 여기에서 부정적인 요소로 파악되고 있다. 이는 제임스타운보다 늦게 건설되었음에도 불구하고 상대적으로 빠른 성장을 보인 뉴잉글랜드를 설명하는 데서도 확인할 수 있다. 버드에 따르면 뉴잉글랜드 청교도들은 종교적 편협성에도 불구하고 "검소하고 부지런하며 적어도 공개적이고 공적인 폐해로 스캔들이나 나쁜 사례를 보이지 않은 아주 유용한 신민들이었다. 그리고 그런 훌륭한 성격 때문에 그들은 남부 식민지보다 우위를 점할 수 있었다"(Byrd 432)라고 주장한다.

특히 스미스의 계급 타파와 노동의 중요성의 강조는 "거친 대지"라는 새로운 자연관을 낳는다. 사실 이와 같은 아르카디아에 대한 새로운 인식은 아르카디아의 본질적인 특성이라고 할 수도 있다. 아르카디아의 개념은 앞서 지적하였듯이 시대적 상황과 요청에 따라 다양하고 인식될 수 있다. 비평가 테리 기포드Terry Gifford의 표현을 빌리면 아르카디아는 그 형태나 지위 그리고 역할에서 변화가 가능한 경계지borderland다(Gifford 28). 경계지의 삶이 다양한 개념들과 충돌하고 그 과정에서 새로운 방향으로의 돌파구를 보여 준다고 할 때, 유럽의 부정적인 문명과 원시적인 아메리카 대륙의 자연의 만남은 유럽 문명의 부정적 요소의 제거라는 방향으로 나아간다. 즉 더 이상 아르카디아로서의 아메리카 대륙은 유럽의 대립쌍으로 존재하지 않고 유럽의 문명에 대해 새로운 긍정성을 제공하는 공간이 된다.

도시적 문명의 대척점이 아니라 건전한 문명을 배태할 수 있는 가능성으로서의 아메리카 대륙의 자연은 그 안에 문명의 원리를 담고 있다는 심오한 자연에 대한 인식으로 발전한다. 미국의 비평가 리오 맑스Leo Marx는 서로 대립하는 경향이 있는 문명과 자연의 양립 가능성뿐 아니라 상호작용 가능성의 공간으로 "중간 풍경middle landscape"을 말하고 있는데(Marx 139), 버드가 말하는 자연이 그에 해당한다. 즉 버드가 버지니아의 늪지the Dismal를 여행하면서 관찰한 자연은 그에게 문명 발전의 새로운 토대를 마련해 준다. 그가 살펴본 늪지대는 겉으로 보기에는 경제적으로 전혀 가치가 없지만 주변 강들의 수원 역할을 하고 있었다. 늪지대가 포괄적인 자연의 순환에서 매우 중요한 역할을 하고 있다는 사실은 각각의 자연 요소들은 그 나름대로 유기적이며 자족적인 기능을 수행하고 있음을 보여 준다(Byrd 84). 특히 늪지대에 대한 버드의 입장은 비버의 관찰에서 한층 발전한다. 비버가 나무와 흙을 이용해 만든 댐은 아주 강한 홍수도 견뎌낼 수 있다고 말하면서 "그들은 상급자들[인간들]에게 가르칠 자격이 있다"(Byrd 433)라고 버드는 말하고 있다.

하지만 아메리카 대륙을 아르카디아로 파악하는 자연관이 완전히 사라진 것은 아니다. 유럽의 자연관으로서의 아르카디아는 사라졌지만 아메리카 대륙의 아르카디아는 여전히 식민지인들에게 삶에 대한 중요한 태도를 제공하였다. 어떤 의미에서 아르카디아의 삶은 아메리카 대륙에 거주하는 식민지인들의 삶 속에 녹아들어가 내재화된다. 예컨대 비벌리는 자신을 인디언이라고 설명하면서 인디언의 생활태도가 자신의 삶의 잣대가 된다고 말하고 있다(Beverley 9). 다시 말해 아르카디아의 개념은 시간이 지남에 따라 식민지인들에게 그들의 자연을 설명하는 개념인 동시에 그들의 삶 전체를 관통하는 개념으로 심화된다. 버드가 자연 속에서 문명의 원리를 발견하고자 하였고 비벌리가 자신을 자연의 순수성을 반영한 인디언이 되고자 하면서 자연과 동일시하는 태도를 취했다.

3) 울부짖는 황야로서의 자연

앞서 살펴보았듯이, 아르카디아로 대변될 수 있는 자연관은 주로 버지니아를 중심으로 변화·발전하였다. 반면에 울부짖는 황야로 대변되는 자연관은 주로 뉴잉글랜드를 중심으로 생성·발전하였다. 하지만 두 자연관은 크게 그 자연관들이 발전하였던 지역적 차이를 통해만 구분할 수 있는 것은 아니다. 두 자연관은 연원에서도 차이를 발견할 수 있는데, 아르카디아의 자연관이 앞서 살펴보았듯이 유럽에 그 기원을 두고 있는 반면에 울부짖는 황야의 자연관은 아메리카 대륙에서 출현하였다고 할 수 있다.[7]

사실 두 자연관의 연원 차이는 식민지 시대의 자연관을 이해하는 데 중요한 실마리를 제공한다. 유럽에 기원을 둔 아르카디아의 자연관은 유럽과의 관계를 끊임없이 염두에 둔 자연관이다. 목가시의 아르카디아가 현실의 도시에 대한 이상적 목가적 풍경을 노래하고 있다는 점에서 짐작할 수 있듯이, 식민지 시대 아

---

7. 엄밀히 말하면 아르카디아가 헬레니즘 전통에 기반하고 있다면 황야는 헤브라이즘, 즉 구약의 유대민족의 전통에 기반하고 있다. 하지만 브래드포드를 비롯한 뉴잉글랜드 청교도들은 헤브라이즘의 황야의 개념을 수용하면서도 그들만의 독특한 방식으로 설명하고 있다.

르카디아의 자연관은 유럽의 문명에 대한 대척점으로서 또는 유럽 문명의 부정적인 측면에 대한 대안으로서 그리고 유럽의 현실에 대한 이상으로 해석되었다. 한마디로 아르카디아의 자연관은 대서양 건너편에 있는 유럽과의 지속 또는 연속이라는 성격을 띠고 있다. 반면에 울부짖는 황야의 자연관은 유럽과의 단절에 기반하고 있다고 할 수 있다. 황야의 개념이 내포하고 있는 유럽과의 단절이라는 성격은 1620년 플리머스에 정착한 청교도들의 이주 역사를 살펴보면 확연히 드러난다. '분리주의자Separatists'라는 말이 암시하고 있듯이, 플리머스의 청교도 공동체는 영국과의 단절, 즉 정치적으로나 문화적으로, 특히 종교적으로 영국과는 전혀 다르다는 것을 강조하였다. 사실 이와 같은 영국과의 차이를 강조하는 것은 그들만이 아니었다. 제임스타운 건설의 주역이었던 존 스미스 또한 아메리카 대륙의 생활이 영국과는 전혀 다르다는 점을 강조하였다. 스미스는 『뉴잉글랜드의 묘사』에서 아메리카 대륙에는 "높은 지대로 우리를 괴롭히거나 벌금으로 우리를 괴롭히는 무정한 영주도 없고, 재판에서 오랜 시간의 논쟁으로 우리를 괴롭히는 지루한 법적 소송도 없고, 훌륭한 사회로 나아가는 데 종종 장애가 되는 무리도 없다"(John Smith 141)라고 설명하는데, 이는 유럽과 아메리카 대륙의 차이를 표현하는 부정적인 수사라고 할 수 있다.

미국의 비평가 테렌스 마틴Terence Martin은 이와 같은 유럽과의 단절을 강조하는 부정적 수사를 미국 문학의 독특한 특징의 하나라고 지적하면서 "부정적 구조negative structure"라고 칭하고 있다(Martin 5). 어떤 의미에서 아르카디아의 자연관 또한 유럽의 도시 문명에 대한 대안적 성격을 띤다는 점에서 부정적 수사를 취하고 있지만, 아르카디아가 말하는 부정은 유럽 자체에 대한 부정이 아니라 유럽 문명이 담고 있는 부정적인 요인들을 부정한다는 점에서 마틴이 말하는 부정적 구조의 수사는 아니다. 즉 마틴이 말하는 부정적 구조는 긍정에 대한 단순한 부정도 아니고 변증법의 합synthesis을 도출하기 위한 정에 대한 반antithesis도 아니다. 그의 부정적 구조는 유럽과는 다름과 동시에 새로움을 강조하는 부정으

로 아메리카의 시작을 알리는 "순수한 출발지점"(Martin 5)이다.[8]

이런 맥락에서 스미스가 행하고 있는 부정의 수사는 그 한계를 드러내고 있는 반면에 플리머스 공동체의 지도자였던 윌리엄 브래드포드William Bradford의 글은 마틴이 말한 부정적 구조를 담고 있다.

> 거대한 대양을 건너고 고난의 바다 앞에서 정착을 준비할 때 그들에게는 반겨 줄 친구도 없고 고된 여행으로 피곤에 지친 몸을 회복하거나 즐길 수 있는 숙소도 없고, 방문하거나 구조를 요청할 수 있는 집이나 하물며 마을도 없었다. 성경에서는 신의 은총으로 제자와 난파당한 일행에게는 야만인들이 그들이 원기를 되찾을 수 있도록 적지 않은 친절을 보여 주었다고 기록되어 있지만 (나중에 나오겠지만) 이 잔인한 야만인들은 그들[청교도들]을 맞닥뜨릴 때 화살로 무장하려고 하였다.(Bradford 176)

이처럼 브래드포드의 부정적 구조는 스미스의 부정의 수사보다 포괄적이다. 브래드포드의 부정은 유럽 사회 전반에 대한 부정으로, 단순히 유럽 문명이 지닌 부정적인 요소에 대한 부정이 아니다. 더 이상 브래드포드가 첫발을 내딛은 플리머스는 유럽과는 전혀 무관한 공간으로 온전히 새롭게 청교도의 이상을 펼칠 수 있는 곳이다. 따라서 그들이 건너온 "갖은 고난들의 바다"인 대서양은 새로운 존재로 탈바꿈할 수 있도록 해 주는 일종의 통과의례의 장소이며 문명사회와 "그들을 분리시키는 주요한 장애물이자 간극"이다(Bradford 176).

위의 인용문에서 드러나듯이, 브래드포드의 부정은 아메리카 인디언에 대한 부정적 인식으로 확대된다. 아르카디아의 자연관 속에서 인디언은 아메리카 대륙에서 자연의 풍요로움을 즐기는 존재로 그려진다. 따라서 인디언은 아르카디아의 자연이 지닌 긍정성을 그대로 반영하고 있으며 동시에 확인시켜 준다. 하

8. 사실 마틴은 그의 글에서 부정적 구조의 예로 18세기 후반 크레브쾨르J. Hector St. John de Crèvecoeur가 그의 『한 미국 농부의 편지』를 들고 있다. 하지만 필자의 생각에 그의 부정적 구조는 그 이전, 특히 청교도들에게서 드러난다.

플리머스 플랜테이션 정경

지만 브래드포드가 그리고 있는 인디언의 모습은 전혀 다르다. 실제로 정착 초기의 어려움 속에서도 플리머스 공동체가 빠르게 성장할 수 있었던 것은 인근 인디언의 도움이 없었다면 불가능하였다. 그럼에도 불구하고 "야수와 야만인으로 가득 찬 섬뜩하고 황량한 황야"(Bradford 176)라는 묘사에서 나타나듯이, 실제로 브래드포드가 인디언과 마주치기도 전에 이미 그들을 부정적인, 즉 적대적인 존재로 묘사하는 것은 인디언과 자연을 동일시하기 때문이다.

흥미로운 사실은 식민지 시대의 인디언은 앞서 비벌리의 글에서도 나타나듯이, 전적으로 부정적으로 인식되지는 않았다. 엄밀히 말하면 1650년 하버드 헌장 등은 영국인과 인디언의 생물학적인 평등을 토대로 하는 빠른 성장에 대한 기대를 담고 있다. 한편 생래적으로 검고 열등하다는 인디언에 대한 입장은 18세기에 주로 형성된 담론이다(Vaughan 20-21). 따라서 브래드포드의 글에서 인디언을 야만인과 동일시하는 태도는 인디언에 대한 부정적인 견해의 표현이 아니라 인디언이 거하고 있는 미국의 자연에 대한 부정적인 입장을 표현하기 위한 수단이라 할 수 있다.

특히 브래드포드가 말하고자 하는 미국의 자연 또는 황야에 대한 부정적 견해는 황야가 내포하고 있는 종교적 담론에서 비롯된다. 황야의 개념은 기독교에서 유래한 것으로 모세가 이집트를 탈출하여 젖과 꿀이 흐르는 가나안에 들어가기 전 40년간 헤매던 '광야'에서 유래하였는데, 그곳에서 유대민족은 그들의 신앙을 재확인하고 더욱 공고히 할 수 있었다. 따라서 기독교적 관점에서 황야는 이집트의 삶을 벗어던지고 가나안으로 들어가기 전 새로운 자아를 형성한다는 점에서 새로운 출발을 위한 부정이라는 브래드포드의 의도와 부합한다고 할 수 있다.

한편 식민지 시대의 황야는 뉴잉글랜드 정착 초기의 육체적, 심리적 고단함을 단적으로 강조한다. 예컨대 식민지 초기에 목사인 에드워드 존슨Edward Johnson은 자신들은 "그리스도의 인도를 따라 이 황무지desert land로 인도되어 오랫동안 고초를 겪고 있다"라고 말하면서 미국의 자연을 "울부짖는 황야howling desart"라고 칭하였다. 또한 그의 동료이자 목사였던 피터 벌컬리Peter Bulkeley는 당시 뉴잉글랜드에서 중요한 역할을 하고 있던 존 커튼John Cotton 목사에게 보낸 편지에서 "나는 여기[이 황야]에 갇혀서 보지도 듣지도 못하고" 있다고 자신의 어려움을 표현하고 있다(Bush 9에서 재인용). 당시 정착 초기 식민지인들은 자신들의 육체적, 정신적 어려움을 '황야'의 개념에 투사하는 동시에 그 황야에서 그들의 종교적 삶의 의미를 획득하고자 하였던 것이다.

이는 브래드포드를 비롯한 뉴잉글랜드 청교도들의 역사관에서도 확인할 수 있다. 그들은 그들의 아메리카 대륙의 정착을 예형론적 해석typological interpretation을 통해 정당화하고 있다. 예형론적 해석은 성경 해석의 일종으로, 신약에서 일어나는 사건들은 이미 구약에 예견되어 있다고 해석한다. 그 예형론적 해석을 통해 뉴잉글랜드 청교도들은 그들의 이주가 이미 구약에 기록된 모세의 이집트

탈출과 가나안 정착의 이야기로 미리 예시되어 있다고 주장하였다. 예컨대 청교도 시대의 가장 대표적인 지식인이자 목사인 코튼 매더Cotton Mather는 청교도 시대의 주요 인물들에 대한 전기biography를 담고 있는 『아메리카에서 그리스도의 놀라운 업적의 역사*Magnalia Christi Americana*』에서 매사추세츠 식민지의 지도자였던 존 윈스럽John Winthrop의 생애를 그리면서 구약에서 예루살렘을 재건한 느헤미야를 빗대어 '아메리카의 느헤미야Nehemias Americanus'라고 말하고 있다. 또한 뉴잉글랜드 청교도 정착의 역사에 대한 예형론적 해석은 유럽 역사의 연속선상에서 해석하는 것이 아니라 성경의 역사, 특히 유대민족의 역사와의 연속을 강조한다. 따라서 뉴잉글랜드 청교도의 역사는 유럽 역사와는 전혀 다른 맥락에서 해석되며, 이는 유럽과의 심리적인 단절을 역사적으로 정당화한다고 할 수 있다.

특히 예형론적 해석에 따르면 뉴잉글랜드 청교도의 황야는 피난처이자 시련의 공간이라는 두 가지 의미를 동시에 띠게 된다. 황야는 영국을 비롯한 구세계의 종교적 탄압을 피하고 그들의 종교적 이상을 실현시킬 수 있는 피난처이자 안식처, 즉 일종의 "가나안"이었다.[9] 다른 한편으로는 구약의 광야처럼 아메리카의 황야는 가나안이라는 약속의 땅에 들어가기 전에 자신들의 죄를 완전히 씻고 신앙을 강하게 단련하는 종교적 깨달음의 장소이자 시험장으로 인식되었다 (Carroll 66). 하지만 예레미야식 설교the jeremiads의 출현에서 알 수 있듯이, 시간이 지남에 따라 황야를 시련과 고난의 장소로 해석하는 경향이 빈번해진다. 1637년에 일어난 피쿼트Pequot 족과의 전쟁, 가뭄과 흉작, 그리고 도덕률 폐기론 논쟁anitnomian controversy, 영국의 청교도 혁명 등으로 뉴잉글랜드 사회는 정

9. 이 가나안의 개념을 이 당시 글인 토머스 모튼Thomas Morton의 『새로운 영국의 가나안*New English Canaan*』의 가나안의 개념과 동일시할 수는 없다. 모튼의 가나안도 성경에서 유래한 것이지만 뉴잉글랜드 청교도의 종교적 이상과 전혀 다르며 심지어 상반되기도 한다. 때문에 뉴잉글랜드 청교도들은 플리머스 인근에 있었던 메리마운트Merry Mount로 알려진 모튼의 정착지를 악의 온상으로 인식하였을 뿐 아니라 그들의 종교적 이상을 해칠 수 있다고 믿었다.

치적, 경제적 혼돈의 구렁텅이로 빠지면서 황야에서의 고난과 시련을 강조하게 된다.

> 하느님께서 이스라엘 민족에게 행했듯이 우리를 대했으니, 우리는 비옥한 땅에서 황야로 들어와 여기서 궁핍한 생활을 맞이하고 있습니다. 하느님께서 우리의 희망과 기대를 앗아갔고, 우리가 의지하던 버팀목은 부러졌고, 우리의 돈도 바닥났으며, 우리의 몸은 황폐해졌고, 우리의 궁핍함은 증가하여 이제 우리는 어떻게 공급받을 수 있는지도 모를 지경입니다. 강물은 잘리고 이제 우리는 무엇을 할지 걱정과 두려움으로 가득 차기 시작했습니다.(Belkeley 118-19)

이런 상황에서 피터 벌컬리는 그의 「복음의 언약The Gospel Covenant」에서 신도들에게 신앙을 고수할 것을 강조하는데, 그의 설교에서 나타나듯이 현실에서 경험하는 고난과 궁핍을 황야의 개념과 연관 지어 해석하고 있다.

특히 고난과 궁핍의 공간으로서의 황야가 지닌 부정적 성격은 "황야로 부름Errand Into Wilderness"에서 인디언의 부정적 의미로 확대·강화된다. 청교도들은 황야를 개간·정복하고 사탄의 구렁텅이에 빠져 있는 인디언에게 기독교의 복음을 전파하도록 황야로 부름을 받았다고 주장한다. 신이 부여한 특별한 임무errand를 띠고 아메리카 대륙으로 부름errand을 받았다는 주장은 그들이 유럽 사회를 피해 도망친 존재가 아니라는 사실을 강조한다.[10] 따라서 인디언은 그들의 기독교적 이상과는 정반대의 성격으로 그려진다. 인디언들은 "잔인하고 야만적이고 믿을 수 없고 화를 잘 내며 무자비할" 뿐 아니라 "죽이는 데 만족하지 않고 가장 잔혹한 방식으로 사람들을 죽이기를 즐기는"(Bradford 14), 한마디로 성경의 사탄과 같은 존재로 인식된다. 나아가 이는 인디언 사이에 퍼진 전염병에 대한 그들만의 독특한 해석을 낳는다. 실제로 인디언 사이에서 퍼진 전염병은 유럽에

10. 미국의 비평가 페리 밀러Perry Miller는 '부름errand'이 지닌 이중의 의미에 초점을 맞추어 청교도들의 이주를 정당화하고 있다(Perry Miller 10-11).

서 건너온 것이지만 청교도들은 전염병은 그들의 정착에 대한 신의 허가장이며(Carroll 13), 신이 내린 놀라운 재앙이라고(Pearce 19) 생각하였다.

하지만 황야의 개념에 나타난 부정은 고난과 궁핍으로 나타나지 않고 신의 뜻에 따라 기꺼이 맞이하는 고난으로 해석된다. 예컨대 17세기 후반 뉴잉글랜드의 목사였던 새뮤얼 댄포스Samuel Danforth의 「뉴잉글랜드의 황야로의 부름에 대한 간단한 이해A Brief Recognition of New-England's Errand into the Wilderness」는 황야의 개념이 지닌 양면성을 잘 보여 준다.

> 여러분들은 신과 천사와 사람들 앞에서 엄숙히 고백하였습니다. 여러분들이 나라와 친지와 선조들의 집을 떠나 가족들과 함께 거대한 대양을 넘어서 이 황량하고 울부짖는 황야로 이주한 것은 복음의 명령에 따라 선한 양심으로 복음의 믿음 안에서 자유로이 걷기 위해서이며 인간의 혼탁함과 불순함이 없이 신의 의식에 따라 즐겁게 신에게 경배하기 위해서입니다.(Danforth 337-38)

황야에 대한 댄포스의 이해에서 확인할 수 있듯이, 뉴잉글랜드에서 황야는 고난과 시련의 공간인 동시에 뉴잉글랜드 식민지인들이 살아가는 종교적 삶의 근거였다. 다시 말해 '울부짖는 황야'라는 자연관은 뉴잉글랜드 식민지인들의 생활과 문화를 이해할 수 있고 또 그것을 반영하는 중요한 가치다. 때문에 버지니아를 중심으로 한 아르카디아의 자연관이 구체적인 자연의 현상이나 생태에 대한 관심을 내비치는 반면에, 뉴잉글랜드를 중심으로 한 황야의 자연관은 뉴잉글랜드 식민지인의 바람이나 생활을 반영하기 때문에 구체적인 자연에 대한 설명보다는 자신들의 이주와 종교의 정당성을 보증하는 이데올로기의 성격을 띤다.

4) 낭만적 자연 : 앤 브래드스트리트의 시

자연을 종교적 정복의 대상으로 인식하는 울부짖는 황야의 개념이 뉴잉글랜드의 자연관을 대표하기는 하지만, 뉴잉글랜드 청교도 여류 시인인 앤 브래드스트리트Anne Bradstreet처럼 자연을 아르카디아처럼 인식하는 자연관 또한 존재한다. 물론 브래드스트리트의 신대륙에 대한 첫인상은 동시대 뉴잉글랜드에 정착한 청교도들과 크게 다르지 않았다. 매사추세츠 만에 첫발을 내딛은 청교도들의 뉴잉글랜드에 대한 인상은 정든 고국 땅을 떠난 이주자의 불안을 수반하고 있다. 예컨대 존 윈스럽은 신대륙에 정착하면서 아들 헨리의 죽음이라는 혹독한 대가를 치르게 되며, 그의 고통은 초기 정착의 어려움과 함께 나타난다(Bremer 198-99). 브래드스트리트에게도 낯설고 혹독한 신대륙의 자연에 대한 첫인상은 목가적이지는 않았을 뿐 아니라 오히려 부정적이었다(Nichols 31). 브래드스트리트는 신대륙에 정착한 지 얼마 되지 않은 시기에 쓴 「1632년 병의 발작으로Upon a Fit of Sickness, Anno. 1632」에서 죽음에 대한 짧은 명상을 하면서 "단지 근심과 싸움만이 있는 이 인생은 무엇인가?what's this life, but care and strife?"라고 적고 있는데, 이는 신대륙에 대한 그녀의 첫인상과 무관하지 않다.

하지만 버지니아의 아르카디아가 버드나 비벌리의 글에서 나타나듯이 문명의 씨앗을 담을 수 있는 중간 풍경으로 진화하였다면 앤 브래드스트리트에게서 엿보이는 아르카디아는 뉴잉글랜드의 청교주의와 결합하면서 변화하였다고 할 수 있다. 예를 들어 자연의 아름다움과 그 안에 내재한 신에 대한 찬양을 이야기하고 있는 33편으로 구성된 브래드스트리트의 장시인 「명상Contemplations」에서 이와 같은 성격을 잘 보여 주고 있다.

> 나는 그때 즐거운 메뚜기가 노래하는 걸 듣네.
> 검은 귀뚜라미가 2부를 맡았다네;

그들의 작은 기술로 영광을 보이려고
그들은 한 음조로 같은 현악기로 노래했네.
나는 말을 잃은 채 고매한 노래를 부르지 못하는데,
미천한 생물들이 그들의 목소리를 높이고
한 목소리로 그들의 창조주를 찬양할 수 있을까?

I heard the merry grasshopper then sing.
The black-clad cricket bear a second part;
They kept one tune and played on the same string,
Seeming to glory in their little art.
Shall creatures abject thus their voices raise
And in their kind resound their Maker's praise
Whilst I, as mute, can warble forth no higher lays?(Bradstreet 263)

댐을 짓는 비버의 모습에 대한 버드의 기술처럼 브래드스트리트는 자연의 메뚜기나 귀뚜라미와 같은 작고 비천한 생명체들은 한 목소리로 신의 영광을 노래한다. 즉 그녀에게 자연은 단순히 인간에게 물질적인 부와 풍요로움을 주는 이용 가능한 물적 대상은 아니다. 또는 야수와 사탄과 같은 인디언이 있는 섬뜩한 황야도 아니다. 아메리카의 자연은 신이 제공한 아름다움과 매력을 즐길 수 있는 공간이다(Ellis lxiii).

하지만 어떤 의미에서 브래드스트리트가 보여 주는 자연은 울부짖는 황야의 개념과 무관하지 않다. 황야의 개념은 어떤 의미에서 뉴잉글랜드 청교도들의 심리와 연관되어 있다. 청교도들은 신의 섭리를 이해하는 과정에서 나타나는 인간적인 갈등과 고뇌를 억제하거나 감추려고 하지 않고 정반대로 외부로 투사하려고 하는데(Bercovitch 13-14), 울부짖는 황야와 그 안의 사악한 인디언은 청교도들의 갈등과 고뇌, 즉 청교도의 본성에 내재한 어두운 면의 외적 투사라고 할 수 있다. 반면에 브래드스트리트는 자연을 신의 섭리로 파악하기 때문에 자연과 그 안의 모든 생명체들은 아름답고 조화로울 수밖에 없다(Nichols 99). 따라서 황야와 브래드스트리트의 낭만적 자연의 차이는 청교주의 세계관이 지닌 양면성에 기인한다고 할 수 있다.

브래드스트리트에게 육체적, 정신적 고통은 신과 가까워질 수 있는 방편의 하나(Nichols 24)이며 신을 이해할 수 있는 또 하나의 방편이 자연의 관찰과 명상이다.

내가 더할 나위 없는 하늘과
(비록 나이 먹었지만) 여전히 초록으로 뒤덮인 대지를 볼 때
시간에 무감각한 돌과 나무는
나이와 주름도 보이지 않고;
겨울이 오고 푸름이 사라지고
봄이 되돌아오고 그것들은 더욱 젊어지는데;
인간은 늙어, 눕고, 그 누운 데에 그대로 남아 있네.

When I behold the heavens as in their prime,
And then the earth (though old) still clad in green,
The stones and trees, insensible of time,
Nor age nor wrinkle on their front are seen;
If winter come and greenness then do fade,
A spring returns, and they more youthful made;
But man grows old, lies down, remains where once he's laid. (Bradstreet 265)

자연의 관찰을 통해 브래드스트리트는 인간의 유한함과 자연의 영원함을 느끼면서 "시간이여 필멸하는 것들의 치명적인 파괴자 O Time the fatal wrack of mortal things"(Bradstreet 268)라고 외친다. 동시에 자연의 아름다움을 보면서 "확실히 신은 선, 지혜, 영광, 빛이어서/ 이 하계를 그렇게 풍요롭게 장식하는구나 Sure He is goodness, wisdom, glory, light,/ That hath this under world so richly dight"(Bradstreet 262)라고 말한다.

5) 자연에 대한 새로운 인식

새로운 변화와 수용의 시기인 식민지 시대의 미국은 당시의 자연관과 그 변화를 통해 살펴볼 수 있다. 특히 아르카디아와 울부짖는 황야로 구분되는 식민지 시대의 자연관은 유럽의 자연관의 연장선상에서 이해될 수 있다. 아르카디아의 자연관이 헬레니즘의 목가시 전통에 기반하고 있다면 울부짖는 황야는 기독교 전통에 기반하고 있다. 식민지 시대에 두 자연관의 차이는 아메리카 원주민, 즉 인디언에 대한 상반된 견해를 낳는다. 아르카디아의 자연관이 순진하고 온순한 인디언의 이미지를 낳았다면, 황야는 사악한 인디언의 이미지를 생산한다. 이는 자연과 그 안에 거하는 인간의 밀접한 관계를 반영한다.

한편 아르카디아의 자연관이 유럽과의 연속성 속에서 해석되는 반면에 황야는 유럽과의 단절과 부정 속에서 해석된다. 이는 두 자연관의 이해는 유럽 또는 영국과 식민지의 관계의 이해를 전제로 한다. 즉 두 자연관은 식민지인들의 유럽 사회에 대한 견해를 반영한다. 아르카디아의 자연관은 유럽과 문명에 대한 긍정적 이해를 내포하고 있다. 때문에 아메리카의 자연은 유럽 사회의 긍정적인 발전의 기반으로, 다시 말해 아메리카 대륙은 유럽의 부를 증식시키는 데 중요한 역할을 하고 동시에 유럽의 문명이 지닌 모순과 폐해를 극복할 수 있는 계기를 마련해 준다. 한편 황야의 자연관은 유럽 사회에 대한 전면적인 부정을 목적으로 하고 있다고 할 수 있다.

이와 같이 식민지 시대의 자연관은 정체 상태에 있는 것이 아니라, 식민지의 현실 속에서 상황에 따라 변화한다. 아르카디아의 자연관은 아메리카 대륙의 남부 버지니아의 식민지 시대 변화에 부응하면서 변화한다. 버지니아 식민지인들은 자연의 관찰을 통해 자연을 문명 발전의 도구로서뿐 아니라 문명의 근본 원리를 찾을 수 있는 공간으로 인식한다. 한편 황야의 자연관은 북부 뉴잉글랜드의 발전과 함께 자연에 대한 새로운 이해로 발전한다. 인간의 문명과 인간의 한계를 넘어선 자연의 초월성을 이해하게 된다. 때문에 식민지 시대의 이 두 자연관은 식민지 시대를 이해할 수 있는 중요한 인식소인 동시에 이후 미국의 자연관, 예컨대 미국의 낭만주의 자연관의 기틀을 마련해 준다고 할 수 있다.*

---

* 이 글은 본래 같은 제목으로 『미국학』 32집 2호(2009년 11월), pp. 153-78에 실렸던 것을 수정, 가필한 것임을 밝혀 둔다.

'자연의 나라'

국가 건설과 자연의 재발견

신문수

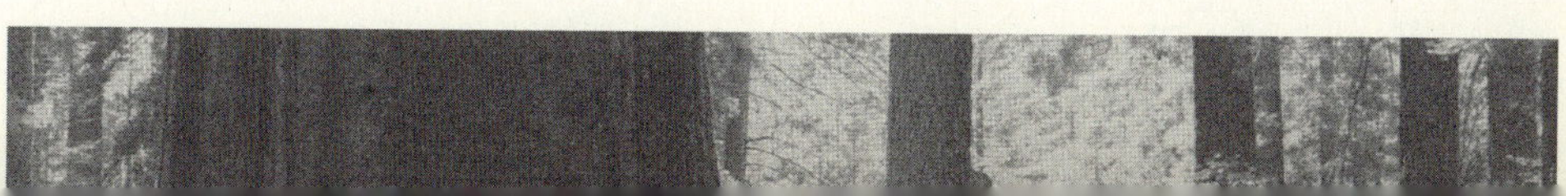

1787년에 출판된 『버지니아 주에 대한 비망록*Notes on the State of Virginia*』에서 토머스 제퍼슨Thomas Jefferson은 버지니아 록브리지 카운티의 자신의 소유지에 있는 '자연교Natural Bridge'를 가리켜 "자연이 만들어 낸 가장 숭엄한" 경이라고 찬탄하면서 다리 위에서 내려다볼 때 정신을 압도하는 숭엄한 감정이 다리 아래에서 하늘로 치솟아 있는 아름다운 아치를 올려다볼 때는 형언할 수 없는 황홀경으로 바뀐다고 적고 있다(Jefferson 1984, 148). 18세기 고전 미학에 의탁하여 자연에 대한 경이감을 토로하는 제퍼슨의 태도는 식민지 시대를 청산하고 갓 독립한 신생 공화국의 달라진 자연관을 전범적으로 보여 준다. 자연은 이제 더 이상 청교도들의 눈에 비쳤던 "야생 짐승과 야만인으로 가득 찬" 황야도, 문명의 행진을 가로막는 장애물만도 아니었다. 독립선언서의 첫 구절에서 "자연과 자연의 하나님의 율법"의 이름으로 독립을 정당화한 제퍼슨은 1801년 제3대 대통령 취임 연설에서 독립혁명의 소산인 신생 공화국은 유럽의 낡은 역사의 짐을 벗고 자연과 성약을 맺은 나라로 발전해 나갈 것이라고 천명하였다. 성서에 입각한 신앙 공동체는 이제 자연법에 입각한 공화주의 공동체로 탈바꿈한 것이다. 다시 말해 하나님은 이제 자연법을 주관하는 자연의 하나님인 것이다.

이질적인 다수를 하나의 상상의 공동체로 결속시키는 국가적 정체성의 전거가 되면서 신대륙의 광활한 자연은 유럽의 장구한 역사와 문화전통을 상쇄할 수 있는 자산으로서 새롭게 주목되기 시작했다.[1] 이런 시각에서 미국의 자연은 유럽의 그것과 달리 문명의 때가 묻지 않은 야생 상태라는 점이 무엇보다 강조되었다. 뉴욕 허드슨 강변의 아름다운 자연풍경을 화폭에 담음으로써 미국 풍경화파의 비조가 된 토머스 콜Thomas Cole은 「미국적 풍경에 관한 에세이Essay on American Scenery」에서 문명에 길들여지지 않은 야생성이야말로 미국적 풍경의 예외적 특징임을 지적하였다 : "미국의 풍경에는 유럽인들이 소중하게 여기는 자질들이 많이 결여되어 있다. 그렇지만 그것은 유럽인들에게는 알려져 있지 않은 찬연한 특징을 지니고 있다. … 아마도 미국적 풍경의 가장 변별적이고, 인상적이며, 특징적인 것은 그 야생성일 것이다"(Cole 101-2). 달리 말해 자연의 야생성은 낡은 과거와 구습에 물들지 않은 새로움의 표상이었다. 여기에는 인간의 손길에서 벗어난 야생의 자연만이 정신을 고양시키고 내면의 덕을 함양시킬 수 있다는 생각도 내포되어 있다. 요컨대 세계의 마지막 프런티어, 지상의 "모든 나

1. Nash 1982, 67-83 참조. 워싱턴 어빙이 『스케치북』의 서문에서 구대륙과 신생 공화국의 차이를 말한 다음 구절은 건국 초 자연에 대한 미국인의 전범적 태도라 할 수 있다: "I visited various parts of my own country; and had I been merely influenced by a love of fine scenery, I should have felt little desire to seek elsewhere its gratification ... no, never need an American look beyond his own country for the sublime and beautiful of natural scenery"(Irving 14). 그러면서도 어빙은 미국 땅에도 유럽 못지않게 전설과 역사가 깃들여 있음을 보여 주는 이야기(『립 반 빙클』, 「슬리피 할로우의 전설」 등)를 소개함으로써 미국적 자연풍경과 유럽의 문화적 풍경을 종합하려는 시도를 보여 준다(Sayre 106 참조).

라 중에서 마지막이자 최상인"[2] 미합중국의 자연은 신성한 타자성으로 빛나는 것이었다.

청교도들에게 악의 구렁텅이이자 죄로 물든 심성을 시험하는 배후지로 비쳤던 "섬뜩하고 황량한 황야"는 이제 건국과 더불어 새로운 문명을 건설할 시원적 터전으로 탈바꿈한 것이다. 청교도들에게 인간의 사악함을 경고하는 신의 메시지가 전달되는 통로였던 자연은 신생 독립국의 시민들에게는 신성의 발현 그 자체로 비쳤다. 신성의 표상체이기에 자연은 정치적 권위의 원천이요 미덕의 온상일 수 있었다. 일찍이 페리 밀러Perry Miller가 「자연과 국민적 자아Nature and the National Ego」라는 논문에서 지적한 대로 19세기 미국인들은 자연의 경이와 풍요를 인간적 덕성과 동일시하고, 자연 경관의 아름다움을 국가의 건강성과 연관시켜 생각했다. 제퍼슨은 바로 이런 의미에서 미국을 "자연의 나라"라고 표현했던 것이다. 자연을 이처럼 미덕의 표상으로 여긴다면 인위적 문명은 말하자면 의당한 질서와 미덕이 결여된 불완전한 것으로 비칠 수밖에 없다. 미국인들은 이런 논리에 입각하여 자연/문명의 대립을 유럽의 구舊문명에 대한 미국의 도덕적 우월성을 강조하는 미국 예외성의 수사로 치환시켰다. 그리하여 미국의 자연은 국가적 혹은 개인적 정체성을 규정하는 핵심적 의미소로 자리 잡게 되고, 그럼으로써 이후 자연을 보는 미국인의 시각에 큰 영향을 끼치게 된다.

물론 이 같은 자연관의 변화가 전적으로 나라의 독립이라는 정치적 변수에 의해서 야기된 것만은 아니다. 18세기 초에 대각성운동을 주도한 조너선 에드워즈Jonathan Edwards는 이미 꽃, 구름, 무지개와 같은 아름다운 자연의 형상을 신성의 발현으로 여기고 그 완상을 통해 신앙의 깊이를 확인하고자 했고, 비슷한 시기에 버지니아 식민지의 측량사였던 윌리엄 버드William Byrd 또한 애팔래치아 산맥의 장엄한 자연미와 풍요로움을 신의 섭리로 상찬하기도 했다. 그 배후에는

---

2. Philip Freneau & Hugh H. Brackenridge, "Rising Glory of America"의 일절.

자연을 조화와 질서의 표상으로 본 계몽주의 전통, 더 구체적으로는 계몽주의 이성의 세례를 받은 이신론deism이 자리하고 있다. 제퍼슨이 계몽 이성의 소산인 자유주의 정치철학을 독립선언의 대의로 전용하면서 그것을 신성한 자연의 질서라는 수사로 정당화할 수 있었던 것도 토머스 페인Thomas Paine 등을 통해 미국에 확산된 이신론에 힘입었다고 말할 수 있다. 미국 최초의 박물지라고 할 수 있는 윌리엄 바트램William Bartram의 『남북 캐럴라이나, 조지아, 동서 플로리다 여행기*Travels Through North and South Carolina, Georgia, East and West Florida*』(1791)는 독립혁명에 대해 언급하고 있지 않지만 자연을 보는 관점에서는 이런 시대의식을 뚜렷이 보여 준다. 이신론의 변주인 이른바 자연종교의 전통에서 시를 쓴 건국 초의 프리노Philip Freneau나 브라이언트William Cullen Bryant 같은 시인들 또한 자연에 대한 새로운 태도를 내면화시키는 데 중요한 역할을 했다. 이들은 자연을 자비로운 하나님에 의해 창조된 조화로운 전체라는 전제 아래 자연을 세심하게 관찰하고 사물의 참된 본질과 조화의 법칙을 찾아내고자 했다. 브라이언트의 처녀작인 「죽음에 관한 명상Thanatopsis」은 인간과 자연이 유기적 전체를 이루고 있음을 확인하면서 양자의 영적 관계를 탐구하고 있다. 브라이언트의 후기를 대표하는 「숲 찬가A Forest Hymn」, 「물새에게To a Waterfowl」 등도 종교적 명상을 주제로 하면서도 자연에 대한 새로운 인식이 뚜렷이 드러나 있다.

영국 낭만주의 문학 또한 미국인들이 자연을 보는 시각에 적지 않은 영향을 끼쳤다. 특히 자연을 일상적 삶의 환경으로서 새롭게 조명한 워즈워스를 비롯한 낭만시인들의 자연시는 새로운 감수성으로 자연을 살피도록 미국인을 자극했다. 그 영향은 랠프 월도 에머슨Ralph Waldo Emerson이나 헨리 데이비드 소로Henry David Thoreau 같은 미국 르네상스기 작가들에게서 뚜렷이 보이지만, 앞서 언급한 자연종교파 시인들과 워싱턴 어빙Washington Irving이나 페니모어 쿠퍼James Fenimore Cooper와 같은 산문 작가에서도 감지되고, 문인들뿐만 아니라 야생적 자연풍경의 소묘로 독특한 풍경화 전통을 수립한 허드슨강파 화가들의 그림에서도 느낄 수 있다.

버지니아의 부유한 농장주였던 윌리엄 버드가 예시하는 바이지만, 자연에 대한 인식의 변화는 역설적이게도 식민자의 증가로 프런티어 라인이 서쪽 변방으로 멀리 이동하면서 야생지가 급격히 사라져 가는 현상에 대한 반응이기도 했다. 문화사가 다니엘 페인Daniel G. Payne이 지적하고 있듯이, 정착지 인근의 자연이 문명화로 인해 급격히 훼손되기 시작하면서 자연을 긍정하는 생각이 싹틀 수 있었다(Payne 17). 독립 직후의 혼란이 가라앉고 사회적 안정을 이루면서 미국의 자연풍경은 이처럼, 한편으로는 야생적 황야의 이미지가, 다른 한편으로는 잘 가꾸어진 정원의 비전이 어른거리는 이원성을 띠기 시작한다. 자연에 관한 이러한 양면적 이미지는 『레더스타킹 이야기*The Leatherstocking Tales*』 연작을 쓴 페니모어 쿠퍼의 소설에 전형적으로 드러나 있다. 가령 연작의 첫 작품인 『개척자들*The Pioneers*』(1823)은 독립혁명 직후 사람들이 "광활하게 펼쳐진 영토를 그 자연미를 살려 개발하는 데"(10) 관심을 쏟기 시작했다는 말로 시작하고 있다. 그리하여 소설의 플롯은 호수 사이의 마을, 골짜기 속의 목장, 숲속을 달리는 길이 어우러진 목가적 풍경이 숲을 벌목하고 땅을 절개하는 개발의 현장과 교차하는 가운데 전개되고 있다. 소설의 주무대가 되는 템플턴 마을은 여전히 울창한 삼림으로 둘러싸여 있지만 그 안쪽은 토착 소나무가 사라지고 대신 수입종인 이탈리아 포플러와 버드나무가 식재된 문명화된 공간이다. 더욱이 주변의 자연도 시간적 배경이 이 소설보다 앞선 『초원*The Prairie*』이나 『최후의 모히칸 족*The Last of the Mohicans*』에 등장하는 위협적인 원시적 자연이 아니다. 인간의 의식을 압도하는 그런 태고의 자연은 주인공 내티 범포Natty Bumppo와 칭가츠국Chingachgook 혹은 템플 판사Judge Marmaduke Temple의 기억 속에나 존재할 뿐이다. 쿠퍼의 소설 또한 예외 없이 자연의 무분별한 파괴와 자원의 낭비에 대한 비판을 동반한다. 이런 사실은 앞서 지적한 대로 정치사회적 변화뿐만 아니라 자연환경의 훼손에 대한 경각심도 자연에 대한 새로운 인식을 이끌어냈음을 새삼 말해 주는 것이다.

독립혁명기부터 1830년대의 잭슨 시대에 이르는 대략 반세기에 걸친 미국 사회의 자연에 대한 태도 변화를 살피고자 하는 우리의 논의는 간략한 시대 개관과 더불어 특히 윌리엄 바트램의 『여행기』, 브라이언트의 자연시, 토머스 콜의 풍경화, 그리고 페니모어 쿠퍼의 『개척자들』을 중심으로 진행될 것이다. 우리는 시대의 일반적인 자연관과 더불어 그것의 미묘한 변주에 유념하면서 또한 자연에 대한 상찬이 그것의 훼손에 대한 예레미아적 탄식과 겹치고 있는 미국적 특수성도 주목할 것이다.

1) 나라 건설과 자연

나라의 건설 자체가 자연에 대한 새로운 관심을 자극한 것은 당연한 일이다. 자연은 신화의 원천이나 문화적 상징이기에 앞서 우선 영토를 구성하는 물리적 환경이다. 그것은 생존의 조건이고 국부 창출의 원천이다. 미국의 독립에 이념적 초석을 제공한 자유주의 정치철학은 자연을 가공하여 재화를 창출하고 그것을 자기 소유로 향유하는 것을 행복의 한 조건으로 보았다. 재화의 생산은 곧 가치의 창출이고 그것은 또한 자기 확인이자 자아 만들기이기도 하다.[3] 물리적 환경으로서 자연에 대한 건국 초기의 관심과 탐구는 이런 시각의 연장에서 나라 만들기의 일환인 것이다. 필라델피아 주재 프랑스 공사관의 서기 마보와François

3. 맥퍼슨C. B. Macpherson은 자유주의 전통의 본질을 '소유적 개인주의possessive individualism'로 보았다. 재화의 소유가 정당화되는 것은 그것이 나의 몸을 움직인 노동에 의해서 창출된 것이기 때문이다. 재화를 창출하는 행위인 노동은 내 몸이 나의 것임을, 그렇게 얻어진 재화의 향유를 통해, 궁극적으로 확인시켜 준다. 하워드 호위츠Howard Horwitz는 자연, 노동, 자아의 상호관계를 다음과 같이 표현하고 있다: "Self owns its property because it owns itself; at the same time, the self owns itself only because realized by and vested in property. Self animates its property because property vests the self"(Horwitz 8).

Barbé-Marbois의 질의에 대한 응답으로 쓴 『버지니아 주에 대한 비망록』에서 제퍼슨이 버지니아의 자연 경계, 강과 항구, 산과 폭포, 광물 자원과 동식물, 그리고 기후에 대해 먼저 자세히 기술하고 이어서 인구, 법률, 관습, 종교, 풍속, 산업, 교육, 정치 등 사회상에 대해 논한 것은 의미심장한 것이다. 자연 현상과 사회적 에토스의 상관성은 물론 몽테스키외 같은 18세기 계몽사상가에게 깊은 관심사였다. 제퍼슨 또한 신생 공화국의 사회구성과 국민정신이 사회적 제도와 법률뿐만 아니라 기후, 지형, 자원 같은 자연조건이 중요한 변수라는 생각에 동의하고 있었다.[4] 제퍼슨의 자연에 대한 관심은 이런 정치철학적 동기 못지않게 광활한 영토에 대한 사실적 정보를 얻고자 하는 탐구욕의 발로이기도 하다. 새로 독립한 나라의 정치 지도자로서 국토의 물리적 환경에 대한 사실적 파악은 긴요한 일이었다. 그가 메리웨더 루이스Meriwether Lewis와 윌리엄 클라크William Clark를 서부 탐험에 보낸 것도 미지의 영토 혹은 그 배후지에 대한 실증적 지식의 부족으로 인한 불확실성을 해소할 필요성이 절실했기 때문이었다.[5]

미국의 자연관에 대한 논의에서 물리적 환경으로서의 자연의 중요성에 대한 사회적 인식은 종종 간과되어 왔다. 가령 앞서 인용했던 논문에서 페리 밀러는 서부 개척이 역사상 유례없이 왕성했던 땅 투기의 소산이었음에도 불구하고 그것이 정신의 기획으로 치장되어 왔음을 지적하고 있다(Miller 207). 고든 세이어Gordon M. Sayre 또한 19세기 미국 사회에서 자연이 종종 숭엄미의 표상으로 선양

---

4. 보다 자세한 논의는 Ferguson 395-96 참조.

5. 제퍼슨이 입버릇처럼 『버지니아 주에 대한 비망록』을 하찮은 책으로 폄하한 것은 수사적 겸양의 발로 못지않게 대상에 대한 실제적 파악의 미흡함에 대한 자의식도 작용한 것으로 보인다(Ferguson 389 참조). 『버지니아 주에 대한 비망록』은 구체적 사실의 집성을 바탕으로 대상을 일반화하는 귀납적 탐구 방식을 따르고 있지만 당시의 신대륙 사정이 판단의 확실성을 담보할 만큼 사실의 충분한 집성이 어려운 형편이었기 때문에 이런 자의식은 필연적이었다고 말할 수 있다. 어쩌면 이런 근본적 한계가 객관적 사실성의 표방을 장르의 핵심적 규약으로 삼고 있는 부류의 글들조차도 종종 철학적이고 시적인 사색으로 빠져들게 만드는 요인으로 작용했다고도 볼 수 있다. 젤런Myra Jehlen은 『버지니아 주에 대한 비망록』을 그런 사례의 하나로 논하고 있다(Jehlen 43-49).

되어 왔지만 거기에는 거의 언제나 경제적 실용성에 대한 고려가 깃들어 있음을 말하고 있다(Sayre 121). 그것은 원시적 자연 예찬과 더불어 그것의 순치를 "황야에의 심부름"으로 선양하는 모순으로 변주되어 나타나기도 한다. 요컨대 자연에 대한 긍정적 관심이 앞서 언급했던 이신론이나 자연종교 또는 낭만주의의 영향뿐만 아니라 물리적 자연 그 자체에 대한 과학적 탐구나 실용적 목적에 의해서도 촉발되었음을 망각해서는 안 된다. 그 점은 18세기 이후 쓰여진 상당수의 박물지나 여행기들, 예컨대 존 바트램John Bartram의 『관찰*Observations*』(1751), 피터 캄Peter Kalm의 『북미여행기*Travels into North America*』(1753-61; 영역판 1770), 그 뒤를 이은 윌리엄 바트램의 『여행기』, 티모시 드와이트Timothy Dwight의 『뉴잉글랜드와 뉴욕 여행기*Travels in New-England and New York*』(1821)에서 확인된다.

당시를 지배한 사회적 상상태에서 독립은 신의 섭리요 역사적 필연이었다. 이 애국 정서가 객관적 사실에의 지향을 곧잘 휘게 만든 것이 사실이다. 건국 초에 시인 프리노는 미시시피 강에 비하면 나일 강은 작은 하천에 불과하고 다뉴브 강은 도랑이나 다름없는 것이라고 썼다(Nash 1982, 68 재인용). 제퍼슨도 『버지니아 주에 대한 비망록』에서 버지니아의 광물과 생태계에 대해 기술하다가 돌연 신대륙의 미래상에 대해 회의적인 유럽 학자들의 견해를 반박하는 데 많은 지면을 할애했다. 일찍이 유럽의 박물학자들은 신대륙은 기후가 습하고 토양이 척박하기 때문에 거기에 건설되는 문명은 곧 쇠망할 것이라고 예단했었다. 제퍼슨은 신대륙의 동물은 유럽의 그것에 비해 왜소하다고 주장한 프랑스의 박물학자 뷔퐁Georges-Louis Leclerc Buffon을 특별히 언급하면서 그의 주장이 근거 없는 것임을 실증적으로 논박했다. 예컨대, 제퍼슨은 유럽의 곰이 153파운드인데 반해 미국의 곰은 410파운드이고, 유럽의 비버가 최대 18.5파운드라면, 미국의 비버는 45파운드나 나간다고 통계 수치를 구체적으로 제시하고, 심지어 서부에서 발견된 거대한 매머드의 화석을 예로 들어 신대륙 자연의 풍요로움을 역설했다(Jefferson 1984, 169-82). 제퍼슨이 흑인과 달리 원주민 인디언을 늘 호의적으로 본

것도, 마이라 젤런의 지적처럼, 그들을 퇴화되고 있는 종족으로 규정하고 그 원인을 자연환경 탓으로 돌려온 유럽의 시각에 대한 비판적 입장과 무관하지 않다고 말할 수 있다(Jehlen 47-48).

요컨대 제퍼슨이 『버지니아 주에 대한 비망록』을 통해서 보여 주고자 하는 것은 신세계 자연의 야생성과 풍요로움 그리고 다양성이다. 그리하여 그는 토지가 비옥하여 곡식이 풍성하고, 삼림이 울창하고, 동식물이 다양하니 신생국 미국은 구세계보다 자연적으로나 사회적으로 더 우월하다는 주장을 펼친다. 미국의 자연을 잠재적 혹은 실제적 낙원으로 보는 이런 시각은 독립을 전후한 시기의 박물지나 애국적 찬양시에서 되풀이하여 나타난다. 계몽주의가 고취하는 진보에 대한 믿음과 혁명과 독립의 정당성을 옹호하는 애국주의 정서가 어우러지면서 미국 땅은 새로운 황금시대가 열리는 터전으로 미화되었다. 티모시 드와이트는 뉴잉글랜드 일원을 여행하면서 야생지가 농장과 과수원으로 바뀌고 "숲이 단기간에 집과 학교와 교회가 산재해 있고 일상의 필수품뿐만 아니라 삶의 편익을 두루 갖춘 사람들로 채워진 풍요한 들녘으로 탈바꿈 되는"(Payne 19, 재인용) 정경을 그리면서 독립한 미국 사회가 나아갈 방향을 점쳐 보고 있다.

독립 직후의 자연의 모습은 이처럼 건국의 이념이 약속한 예시적 비전으로 채색된 것이었다. 신의 섭리에 의해 새롭게 출발하는 나라의 땅은 당연히 비옥하고 풍요로운 것이어야 했다. 자유와 미덕의 권화로서 갱생한 미국인에게 거칠고 완악한 대지가 마련되었을 리 없다는 논리인 것이다. 세실리아 티치Cecelia Tichi의 인상적인 표현을 빌리면, 이 시기에 미국의 자연 경관과 지리적 형상은 이처럼 운명의 증거로서 소환되곤 했다(Tichi 83). 1771년 프린스턴 대학의 졸업식에서 프리노와 브랙켄리지Hugh H. Brackenridge가 공동으로 집필하여 낭송한 「욱일승천하는 미국의 광영The Rising Glory of America」이란 시는 이 같은 '신천지'의 모습을 전범적으로 그리고 있다.

구르는 세월의 열차가 지나가면
천상으로부터 내려진 새 예루살렘이
우리의 행복한 세상을 축복할 것이고,
이 땅의 풍만한 가슴은, 조금 늦긴 했으나,
수많은 성자들을 포옹하리라. 그들의 불멸의 제왕은
이 지상에 천 년 동안 군림할지니
이를 천년지복이라 부르리라. 새로운 낙원은
영원히 번성할 것이고, 누구도 아담처럼 쫓겨나지 않을 것이다.
치명적 열매가 달린 위험한 나무는 결코 자라지 않을 것이고
순진무구한 영혼을 미혹하게 만드는
유혹하는 뱀도 없으리라.

And when a train of rolling years are past,
A new Jerusalem, sent down from heaven,
Shall grace our happy earth, — perhaps this land,
Whose ample bosom shall receive, though late,
Myriads of saints, with their immortal king,
To live and reign on earth a thousand years,
Thence called Millennium. Paradise anew
Shall flourish, by no second Adam lost,
No dangerous tree with deadly fruit shall grow,
No tempting serpent to allure the soul
From native innocence.

요컨대 시인은 모든 존재자들이 어머니처럼 자애롭고 풍요한 대지에서 하나의 가족으로 조화를 이루어 사는 삶에 대한 희구를 표현하고 있다. "순진무구한 영혼"을 시험하는 시련도, 징죄의 공포도 사라진 이 목가적 전원 풍경은 독립을 쟁취한 신천지에 펼쳐질 문명의 유비類比다. 티치의 표현을 다시 빌리면, "황야로의 심부름"은 이제 "낙원으로의 심부름errand into paradise"(Tichi 86)으로 바뀐 것이다. 1791년에 출판된 윌리엄 바트램의 『여행기』는 인간 사회뿐만 아니라 자연생태계 전체가 신적 질서의 세계라는 생각이 당시 사회적 상상태의 저류를 이

루고 있음을 다시금 확인시켜 준다.

2) 윌리엄 바트램의 『여행기』

바트램은 1773년 4월에서 1778년 1월까지 약 4년여에 걸쳐 영국 왕립협회의 회원이자 의사인 존 포더길 박사Dr. John Fothergill의 재정적 후원으로 미국 남동부 지방을 두루 답사하면서 식물 표본을 수집하고 자연생태계를 관찰했다. 1791년, 오랜 수정 과정을 거쳐 출판된 『여행기』는 정착지와 전인미답의 야생지를 넘나들었던 이 답사 여정의 소산이다. 바트램의 답사와 뒤이은 책의 집필이 독립혁명 중에 이루어졌음에도 불구하고 그것에 대한 언급이 거의 없다는 점은 특기할 만한 일이다. 독립전쟁이나 합중국의 탄생에 대한 언급이 없지만 그의 여행기는 박물지, 지리, 영적 각성, 철학적 명상 등이 뒤섞인 파격적인 혼성적 서술 양식을 보일 뿐만 아니라 관찰 대상과의 직접적 교감과 토착적인 지식을 중시하고 있는데, 이는 구세계와 다른 신세계의 출현에 대한 자부심의 표출이라고 말할 수 있는 것이다.[6] 『여행기』를 특징짓는 강렬한 장소 의식 또한 광활한 자연을 영토로 포함하고 있는 신생 공화국의 자긍심과 그에 대한 탐구욕을 반영하고 있다고 볼 수 있다.

영국 왕이 서임한 신대륙 식민지의 식물학자이자 필라델피아 식물원의 창립자인 아버지 존 바트램을 통해 식물학에 눈을 뜬 바트램은 일찍부터 아버지의

---

6. 『여행기』의 장르 규정의 어려움과 혼성적 서술 스타일에 대해서 Hallock 113 참조. 매슈 윈 시빌스Matthew Wynn Sivils는 『여행기』를 "식물학, 동물학, 인류학, 동물행동학, 농업, 신학, 사회학, 문학"에 걸쳐 있는 텍스트로 규정지으면서 이 특징적인 혼성 스타일이 신세계 자연 환경의 다양성과 그것을 구세계의 언어로 기술해야 하는 어려움에서 기인한다고 주장하고 있다(Sivils 58-59 참조). 다른 한편으로 소로의 『월든』을 포함하여 미국의 자연기 장르에 속하는 대다수의 작품이 이런 다원적 텍스트임도 상기할 필요가 있다(신문수 2005 참조).

답사 여행에 동행하여 식물을 채집하고 스케치하면서 자연을 가까이 접할 기회를 가졌다. 신대륙 최초의 본격적인 박물지라고 할 수 있는 『여행기』는 답사 과정에서 목격한 동물과 식물 종을 낱낱이 열거함으로써 신대륙 생물상의 다양성을 보여 준다. 『여행기』의 곳곳에서 마주치는 동식물 학명의 긴 리스트는 지역의 생태계를 구성하는 모든 생물상을 빠짐없이 보여 주려는 의지를 과시하는데, 그 백과사전적 포괄성과 기록욕에서 『버지니아 주에 대한 비망록』을 연상시킨다. 생태계의 지역적 특수성과 다양성을 동시에 보여 주는 이 리스트는 그 자체가, 레지스Pamela Regis의 적절한 표현대로, "하나의 미국적 정경"(Regis 60)이다. 바트램의 박물지는 생태계의 다양성뿐만 아니라 생명체의 복잡한 상호 연관성에 대해서 깊은 관심을 보인다. 예컨대 그는 거미가 뒝벌을 잡아먹는 과정을 지켜보면서 그의 출현에 놀란 거미 또한 "그를 예의주시하고 있음을" 의식하고 있다고 적으면서 이렇게 벌을 포식한 거미는 머지않아 새나 도마뱀의 먹이가 될 것이라고 덧붙인다(24-25). 박물학자로서의 그의 시선은, 시빌스가 주목한 대로, 몇몇 특정한 생물종을 고립된 상태로 조명하는 것이 아니라 이처럼 그것들이 주변의 다른 생물종은 물론 환경과 역동적으로 어우러지는 모습을 포착해 낸다(Sivils 58). 이 점에서 바트램은 생태계가 전일적인 네트워크를 이루고 있음을 전제하는 현대 생태학적 사유의 선구라고 할 수 있다.

윌리엄 바트램(1739~1823)

뿐만 아니라 바트램은 생물종은 인간과의 친숙성이나 유용성에 상관없이 그 자체로 의미 있는 존재라는 점을 강조한다. 그는 예컨대 방울뱀이나 악어처럼 인간에게 해를 끼칠 수 있는 동물도 함부로 죽여서는 안 된다고 생각한다. “모든 존재자들에게 공평무사한 호의를 베푸는”(17) 위대한 조물주의 구도 속에서는 이들도 그 나름의 목적과 의의가 있는 존재이기 때문이다. 바트램은 인간이 신의 특별한 피조물이라는 성서의 가르침을 부정하지 않는다. 그렇지만 인간의 그런 특별한 지위가 다른 생물종을 마음대로 좌지우지할 권리를 부여하는 것은 아니다. 오히려 자비로운 마음으로 이들을 보살필 윤리적 책무가 인간에게 있다고 그는 생각한다.

> 오 주권자인 주님이시여! 이 지상에서 인간에게 힘과 우월함을 주셔 뭇 피조물을 관장하는 것을 보시고 기꺼워 하셨으니, 이제 주님을 우러러 간구합니다. 우리 인간이 지혜롭게 저들을 이해하고 자비로운 마음으로 따뜻하고 충만케 하여 주님의 뜻을 행하고 저희의 봉사와 보호 하에 맡기신 피조물들에 대한 의무를 다하게 하시고, 저희가 주님에게 자비를 구하듯이, 저들에게도 자비를 베풀 수 있도록 해 주소서.(103)

인용문은 또한 바트램이 생각하는 신이 어떤 존재인지를 드러내고 있다. 그에게 조물주는 삼라만상에 군림하여 절대 주권을 행사하는 청교도의 신이라기보다는 모든 생명체가 질서와 조화 속에서 공존하도록 보살피는 관리자에 가깝다. 바트램은 『여행기』의 머리말에서 이미 다양성 속에서도 한결같은 질서와 통일성을 보이는 자연의 경이로운 운행을 시계의 정교한 움직임에 비유한 바 있다(21). 이는 당시로서는 극히 예외적인 것처럼 보이는 그의 생태중심적 시각이 자연을 완벽하게 설계된 조화로운 유기체로, 신을 그런 ‘성스러운 기계’의 창조자이자 관리자로 여기는 이신론의 자장 안에서 태동한 것임을 말해 준다.

바트램의 생물종에 대한 분류와 명명은 아버지로부터 배운 린네의 체계를 따르고 있다. 그러면서 동시에 그는 식물과 동물의 일반적 구별이나 인간과 동물의 근본적 차이에 대해 의문을 표하기도 한다. 가령 파리나 벌레를 잡아먹는 식충식물을 세심히 관찰한 후 그는 이들도 동물을 특징짓는 “감각적 능력과 자질”

을 갖추고, "유기적이고, 활기차며, 자력으로 움직이는 몸체"를 가진, 다시 말해 "활동과 의지"를 가진 존재라고 보아야 하지 않느냐고 반문한다(19). 그는 계속해서 식물의 씨앗은 발아하려면 열과 수분이 필요하고 동물, 특히 난태생 동물의 경우 그 유충 역시 열과 수분을 흡수하여 성체가 된다는 점에서 식물과 다를 바 없다고 주장한다(20). 바트램은 특히 새들이 즐겨 먹는 견과류 식물들의 경우 동물에게 먹히는 수동적 존재인 것처럼 보이지만 오히려 그런 방식으로 새의 내장 속에 손상되지 않은 채로 남아 있다가 배설됨으로써 씨앗을 멀리까지 퍼뜨리고 또한 내장의 열 덕분에 딱딱한 껍질이 부드러워져 발아에 적합한 상태로 체외로 배출되는 점을 주목한다(20). 바트램의 이런 통찰은 오늘날의 사회생물학이 말하는 공진화共進化 개념을 연상케 한다. 주지하듯 사회생물학은 식물이 여러 가지 전략으로 동물을 유혹하여 자기 유전자를 퍼뜨린다는 점을 주목하면서 자연 속의 생물들은 상호 의존적으로 함께 진화해 가기 때문에 어느 것이 주인이고 어느 것이 종인지를 따지는 것은 부질없는 일이라고 주장하고 있기 때문이다.

윌리엄 바트램이 그린 식물 삽화

바트램은 인간과 동물에 대해서도 차이보다는 동질성이 앞선다고 생각한다. 흔히 본능과 이성의 대비로 동물과 인간을 구별하지만, 동물의 경우 어미와 새끼의 관계를 보면 감성과 애착심에서 인간 못지않게 적극적이고 충실한 점을 특기하고 있다(21). 존 개타John Gatta는 인간을 포함한 모든 생물체가 근본적으로 동일한 생명의 본성을 나눠가지고 있다고 보는 바트램의 이런 생각이 차이보다는 빈틈없는 연속성을 중시하는 '존재의 대연쇄' 개념의 영향임을 지적하고 있다(Gatta 50). 바트램의 생물권 평등주의적 사고는 여기에 그치지 않고 인종의 차이를 넘어서서 아메리카 인디언의 삶을 상찬하는 문화적 평등주의로 이어진다. 그는 사고와 행동에서 아메리카 인디언과 백인이 다를 바가 없음을 강조하고 자연에 밀착된 그들의 삶의 방식이야말로 오히려 백인들이 배워야 할 모범적인 것이라는 점을 힘주어 말한다.

자연생태계에 대한 바트램의 과학적 응시는 종종 "전능한 창조주의 무한한 힘, 존엄성, 완전성"(82)에 대한 경탄으로 이어진다. 자연 답사를 통해 창조의 경이와 오묘한 질서를 거듭 확인하면서 그는 신의 편재성을 절감한다. 장엄한 야생의 풍경이 과시하는 숭엄한 자연미를 통해서 그는 자연에 내재하는 신성을 강렬하게 느낀다. 이런 의미에서 그의 답사 여행은 또한 정신의 순례요 영적 모험이다. 그의 여정은 자연에 대한 예리한 관찰과 그로부터 자극된 내적 성찰의 교차 속에서 진행된다. 미국 자연기의 특징을 이루는 이런 이원적 구조를 보인다는 점에서 바트램의 『여행기』는, 애덤스Charles H. Adams의 지적대로, 소로의 『월든』, 앨도 레오폴드Aldo Leopold의 『샌드 카운티 연감*A Sand County Almanac*』, 에드워드 애비Edward Abbey의 『사막에서 홀로 지내기*Desert Solitaire*』로 이어지는 미국 자연문학 전통의 선구라고 여기기에 부족함이 없다(Adams 67).

당시로서는 흔치 않은 생물권 평등주의적 사고나 아메리카 인디언에 대한 동류의식은 바트램을 시대의 예외적 존재로 비치게 하지만, 오묘한 자연 질서의 발견에서 신의 존재성을 거듭 확인하고 있다는 점에서 그 또한 이신론적 사유를 바탕으로 시적 상상력을 펼친 프리노나 브라이언트 그리고 뒤이은 페니모어 쿠퍼와 동시대인임을 부정할 수 없게 만든다. 자연을 성찰하는 그의 방법적 시선은 린네의 분류 체계와 에드먼드 버크Edmund Bruke의 미학으로 무장된 것이라고 고쳐 말할 수 있는데, 이 점에서 우리는 이들은 물론 토머스 콜, 애셔 더랜드Asher B. Durand, 프레더릭 처치Frederic E. Church 같은 허드슨강파 풍경화가 그리고 에머슨이나 소로 같은 초월주의자들도 함께 묶는 하나의 문화적 전통을 상정해

볼 수 있는 것이다.

바트램의 『여행기』를 관류하는 이신론적 자연관은 프리노의 시적 육성에서 분명한 표현을 얻고 있다. 프리노는 자연종교를 주제로 한 여러 편의 시에서 이신론적 사상을 개진하고 있는데, 예컨대 그는 「자연의 통일성과 완성에 관하여 On the Uniformity and Perfection of Nature」에서

> 상공과 주변에 존재하는 모든 것에
> 어떤 불완전함도 찾아볼 수 없다.
> 자연이 이성의 눈에 비추어 만든 모든 것은
> 질서이며, 존재하는 모든 것은 옳다.
>
> No imperfection can be found
> In all that is, above, around, —
> All, nature made, in reason's sight
> Is order all, and *all is right*.

고 선언한다. 알렉산더 포프Alexander Pope를 통해 널리 회자된 라이프니츠의 이 단언 — "존재하는 모든 것은 옳다" — 만큼 이신론적 사유의 핵심을 잘 요약하고 있는 것도 드물다. 이신론자들이 상정하는 신은 청교도들이 두려움으로 받들었던 진노하는 구약의 신이 아니라 뭇 피조물을 장엄한 질서 체계로 창조한 자비로운 신이다. 그렇기에 신이 창조한 모든 존재의 본성은 선한 것이고 따라서 그 삶의 양태는 근본적으로 올바르다. 바트램이 뱀이나 악어와 같은 해로울 수 있는 동물을 죽여서는 안 된다고 주장하는 또 다른 근거도 이것이다. 그는 사람들이 혐오하는 방울뱀도 본디 천성이 선하기 때문에 생존을 위한 불가피한 경우가 아니면 결코 다른 생명체를 공격하지 않는다고 적고 있다. 이런 존재자들로 구성된 자연계는 따라서 합목적적인 질서 속에서 조화로운 전체를 이루기 마련이고 그것을 지배하는 원리 또한 한결같을 수밖에 없다. 자연에 대한 긍정적 시각 변화

는 이런 전제에서 가능했던 것이다. 그리하여 자연은, 브라이언트의 「숲 찬가」 서두의 표현 그대로, "신의 첫 성전"으로 비친다.

신성의 발현으로서의 자연, 신성한 창조주와 교감을 나누고 영혼의 각성을 체험하는 장소로서의 자연의 모습은 브라이언트의 시에서 뚜렷이 감지된다. 브라이언트의 조숙한 시적 재능을 말해 주는 「죽음에 관한 명상」의 서두는 이렇게 시작한다.

> 자연을 사랑하여 그 가시적 형상들과
> 교감을 나누는 이에게, 자연은
> 다양한 언어로 말한다
>
> To him who in the love of nature holds
> Communion with her visible forms, she speaks
> A various language

그 언어는 "기쁨의 목소리와 미소/ 그리고 아름다움의 웅변"일 수 있고, "암울한 생각"을 위무하는 "부드러운 동정"의 속삭임일 수 있고, 비탄과 끔찍한 고뇌를 자아내는 죽음이 생명과 성장의 자양을 준 대지로 돌아가는 유기적 순환 과정이라는 우주적 혹은 생태적 비전을 담은 것일 수 있다. 자연의 한 귀퉁이에 핀 한 송이의 야생 인동초의 모습에서 신의 섭리를 읽었던 프리노처럼 브라이언트 또한 가을의 고요한 햇빛 속에서 홀로 핀 용담꽃에서 천상의 모습을 보고(「술 달린 용담꽃」), 해질녘 "길 없는 해안/ 광야와 무한 창공"을 날아가는 물새에게서 신의 손길을 느낀다(「물새에게」). 그리하여 브라이언트는 「숲 찬가」의 말미에서

> 이 고요한 숲 그늘 속에서, 당신의 보다 부드러운 장엄함을
> 명상하고, 당신께서 만들어 놓은 아름다운 존재들의 질서,
> 거기에 우리 삶을 일치시키는 방법을 배우는 것을
> 우리의 책무로 삼게 하소서.

Be it ours to meditate,
In these calm shades, thy milder majesty,
And to the beautiful order of the works
Learn to conform the order of our lives.

라고 간구한다. 브라이언트에게 자연은 이처럼 신의 체화된 모습으로 나타난다. 그에게 자연은 청교도들에게 그랬던 것처럼 신의 메시지가 전달되는 '성스러운 책The Holy Book of Nature'이다. 차이가 있다면 청교도들에게 자연이 인간의 사악함을 경고하고 죄악을 징벌하는 통로의 역할을 한 데 반해 신의 섭리로 건설된 미합중국의 시민인 브라이언트에게 그것은 신성의 표상체로서 정신을 고양시키고 미덕을 함양시키는 원천인 것이다.

워즈워스를 통해 자연과 생명체를 새롭게 보는 법을 배웠다고 고백한 적이 있는 브라이언트는 미국의 시인 가운데 자연을 소재로 한 시 작품의 비율이 가장 큰 시인 중의 하나다. 그의 시 속의 자연은 구체적 묘사보다는 대지와 공기 혹은 물과 같은 물리적 요소로 구성된 우주적인 장경인 경우가 많다. 그러나 시 세계 전체로 보면 그는 미국의 여느 시인보다도 꽃과 나무에 대한 언급이 잦고 동물과 새 또한 빈번히 등장한다. 미국 자연문학의 이론적 정초를 다진 노먼 포어스터Norman Foerster는 그의 시에 언급된 나무가 30종, 꽃은 45종, 새는 30종에 이른다는 구체적 지적을 통해 그가 미국 자연시의 대부임을 상기시킨 바 있다(Foerster 9-10).

브라이언트의 자연시가 자연의 찬미로 시종한 것만은 물론 아니다. 「죽음에 관한 명상」 속에서 자연은 인간을 포함한 생명체가 지상의 삶을 마감하고 "자연의 원소들과 영원히 합체하기 위해" 귀환하는 죽음의 처소로 나타난다. 그의 자연은 곧잘 인간의 자취가 소멸된, 그러나 그 사라진 존재들이 유령처럼 기억 속에서 출몰하는, 공간으로 나타난다. 「조상의 묘를 찾은 인디언An Indian at the Burial-Place of His Fathers」이나 「대초원The Prairies」에는 문명의 전진 앞에 사라져

간 인디언 원주민과 그들의 삶의 터전이었던 시원적 자연의 정경을 그리는 장면이 담겨 있다. 그의 자연 상찬에는 엘레지적 향수가 어른거린다. 그러므로 그의 시에서 자연의 성전을 찾은 인간이 종종 고독한 단독자, 자연과 홀로 대면하는 '미국적 아담'과 같은 존재인 것은 우연이 아니다. 마이어Kinereth Meyer는 브라이언트의 시가 문명의 행진을 긍정하면서도 시간을 거슬러 그 원점으로, 다시 말해 자연과 홀로 대면하는 원형적 경험의 공간으로, 회귀하는 궤적을 보이는 점을 주목한 바 있다(Meyer 211).

3) 허드슨강파의 풍경화

신성이 깃든 장엄한 야생의 자연에 대한 상찬과 그 훼손에 대한 우려는 브라이언트와 동시대에 미국의 토착적인 회화 양식으로 자리 잡은 허드슨강파 풍경화에서도 다양한 모습으로 변주되는 것을 볼 수 있다. 대략 1825년부터 1875년까지 뉴욕 허드슨강 연안과 뉴잉글랜드 일대의 자연풍경을 즐겨 화폭에 담은 일단의 미국 화가들을 통해 신생 공화국의 자연경관은 한층 선명한 시각적 이미지로 재현된다. 여행기와 박물지 그리고 자연경관에 대한 문학적 묘사와 마찬가지로 이들이 제공한 회화적 이미지는 미국인의 자연관에 지대한 영향을 끼쳤다.

초상화와 역사화가 화단의 주류를 이루는 가운데에서 미국의 화가들로 하여금 자연풍경을 화폭에 담도록 자극한 중요한 동인은 광활한 자연을 국가적 정체성의 핵심적 요소로 간주한 당시의 국가주의적 애국 정서다. 1812년 영국과 전쟁을 치른 후 전개된 이른바 '호감의 시대'에 국가주의의 기운은 더욱 고조되고 있었다. 1825년 이리 운하 개통으로 나이아가라 폭포를 포함한 내륙 명승지로의 여행이 용이해지면서 자연경관에 대한 사회적 관심이 높아진 것도 또 다른 동인으로 지적할 수 있다. 영국에서 건너와 오하이오에 정착한 후 판화가로 삶을 시작했던 토머스 콜이 뉴욕으로 진출하여 풍경화가로 인정받기 시작한 것이 이리 운하 개통과 동시적이라는 것은 대단히 시사적이다. 브라이언트, 어빙, 쿠퍼 같은 작가들이 제공한 문학적 이미지 또한 자연풍경에 대한 문화적 기억을 두텁게 함으로써 회화적 재현을 자극했다. 회화 전통 자체도 중요한 요인이다. 살바토레 로사Salvatore Rosa와 클로드 로랭Claude Lorrain 이후 유럽에서 대중적 관심이 높아진 풍경화는 버크Edmund Burke와 칸트Immanuel Kant의 미학을 통해 장르의 이론적 정초를 다짐과 동시에 자연을 관찰하고 인식하는 패러다임을 제공했다. 독립과 더불어 제고되기 시작한 자연에 대한 미국 사회의 애국적 관심은 고전 미학의 매개로 의미 있는 문화적 담론으로 구체화될 수 있었고 이것이 다시금 자연풍경의 재현을 더욱 촉진하는 동력으로 작용했다.

허드슨강파의 풍경화가 전형적으로 표현하고 있는 미국 풍경은 대개의 경우 숭엄미를 자아내는 형상이 전경화되어 있다. 보다 구체적으로 그 구도를 일반화한다면 전경은 야생적 자연을 표상하는 작은 언덕, 바위, 혹은 부러진 고목이, 중경은 가파르고 위협적인 고산준령과 깊은 벼랑이, 멀리 후경으로는 밝고 광활하고 잘 다듬어진 초원이 지평선 너머로 사라지는 모습이 배치되어 있는 식이다.[7] 더 단순화해서 말한다면 전경은 '숭엄'이, 후경은 '아름다움'이 차지하고 있는 이중적 구도다. 달리 말해 살바토레 로사와 클로드 로랭이 동거하고 있는 이 이중성은 구도뿐만 아니라 빛과 색채의 명암 대비도 포함한다. 그러나 이 양면성은 전경화된 숭엄한 풍경에 압도되어 때로 간과되기 쉽다.

고산준령, 깊은 골짜기, 폭포와 강, 호수와 거친 바다, 고목이 산재한 태고의 숲 등이 전경에 배치된 것은 미국의 자연이 유럽의 그것과 달리 야생적이고 시원적인 것이라는 당대 자연관의 반영이다. 콜은 「미국적 풍경에 관한 에세이」에서 미국적 풍경의 특징으로 야생성wildness, 원시성primitiveness, 변전성vicissitude

7. 이는 뉴욕의 캐츠킬 산을 주제로 한 토머스 콜의 초기 풍경화의 특징적인 구도이지만, 허드슨강파 풍경화에서 가장 흔하게 찾아 볼 수 있는 일반적 구도이기도 하다(Wolf 177-78 참조).

을 꼽은 바 있다. 문명의 손길에서 벗어나 있는 이 시원적 자연은 미국적 예외성을 강조하는 국가주의적 수사의 차원뿐만 아니라 정신의 기율 혹은 윤리의 쇄신의 원천이라는 견지에서 선양되기도 했다. 버크는 본래 『숭고와 아름다움의 이념의 기원에 대한 철학적 탐구*A Philosophical Inquiry into the Origin of Our Ideas of the Sublime and Beautiful*』에서 숭고는 "경악, 경탄, 숭배, 존경"과 같은 감정을 자아낸다고 썼다(Burke 57). 그러나 이런 고딕적 혹은 낭만적 숭고의 개념은, 바버라 노백Barbara Novak이 지적하고 있는 것처럼, 19세기에 접어들어 기독교 전통과 결합하면서 강렬한 회심의 체험 혹은 신성한 것에 의해 촉발되는 외경의 느낌을 포괄하게 된다(Novak 34-38). 버크도 숭엄미를 정신적인 정화와 연관 짓기도 했다. 그는 숭엄이 극단적으로 치닫지 않을 경우 습관과 풍속의 벽에 갇혀 있는 정신을 해방시킬 수 있다고 주장한다.[8] 숭엄미가 대상 자체에 내재하고 있다기보다는 그것이 환기하는 정서와 연관된 것으로 보는 칸트 또한 거대하고 무한한 것들에 자극된 숭엄의 감정은 결국 일상적 감각을 초월할 수 있는 인간의 정신능력 자체를 환기시킨다고 생각한다. 이처럼 인간 정신의 고양과 감정을 쇄신시킬 수 있는 심리적 효과의 측면에서 숭엄의 미학은 새로운 사회적 심성과 문화적 질서의 구축이 절실했던 독립 직후 미국의 사회적 상상태를 강화하는 방편으로 활용되었다고 볼 수 있다.[9] 경외심을 자아내는 신화적 에피소드나 독립전쟁의 일화가 장엄한 자연을 배경으로 재현된 경우도 그런 예의 하나다.

---

8. 숭엄의 이런 초월적 효과를 버크는 유명한 "안도의 공포delightful horror"라는 개념으로 설명한다. 해당 대목의 원문은 다음과 같다: "… if the pain and terror are so modified as not to be actually noxious; if the pain is not carried to violence, and the terror is not conversant about the present destruction of the person, as these emotions clear the parts, whether fine or gross, of a dangerous and troublesome encumbrance, they are capable of producing delight; not pleasure, but a sort of delightful horror, a sort of tranquillity tinged with terror; which, as it belongs to self-preservation, is one of the strongest of all the passions"(136).

9. 미국의 풍경화 전통과 연관하여 버크와 칸트의 숭엄 미학의 차이에 대한 논의는 Wilton 20 참조; 국가주의 이데올로기와 숭엄 미학의 연관성에 대해서는 Horwitz 20-38 참조.

허드슨강파 풍경화에는 거의 예외 없이 야생적 자연과 대비되는 순치되고 조화로운 정경이 후경에 어른거린다. 숭엄한 전경에 압도되어 이 점을 놓친다면 그림의 의미를 제대로 파악한 것이라 할 수 없다. 다시 말하거니와 많은 경우 풍경화의 근경에는 원시적인 황야의 모습이, 원경에는 문명화가 진전된 목가적 전원 풍경이 등장한다. 이 구도의 이중성은 앞서 지적한 대로 풍경화가 서부개척이 본격화되면서 등장했다는 사실과 무관하지 않다. 감상자의 시선이 근경에서 원경으로 이동하면서(경우에 따라서 그것은 왼편에서 오른편으로 변주되기도 한다), 그것은 원시적 자연이 문명의 세계로 변화해 가는 과정을 답파하는 셈이다. 다시 말해 이들 풍경화의 이중적 화면 구성은 시간적 추이를 머금고 있다. 이 시간성은 현재진행형이면서 또한 미래형이다. 그림 속의 풍경은 결국 황야를 정복해 가고 있는 프런티어의 현실을 파노라마처럼 펼쳐 놓은 것이기도 하고, 아직 남아 있는 이 야생지에 멀리 아스라이 보이는 문명의 발길이 미구에 밀려들 것이라는 기대를 투사한 것일 수 있다.

예컨대 의미심장하게도 『진보*Progress*』(1855)라는 제목이 붙은 더랜드의 풍경화는 이런 구도의 한 전형을 보여 준다. 그림의 왼편 전경은 폭우로 부러진 고목, 하늘로 우뚝 솟은 나무들, 그리고 거친 바위로 이루어진 야생지의 모습으로 채워져 있다. 그 오른편 대각선 방향의 아래 쪽 계곡에는 소떼가 몰려 있는 목장이 있고 거기에서 이어지는 길을 따라 아래쪽 해안가로 연이어 증기를 뿜어내는 증기선과 건물과 기관차로 표상되는 문명화된 세계가 아스라이 전개되어 있다. 황야/문명의 이중 구도는 왼편 야생지의 나무 사이에 서서 계곡 아래쪽 문명 세계를 바라보고 있는 인디언들의 존재로 인해 더욱 강화된다.[10] 그들은 문명의 전진으로 상실한 옛 삶의 터전을 향수어린 시선으로 바라보고 있는 듯하다. 문명의 세계는 산업 활동이 활발해 보이면서도 목가적 정원의 모습을 유지하고 있

10. 이 그림에 대한 보다 자세한 분석으로 Novak 172-73, Boime 75 참조.

애셔 더랜드, 『진보』, 1853

다. 다시 말해 여기에서 문명은 자연과 대립적인 것으로 나타나지 않는다. 문명화는 자연을 조화와 질서의 세계로, 곧 유토피아적 낙원으로 건설해 가는 역사적 섭리로 나타난다. 이처럼 허드슨강파 풍경화에는 19세기 중엽 미국 사회의 국가적 비전과 사회적 열망이 스며 있다.

미술사가 알버트 보임Albert Boime은 미국 풍경화 구성 방식의 또 다른 중요한 특징으로 "관리자적 시선the magestrial gaze"을 거론한 바 있다. 허드슨강파 풍경화는 대다수가 높은 곳에서 아래로 펼쳐져 있는 정경을 내려다보는 방식으로 관람자의 시선을 유도한다. 이는 아래에서 위쪽을 올려다보는 "경배적 시선the reverential gaze"이 보다 일반화되어 있는 북유럽의 풍경화와 대조를 이룬다. 보임은 미국 풍경화의 구성 원리로 자리 잡은 이 하향적 시선을 미국 엘리트 계층에 내면화되어 있는 "지배 욕망의 환유적 이미지"(Boime 21)라고 규정한다. 다시 말

토머스 콜, 『홀리요크 산에서 본 정경』, 1836

해 관리자적 시선은 자연을 정복하고 지배할 대상으로, 또 그것을 사회적 소명으로 여겨 온 미국의 오랜 사회적 아비투스의 표상이다.

허드슨강파 풍경화에서 야생의 '숭엄함'과 문명의 '아름다움'이 반드시 조화를 이루고 있는 것만은 아니다. 그 이분적 구도는 때로 긴장과 불협화음으로 파열된 양상을 보이기도 한다. 예컨대 앞서 논의했던 더랜드의 『진보』와 유사한 구도의 그림에서 인디언들이 서 있는 장소에 화가 혹은 화가의 대리인과 같은 인물을 배치함으로써 문명의 거침없는 전진에 대한 우려와 그로 인해 사라져 가는 원시적 자연에 대한 향수를 표출하고 있는 경우가 그것이다. 앤젤러 밀러 Angela Miller는 1820～30년대에 그려진 콜의 초기 풍경화들을 이런 시각에서 읽는다. 예컨대 콜의 풍경화 중에서 가장 널리 알려진 『홀리요크 산에서 본 정경 *View from Mount Holyoke, Northampton, Massachusetts, after a Thunderstorm*』의 경우 왼편의 야생 자연과 오른 편 아래의 문명화된 정착지가 대비를 이루고 있는데, 산정의 바위 사이에서 그림을 그리고 있는 화가의 관람객을 향한 돌올한 시선은 관람객의 시선이 근경에서 원경으로, 곧 야생지에서 문명화된 세계로 자연스럽게 옮아가는 것을 허용하지 않고 있다. 화가는 야생의 자연이 정착지로 급격의 탈바꿈되어 가고 있는 역사적 현실에 대해 관람객을 향해 의구심을 표현하고 그 동의를 구하고 있는 듯이 보인다. 이런 인상은 산 아래 강물의 에도는 흐름이 산 쪽 기슭에 이르러 가로막혀 거대한 의문부호를 이루고 있는 모습으로 인해 더욱 강화된다.[11] 콜은 이 그림을 그리기 직전인 1836년 뉴욕의 개인전에 출품한 『제국의 행로*The Course of Empire*』 연작에서 자연과 멀어진 과잉의 문명화는 자기파괴적인 것임을 경고한 바 있다. 같은 시기에 쓴 「미국적 풍경에 관한 에세이」에서도 콜은 "풍경의 아름다움이 급격히 사라지고 있는 현실에 대해서 슬퍼하지 않을 수 없다. 도끼의 파괴적 맹위가 나날이 세를 더하고 있다"(Cole 109)라고 적고 있다. 콜은 경제적 실용주의에 선도된 미국 사회가 자긍심의 원천이었던 자연을 파괴하면서 그것을 문명의 전진이라는 수사로 호도하는 것에 누구보다도 비판적이었다. 밀러가 지적한 대로 그를 미국 풍경화 전통의 비조로 떠받든 대부분의 후세의 화가들이 자연에서 문명으로의 이행을 역사의 섭리로 수긍한 데 반해, 그는 그것이 경제적 탐욕을 감추는 공허한 수사임을 꿰뚫어 본 예외적 소수에 속하는 사람이었다(Angela Miller 48).

---

11. 밀러는 다각적인 시각에서 이 그림을 분석하고 자연과 문명 사이에서 선택을 유보한 채 머뭇거리고 있는 화가의 불확실한 입장을 부각시키고 있다(Angela Miller 42-48).

4) 페니모어 쿠퍼의 『개척자들』

콜이 우려한 문명화의 문제를 그와 동시대의 작가인 쿠퍼는 『개척자들』을 통해 보다 구체적인 사회적 맥락에서 제기한다. 『레더스타킹 이야기』 연작 중 맨 처음 출판된 『개척자들』은 1775년 렉싱턴 전투를 시발로 시작된 독립전쟁에서 영국이 패배를 인정하고 미국의 독립을 공식적으로 인정한 1783년의 파리 조약이 체결된 뒤 10년이 경과한 1793년을 그 시간적 배경으로 하고 있다. 쿠퍼는 작품의 서두에서 오랜 전쟁 후에 찾아온 "평화" 속에서 사람들이 이제 "광활하게 펼쳐진 영토를 그 자연의 이점을 살려 개발하는 데"(10) 관심을 쏟기 시작하였다고 씀으로써 이 시기의 사회상을 구체화하고 있다. 뉴욕 주의 중앙에 자리한 템플턴이라는 개척지 마을을 무대로 하여 펼쳐지는 이야기는 따라서 쿠퍼가 작품을 발표한 1823년으로부터는 30년 전의 과거의 일인 셈이다. 다시 말해 『개척자들』은 독립전쟁이 끝난 직후부터 대략 한 세대 동안 급격한 변화의 와중에 있던 미국 사회를 탐구하고 있는데, 그 초점은 국토를 어떻게 개발하고 활용할 것인가의 문제, 더 구체적으로는 헨리 내시 스미스Henry Nash Smith가 예각화해서 요약하고 있는 대로, 새 나라를 건설하는 과정에서 야기된 "자연/문명, 자유/법의 대립"에 모아져 있다(Henry Nash Smith 60).

요컨대 『개척자들』은 건국 직후 토지를 축으로 한 농본주의 정착민 사회에서 토지 소유권의 문제와 더불어 자연의 보존과 활용 문제가 주요 관심사다. 소설은 그와 함께 자연에 대한 당시의 상반된 시각을 표출하고 있다. 무엇보다 우선 주목되는 것은 정착촌의 급속한 발전과 개발의 열기 그리고 그로 인한 주변 자연의 남용과 심각한 훼손 현상이다. 마을과 그 주변 모습은 하루가 다르게 변해서 "한 세기 동안에 일어남 직한 것보다 더 큰 변화가 5년 만에 일어났을"(41) 정도다. 소설의 배경이 되고 있는 템플턴 마을의 건설자 템플 판사의 딸 엘리자베스Elizabeth Temple가 도시에서 공부를 마치고 4년 만에 고향에 돌아와서 놀라는

페니모어 쿠퍼의 동상, 뉴욕 주 쿠퍼스타운

것도 "어렸을 때 즐거움으로 바라보곤 했던 자연풍경"(34)이 급속하게 달라져 윤곽만 어렴풋이 남아 있기 때문이다. 작가는 자연을 정복하고 그 위에 문명사회를 단시간에 성공적으로 건설한 것으로 상찬됨직한 이 "마술적 변화상"(11)을 "기술"하는 것이 소설의 본래 의도였다고 밝힌 바 있는데, 거기에는 물론 그로 인한 부작용과 사회적 폐해가 포함되어 있다.[12]

소설은 우선 야생 자연을 개간하여 들어선 문명사회가 기대되는 목가적 정원의 모습이라기보다는 개척자들이 수시로 들고 나는 변전과 개인적 편의 혹은 무분별로 인해 부조화와 허장성세가 지배하는 공간임을 드러낸다. 마을로 들어서는 목재 다리는 필요 이상으로 크고, 불과 50여 채의 건물이 들어서 있는 마을의 중심 거리는 폭이 100피트나 되고, 건물들은 짓다 말기도 하고, 편의에 따라 개축되고, 제멋대로 페인트를 칠해서 주변과 어울리지 않는 조악한 모습이다. 주변의 다른 건축물의 모델로 설

12. 『개척자들』에는 "A Descriptive Tale"이라는 부제가 붙어 있다. 쿠퍼는 1842년 이 소설을 "사회의 진보를 기술하는 이야기a tale descriptive of the progress of society"로 기획했다고 밝힌 적이 있다(Cooper 1964, 255). 소설의 주 플롯을 비평적 관행대로 올리버Oliver Edward Effingham와 엘리자베스Elizabeth Temple의 결혼으로 잡는다면, 이 "로맨스"와 대조를 이루는 "기술"의 주 대상이 되는 것은 그 배경을 이루고 있는 템플턴의 물리적 환경과 크고 작은 여러 가지 사건들, 그리고 무엇보다 소설의 부 플롯이라고 할 수 있는 내티와 템플 판사의 대립일 것이다. 그러나 오늘날의 비평적 감수성으로는 부 플롯으로 간주되어 온 후자가 오히려 더 큰 비중을 차지하고 있다고 보아야 할 것이다(랜스는 주 플롯과 부 플롯의 구분이 어렵다는 점을 지적하고 있다[Rans 54 참조]).

계되었다는 템플 판사의 저택도 "편의와 상황이 요구하는 바에 따라 지어졌기"(38) 때문에 여러 양식이 혼합되어 조화를 이루지 못하기는 마찬가지다. 마을의 외양과 건축물을 통해서 표출되고 있는 것은, 신두호의 지적대로, "정착민들의 편리함에 대한 의존, 몰취미, 조야함, 허영심"이다(신두호 2008 상반기, 78). 템플 판사의 집과 마을의 공공건물을 설계한 보안관 리처드 존즈Richard Jones는 정착지를 건설하면서 오직 컴퍼스에만 의지할 뿐, "나무, 산, 늪지, 나무둥치"(182) 따위는 무시해야 한다고 말하는데, 그의 말은 템플턴을 지배하고 있는 실용적 편의주의가 자연을 정복하고 이용해야 할 대상으로만 보는 저돌적인 개척자적 심성에 뿌리내리고 있음을 드러낸다. 정복의 일념에서 생명의 소중함을 생각하지 않는 이런 파괴적 심성은 자연을 황폐하게 만들 뿐만 아니라 사회적 관계에도 영향을 미친다.

사냥한 사슴의 소유권에 대한 시비로 시작되는 소설의 서두가 앞질러 예시하고 있듯이 템플턴의 정착민들은 이해의 충돌, 질시, 경쟁심으로 빈번하게 서로 다투고 갈등을 빚는다. 크레브쾨르J. Hector St. John de Crèvecoeur는 독립혁명기에 출판된 『농부의 편지*Letters from an American Farmer*』에서 농본주의를 근간으로 한 목가적 이상사회의 실현을 꿈꾸면서도 다른 한편으로 시민공동체로부터 멀리 떨어져 있는 변방 개척자들의 탐욕과 무절제를 우려한 바 있다. 템플턴 마을의 사회적 정황은 크레브쾨르가 우려했던 변방의 그것과 그다지 다르지 않다. 소설의 큰 흐름을 이루는 야생 자연의 대변자 내티 범포와 문명의 표상인 템플 판사의 갈등도 실제로는 정착촌 전체를 지배하고 있는 탐욕과 무절제의 폐해에서 기인한 것이다. 다시 말해 그 갈등은 이 파괴적 정열을 사회적 질서로 수렴하고자 하는 사회적 요구의 부산물이다. 이런 점에서 소설의 크고 작은 갈등은 결국 내티와 템플 판사가 표상하는 "자율self-discipline"과 공동체를 지배하는 "무자비한 파괴성wanton destructiveness" 사이의 보다 거시적 대립의 일부라는 토머스 필브릭Thomas Philbrick의 지적은 타당하다(Philbrick 588).

내티와 템플 판사의 갈등의 원인이 된 사냥규제법은 자연의 침탈과 훼손으로 인한 자연 자원의 고갈에 대한 우려의 소산이다. 그 우려는 쿠퍼 스스로 밝히고 있듯이 역사적 사실의 반영이다. 쿠퍼는 작가 서문에서 소설을 출판한 1823년 무렵에 오츠고 호수 근처에서 곰, 늑대, 아메리카 표범을 거의 찾아볼 수 없게 되었고, 사슴조차도 개체 수가 현저히 감소했다는 각주를 덧붙여 놓고 있다(6). 템플 판사는 발정기의 사슴사냥 금지뿐만 아니라 예인망을 이용한 물고기의 남획과 삼림 남벌을 규제하는 법을 입법화하고자 한다. 이런 법적 장치 또한 역사적 선례가 있다. 로빈슨E. Arthur Robinson에 따르면, 매사추세츠 식민지는 1631년에 이미 삼림을 불태우는 것을 규제하는 조치를 마련했고 펜실베이니아 식민지는 1682년에 5에이커의 삼림을 개간할 때마다 1에이커는 숲의 조성을 위해 반드시 남겨두어야 한다는 조례를 제정했다는 기록이 남아 있다(Robinson 568).

소설은 마을 주민들의 무분별한 자연훼손과 낭비 행태를 반복해서 기술하고 있다. 예컨대 마을의 벌목꾼 빌리 커비Billy Kirby는 설탕단풍나무의 시럽을 채취하기 위해 남벌을 자행하고 몸체를 필요 이상으로 절개하여 나무를 무수히 훼손한다. 마을 사람들 또한 목재가 조금만 필요해도 큰 나무를 서슴없이 베어내 필요한 부분만 취하고 나머지는 방치하기 일쑤다. 게다가 커비가 도끼를 휘둘러 나무를 잘라내는 모습에 대한 17장의 자세한 묘사는 자연의 성전을 능욕하는 신성모독 행위라는 인상을 풍긴다. 그는 수세기 동안 자란 나무들 중에서 "가장 기품 있는" 나무를 골라 "휘파람을 불면서 냉정한 태도로" 다가가 도끼를 휘둘러 내리친다. 나무는 "우레와 같은" 소리를 내며 모로 쓰러지면서 그 가지로 주변 "형제" 나무의 우듬지를 내려치고 이윽고 땅에 닿으며 지축을 진동시키는 굉음을 낸다(190). 템플 판사는 커비에게 수세기에 걸쳐 자란 나무를 함부로 죽이면 그 손실을 벌충하기 어렵다는 질책을 하지만, 커비는 산에 나무가 무한정하니 염려할 필요가 없다고 대꾸하며 그의 충고에 귀를 기울이지 않는다. 자원의 방만한 낭비에 대한 템플 판사의 우려를 존즈도 이해하지 못하기는 마찬가지다.

이보다 앞선 장면에서 템플 판사가 난로의 화목으로 단풍나무를 쓰는 것을 발견하고 무분별한 벌목으로 20년도 안 되어서 땔감이 부족해질 것이라고 염려하자 존즈 또한 사방이 울창한 삼림인 마당에 땔감이 부족할 것이라고 생각하는 것은 "호수에서 물이 조금 빠지는 것을 두고 물고기가 죽을 것이라"(103)고 염려하는 것이나 마찬가지라고 대꾸한다.

정착민들의 자연훼손과 남용의 근저에는 자연은 인간의 편익을 위한 도구일 뿐이라는 인간중심주의적 자연관이 자리 잡고 있다. 이 두 에피소드는 거기에 자연의 나라 미국 땅의 풍요와 그 자원의 무진장을 국가주의적 수사로 포장해 온 미국예외주의 이데올로기도 작용하고 있음을 보여 주고 있다. 마을을 통과해 지나가는 철새 비둘기 떼에 대한 무차별적인 사냥 놀이와 호수에서의 예인망 고기잡이 장면에서도 이 점은 확인된다. 끝이 보이지 않을 정도로 하늘을 뒤덮으며 이동하는 비둘기 떼를 보고 마을 사람들은 온갖 무기를 가지고 나와서 사냥을 즐긴다. 마을의 보안관 리처드 존즈가 낡은 대포까지 동원하여 비둘기 떼를 향해 쏘아대자, 마을 전체가 마치 축제라도 벌이는 듯이 경쟁적으로 사냥에 동참한다. 얼마 지나지 않아 주변의 땅에는 떨어져 죽거나 상처를 입은 비둘기로 가득 찬다. 마을사람들은 이에 멈추지 않고 마치 전쟁에 나선 것처럼 하늘을 향해 소총을 겨누고 한 줄로 늘어서서 존즈의 구령에 맞춰 비둘기 떼에 계속 사격을 가한다. 독립전쟁의 열기마저 느껴지는 이 사냥 놀이나 2천여 마리의 농어를 한꺼번에 잡아 올린 탓에 쓸모가 없어서 결국 호숫가에 방기하고 마는 행동은 풍요의 신화와 도구주의적 자연관의 결탁에 그 책임이 있음을 말하고 있는 셈이다.

생태주의적 시각에서 『개척자들』을 새롭게 읽어 온 근래의 연구자들은 소설이 제기하는 자연에 대한 서로 다른 태도의 현대적 시의성에 주목한다.[13] 주지하

13. 맥스 캐비치Max Cavitch는 『개척자들』을 중요 "미국 문학작품 중에서 생태의식을 주제로 한 맨 첫 작품"으로 평가한다(Cavitch viii). 이런 시각의 중요 연구로는 신두호 2008 상반기, Gatta

듯 자연환경에 대한 현대적 논의는 세 가지 방향에서 이루어져 왔다. 곧 자연을 인간의 편익을 위한 도구로 보는 시각, 인간의 삶에 유용한 도구라는 전제를 부정하지 않으면서 그것을 효율적으로 관리하고 현명하게 이용하는 데 초점을 맞추는 시각, 자연은 그 자체로 가치 있는 생명의 체계이고 인간도 그중의 일부를 이룬다는 생각이 그것이다. 자연에 대한 이상의 세 가지 상반된 시각은 『개척자들』에서 소설의 주제적 관심사일 뿐만 아니라 형식적 특징인 대립적 구조의 근간을 이루고 있다. 앞에서 본 대로 자연을 도구로 보는 시각은 템플턴 개척민들 대부분을 지배하고 있다고 볼 수 있지만 특히 보안관인 존즈와 벌목꾼 커비에 의해서 대변되고 있다. 오늘날의 환경 용어로 '자연보호conservation'의 입장이라고 부를 수 있는 두 번째 시각의 대변자가 템플턴 판사라면 '자연보전preservation'이라고 고쳐 부를 수 있는 세 번째 시각의 대변자는 내티 범포다. 이 소설의 한 묘미는 이 세 시각이 분명하게 구분된다기보다는 특정한 입장에 따라 서로 조합하기고 하고 배척하기도 하면서 현상의 안팎을 복합적으로 살필 기회를 제공한다는 점에 있다.

가령 템플턴 마을 공동체의 일원이고 문명의 입장을 대변한다는 점에서는 존즈와 커비가 템플 판사와 한 동아리가 되어 내티와 대립하지만, 자연의 맹목적 파괴와 남용이라는 차원에서는 템플 판사와 내티가 같은 그룹이 되어 존즈와 커비가 대변하는 측과 상반된 처지가 되고, 나무와 숲에 대한 생태적 지식의 해박함에서는 특히 커비와 내티가 한 무리를 이루어 템플 판사와 대조가 된다. 여기에서도 세부적 차이에 유념할 필요가 있는데, 그중 두 번째, 곧 마을 사람들의 무분별한 자연 자원의 남용을 질타하는 템플 판사와 내티의 차이점에 대한 인식은 중요하다. 작가는 두 사람의 차이를 비둘기 떼 사냥 대목에서 뚜렷하게 부각시킨다. 내티가 마을 사람들이 비둘기를 도락으로 사냥하는 것에 분노를 터뜨리자

79-88, MacDougall, Robinson, Tichi 174-87, Valen 참조.

템플 판사도 이런 파괴 행위는 이제 종식되어야 한다고 말하면서 동감을 표시한다. 이에 대해 내티는 "판사 양반, 나무를 베어내 개간지를 넓히는 일도 그만 두세요. 나무도 비둘기와 마찬가지로 그분의 창조물이 아닌가요?"(250)라고 응대한다. 요컨대 내티에게는 비둘기도, 나무도, 사슴도, 호수의 농어도 모두 신의 창조물이다. 따라서 그의 분노는 이 점을 무시하는 백인 문명 전반을 향한 것이라 볼 수 있다. 소설의 여러 곳에서 천명하고 있듯이 내티는 생존에 필요한 한도 내에서만 다른 생명체의 살상을 허용하는 인디언적 삶의 방식을 지켜 왔고 그것이 마땅한 삶의 길이라고 믿어 왔기 때문이다.

템플 판사의 동기는 이와 판이하게 다르다. 그에겐 나무를 포함한 모든 자연물은 근본적으로 인간의 편익을 위해 존재하는 것일 뿐이다. 내티와 달리 그는 자연을 그 자체로 가치 있는 것으로 여기지 않는다. 앞에서 언급했던 존즈와의 대화에서도 템플 판사는 그가 "나무를 귀중하게 여기는 것은 장식으로서가 아니라 그 유용성 때문이라"(230)는 점을 분명히 한다. 내티가 자연을 신의 성전으로 본다면 템플 판사에게 그것은 유용한 자원의 보고로 비칠 뿐이다. 그렇기 때문에 그는 한편으로 나무 보호의 필요성을 말하면서도 다른 한편으로는 미래의 청사진을 꿈꾸었던 마운트 비전에서의 회상이 노정하듯이 광활한 숲을 개간해서 문명의 거점으로 만든 것을 자랑스럽게 여긴다. 앞서 인용했던 내티의 반문은 기실 템플 판사의 이 이중성을 겨냥한 것이라고 할 수 있다.

자연의 남용에 대한 템플 판사의 경계는 다만 후대를 예비해서 그것을 적절히 보호하고 관리할 필요성에서 기인한다. 그러기 위해서 그는 법을 통한 사회적 관리가 요구된다고 생각한다. 이에 반해 자연을 신의 성전으로 생각하는 내티는 자연의 본래적 질서를 따른다면 그 자체로 순리에 어긋나는 것이 아니라고 생각한다. 다시 말해 그는 자연과 인간의 관계와 그 질서를 자연법의 견지에서 보고자 하는 것이다. 시간을 초월한 자연의 이미지 창조는 쿠퍼 소설 미학의 중요한 지향점의 하나인데, 브룩 토머스Brook Thomas는 그것을 사회적 변전이 심했던 당시에 항구적 질서에 대한 작가의 희구와 연관시켜 논의한 바 있다(Thomas 39). 그러나 작가는 자연에 밀착된 내티의 삶의 길이 템플 판사가 표상하는 삶의 방식에 결국 밀려나는 것으로 소설을 끝맺는다. 쿠퍼는 이 반전을 통해 실정법이 보다 고차적인 자연법과 합치되는 것이 이상이나 현실은 그렇지 못하다는 메시지를 전달하는 것처럼 보인다. 이 반전이 소설의 끝에서 일어나기 때문에 그 종국의 메시지에도 불구하고 독자는 어느 쪽이 바람직한 것인가라는 질문을 여운으로 떠안는다. 자연보전과 자연보호의 입장 중 어느 쪽이 보다 실효적인 대처방식이 될 수 있는가를 고심하는 환경위기의 시대인 오늘날 이 소설의 호소력은 여기에서 비롯된다.

5) 맺음말

지금까지 독립혁명에서 대략 19세기 중엽까지 자연에 대한 미국 사회의 시각을 살펴보았다. 독립한 신생국이 나라의 정초를 다져 나가는 이 시기에 미국의 자연은 식민지 시대와는 달리 국가적 혹은 개인적 정체성을 구성하는 핵심적인 요소로 강조되었다. 무엇보다 자연은 건국의 이념을 정당화하는 전거였고 구세계와 신생 공화국을 구별해 주는 물리적 자산이자 상징적 자본이었다. 이런 까닭에서 독립 직후에는 문명의 손때가 묻지 않은 자연의 야생성이 주목되었다. 야생적 자연 개념은 계몽주의의 세례를 받은 이신교적 사고방식이 도입되면서 신성의 발현으로서의 자연 혹은 이성적 질서가 체화된 자연의 개념과 겹쳐졌다.

이런 복합적 자연의 이미지는 건국 초기의 애국 정서를 바탕으로 자연을 노래한 프리노나 브라이언트의 시에서 확인된다. 미국 최초의 본격적 박물지라고 할 수 있는 바트램의 『여행기』의 자연을 보는 관점도 이 점에서 전범적이다. 『여행기』는 특히 신대륙 생물종의 다양성을 확인시켜 주면서 동시에 자연의 모든 생물들이 그 자체로 의미 있는 존재이며 그 전체가 유기적 체계를 이루고 있다고 보는 생태학적 통찰을 보여 준다. 시대에 앞선 이 같은 생태학적 성찰은 마지막으로 검토된 『개척자들』에서도 또한 발견된다. 야생의 자연을 나라의 이념적 자산으로 기리면서도 다른 한편으로 그것의 개척을 국가 건설의 중요한 기획으로 삼았던 시대에 출판된 『개척자들』은 자연과 문명의 대립을 소설의 주제이자 갈등 구조의 근간으로 삼고 있다. 자연 속의 삶에 이끌리면서도 문명의 진보를 역사적 필연으로 결국 수긍하는 소설의 전개는 이 시기 자연에 대한 사회적 태도가 착잡했었음을 새삼 일깨우는데, 놀랍게도 그 착잡성은 자연과 인간의 적절한 관계에 대한 모색에서 오늘날 우리가 고심하고 있는 거의 모든 이슈들을 아우르는 것이다.

요컨대 독립으로부터 시작해서 1830년대까지 대략 반세기 동안 미국 사회는 물리적 환경으로서 또 정신적 삶의 지평으로서 자연을 새롭게 발견한다. 그 과정에 대한 역사적 조망을 통해서 우리는 자연을 국가적 정체성의 원천으로서, 중요한 경제적 자원으로서, 도덕적·심미적 기율의 전거로서, 혹은 그 자체로 소중한 유기체로서 파악하는 다양한 시각을 접할 수 있었다. 자연에 대한 이런 다양한 성찰과 문제의식은 환경위기의 시대를 살고 있는 오늘의 우리들에게 타산지석으로 삼기에 조금도 모자람이 없을 정도로 시의적인 것이다.*

* 이 글은 본래 같은 제목으로 『미국학』 32집 2호(2009년 11월), pp. 115-52에 실렸던 것을 수정, 가필한 것임을 밝혀 둔다.

4

산업화의 진전과 자연훼손

생태적 사유의 태동

강규한

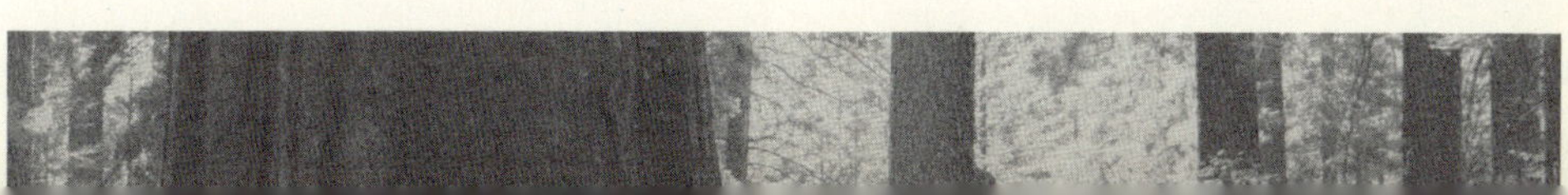

잭슨 시대(1828~1836)에서 도금 시대(1865~1900)로 이어지는 미국의 산업화 시기는 미국의 자연관 변천에서 그 어느 시대보다도 중요한 국면을 형성한다. 이 시기에는 산업화와 더불어 본격적인 자연훼손이 시작되었으며, 그것에 대한 대응으로 생태적 사유가 태동하게 되었다. 헨리 데이비드 소로Henry David Thoreau의 저작, 특히 그의 대표작이라고 할 수 있는 『월든*Walden*』은 당대에 급속도로 진행된 산업화와 자연훼손에서 형성된 생태학적 사유의 진면목을 생생하게 대변한다. 이 글은 『월든』을 중심으로, 산업화와 자연훼손의 과정을 거치며 태동하게 된 생태적 사유의 면모를 살펴보는 한편, 이러한 사유가 당대 사회 변화에 대한 미국 정신의 대응으로 이해될 가능성을 검토함으로써 생태적 사유의 태동이 지니는 의의를 검토하게 될 것이다.

1) 진보와 발전에 대한 믿음과 산업화

버지니아 출신도 애덤스Adams 가문도 아닌 앤드류 잭슨Andrew Jackson의 대통령 당선은 기존의 동부중심에서 광활한 서부로 빠르게 팽창하고 있는 미국의 변화를 극적으로 대변한다. 로버트 풀튼Robert Fulton의 허드슨 강 실험 성공 이후 1820년대에 이미 수백 척의 증기선들이 오하이오 강과 미시시피 강에 운행되면서 서부로의 대규모 이동을 가속화시키고 있었다. 또한 증기기관을 이용한 방적·방직 공업과 석탄과 철광 자원을 기반으로 한 철강공업이 급속히 발전하면서 통조림 공장, 제화 공장 등 생활에 필요한 물품을 생산하는 다양한 공장들이 속속 생겨나기 시작하였다.

넓은 땅을 향한 서부로의 이동과 공업의 발전으로 제조업 종사 인구와 도시의 수가 비약적으로 증가하였다. 1820년에서 1840년까지 농업 종사 인구가 79퍼센트 증가한 반면, 제조업 종사 인구는 127퍼센트 증가하였으며, 1820년에 8천 명 이상의 도시에 사는 인구가 전체 인구의 20분의 1에 불과하였으나 1840년에는 12분의 1로 증가하였고, 특히 2만 명 이상의 대도시에 사는 인구가 전체 인구의 9분의 1을 넘었다(Schlesinger 9).

서부중심의 새로운 민주주의를 표방하는 잭슨의 등장은 당대 미국에서 벌어지고 있던 이러한 새로운 변화가 동부중심의 기존 정치질서로는 포용될 수 없었음을 드러내는 셈이다. 뿐만 아니라 바야흐로 서부로 향한 팽창에 기초한 발전과 진보가 거스를 수 없는 미국 역사의 진행 방향으로 제시되기 시작하고, 농업중심 전원주의로부터 상공업중심의 자본주의체제로 미국 사회의 근간이 이행되고 있음을 상징적으로 보여 준다. 이러한 유례없는 변화는 어떤 면에서 정치적, 종교적 억압뿐 아니라 "대규모 제조업자"(Crèvecoeur 301)를 중심으로 전개되는 구대륙의 산업화 과정에서 벗어나 대지와 조화롭게 어우러지려는 크레브쾨르J. Hector St. John de Crèvecoeur 식의 건국 당시 미국의 전원적 이상과 정면으로 상치되는 것처럼 보인다. 그러나 다른 한편, 전원적 이상에도 불구하고 산업의 발전과 진보로 진행되었던 미국의 변화는 이상을 꿈꾸면서도 항상 현실의 요구에 가장 직접적, 적극적으로 대응했던 미국의 역사 전개 과정이 낳은 필연적 귀결로 이해될 소지도 적지 않다.

애초의 전원적 이상에도 불구하고 그것이 계속 변질·배반되는 미국 역사의 아이러니는 미국 건국의 대들보를 닦고 실제로 8년 동안 초기 미국 대통령직을 수행한 토머스 제퍼슨Thomas Jefferson에서부터 시사된다. 알렉산더 해밀턴Alexander Hamilton과의 논쟁이 환기시키듯이, 건국 당시의 제퍼슨은 미국이 계속 "전원의 공화국"(Marx 228)으로 남아 있을 수 있다면, 유럽에서 자행되는 권력투쟁, 전쟁, 억압 등으로부터 자유로울 수 있다고 믿으며 전원적 이상에 대한 강한 신념을 유지했다. 그러나 미국을 이끌어 가는 지도자로서 현실 정치에 깊이 관여하게 됨에 따라 산업화에 의한 경제발전이라는 현실적인 측면도 비중 있게 고려하기 시작한다. 그리하여 1816년의 한 서한에서는 미국이 지속적인 경제발전을 이룩하지 못하면 유럽의 속국으로 전락하거나 원시시대로 퇴보할 수밖에 없을 것이라고 전망하기에 이른다("A Letter to Benjamin Austin").

제퍼슨-매디슨James Madison-먼로James Monroe-애덤스John Quincy Adams 시대에서 잭슨 시대로의 전이가 건국 시조의 이상주의 대신 문명과 진보에 대한 믿음이 공식적인 시대 분위기를 주도해 가기 시작하는 변화의 기점이었다면, 남북전쟁은 이러한 변화의 방향을 돌이킬 수 없는 것으로 고착시키고 그 변화를 가속화시킨 결정적인 계기가 되었다. 남북전쟁의 결과, 북부의 공업과 도시 중심 체제가 남부의 농업과 대농장 기반 체제에 대해 승리를 거둠으로써 상공업 중심의 발전과 진보가 미국 전역에 걸쳐 가속화될 준비가 이루어진 셈이다.

실제로, 남북전쟁 이후 펼쳐진 미국의 산업화는 영국이나 유럽의 어떠한 경우에서도 유례를 찾아볼 수 없을 정도로 획기적인 것이었다(Baym 2003, 1223). 남북전쟁으로 서부 이동의 통로였던 미시시피 강이 봉쇄되자 동부와 서부를 잇는 철도가 각광을 받기 시작하여, 1869년 최초의 대륙횡단 철도가 건설된 이래로 1885년까지 4개의 대륙횡단 철도가 완공되었다. 석탄, 철, 석유 등의 풍부한 천연자원과 이를 안전하고 빠르게 수송할 수 있는 철도의 개발이 산업화를 촉진시켰지만, 이민을 통한 풍부한 노동력의 유입 역시 급속한 산업화의 배경이 되었다. 남북전쟁 이후 제1차 세계대전까지 약 2,500만 명의 이민자가 미국으로 들어와 1870년에 3,850만 명이던 미국의 인구가 1910년 9,200만 명, 1920년 1억 2,300만 명으로 증가했다는 통계수치(Baym 2003, 1224)는 미국의 규모가 얼마나 빠른 속도로 증가하고 있는지를 구체적으로 보여 준다.

2) 자연의 훼손 과정과 인위적 관리

급속한 산업화와 도시화가 이루어지던 남북전쟁 이후의 미국은 표면적으로는 경제적 발전과 번영을 누리는 듯하였으나, 그 이면에는 빈곤과 부패 그리고 계층 간의 갈등이 내재해 있는, 이른바 '도금 시대the Gilded Age'[1]를 겪고 있었다(이보형 165-66). 도금 시대는 고상한 취미와 교양의 시대, 말하자면 제퍼슨으로 대변되는 '황금시대'와는 전적으로 달랐다. 이 시대는 진보와 발전을 지향하지만 실제로는 무자비한 이기주의가 활개를 치던, 겉만 번지르르한 모조품의 시기였으며, 끊임없이 성장하는 부유한 세계에 대한 꿈을 실현하기 위해 천연자원의 착취를 조금도 개의치 않았던 탐욕의 시기이기도 했다. 즉 이 시대의 미국은 무한히 거대하고 부유하게 성장하는 세계를 꿈꾸었지만, 이러한 물질적 성공의 꿈

1. 남북전쟁 이후부터 19세기 말에 해당되는 시기를 '도금의 시대'로 명명한 것은 마크 트웨인이다. Twain and Warner(1873-1874) 참조.

을 실현하려는 이기주의의 기승으로 극심한 빈부의 격차가 노정되었을 뿐 아니라, 무엇보다도 무자비한 자연의 파괴가 자행되었다.

목축을 위해 방대한 숲이 초원으로 변모하였으며, 철로 가설을 가로막는 숲은 여지없이 제거되었을 뿐 아니라 철로에 필요한 침목을 위해 지속적인 벌목이 이어졌고, 기차가 닿는 어떤 곳이라도 연료 같은 생활필수품의 원료로 제공될 수 있도록 울창한 숲들이 대규모로 벌목되었다. 1620년대 백인의 신대륙 정착부터 철제품이 도입되는 1870년대에 이르기까지 집, 가구, 배, 철도의 침목은 물론, 사소한 생활용품도 모두 목재로 만들어졌기 때문에 목재 공급을 위해 숲의 파괴가 급속하게 대규모로 이루어졌다. 매사추세츠 주의 경우, 1880년대에 이르면 총면적의 약 40퍼센트만이 숲으로 남아 있게 되고, 1840년대에 이미 메인 주와 뉴욕 주로부터 목재를 수입하기 시작했다는 기록(Worster 67-69)은 대규모 파괴가 얼마나 빠른 속도로 진행되었는지를 보여 주기에 충분하다.

이처럼 산업화의 열기가 불가피하게 자연의 훼손과 파괴를 초래하게 됨에 따라 진보와 발전이 오히려 자연과 긴밀히 연결될 수밖에 없는 인간의 온전한 삶을 위협한다고 역설하는 비판적 관점이 시대의 저변에 형성되기 시작하였다. 무분별한 벌목이 자연에 미치는 영향을 세밀히 관찰함으로써 자연생태계를 훼손하는 인간 문명의 파괴적 폐해를 설득력 있게 제시한 조지 퍼킨스 마시George Perkins Marsh의 『인간과 자연*Man and Nature*』은 이러한 입장을 대변하는 대표적인 저작이라고 할 수 있다. 마시는 인간 문명의 필요에 의해 강 연안의 나무를 무작위로 벌목했을 때 가뭄, 홍수, 침식, 불순한 기후 등의 폐해를 피할 수 없으며, 따라서 자연생태계를 보존하기 위해 숲을 원시림 상태로 유지할 필요성을 역설한다. 이러한 주장은 숲뿐 아니라 미국 토양 전체를 가능한 한 많이 원시 상태로 보존하자는 제안으로 이어진다(269-80).

『인간과 자연』의 첫 장은 로마의 몰락을 숲의 파괴와 연결시키며 인간 문명이 자연에 끼치는 악영향에 대해 논의한다. 자연에 대한 인간의 이러한 부정적인 영향은 구체적인 자연의 영역, 즉 식물과 동물(2장), 숲(3장), 물(4장), 모래(5장)로 이어지며 구체적으로 진술된다. 물론 『인간과 자연』에서 개진된 논의가 자연에 대한 인간 문명의 폐해에 대한 고발로 그치는 것은 아니다. 대규모 벌목으로 이미 벌어진 폐해에 대해 나무 심기, 배수 및 관개 시설, 댐 건설, 관련된 공공정책 등 다양한 대안이 검토되기도 한다. 특히 마지막 장에서는 수에즈나 파나마 운하의 환경적 영향을 검토하며, 자연의 힘을 이용해 산을 푸르게 하고 사막에 물이 흐르게 할 가능성이 제시된다. 특히 마지막 대목에서는 인간의 과학기술에 의해 대지의 구조와 궤도가 바뀔 수 있다는 낙관적 전망이 강조된다(464-65).

이러한 마시의 논의에서 주목하게 되는 것은 대지를 위기에 처하게 만든 것이 인간이면서도 이것을 위기에서 구할 수 있는 역할 역시 인간에게 부여되어 있다는 인간중심적인 관점이다. 마시에게 있어 자연에 대한 인간의 지배를 포기한다는 것은 기아, 공포, 미신에 의해 지배되는 상태로 후퇴하는 것을 의미한다. 따라서 위기 극복을 위한 마시의 처방은 자연에 대한 인위적 통제로부터의 벗어남이 아니라 그것의 강화가 된다(Lowenthal xxxiv).

마시의 논의를 관통하는 이러한 인간중심주의는 그의 입장에 내포된 근원적 한계를 암시한다. 마시의 저작은 자신의 실제 경험과 당대 농업과 임업에 대한 면밀한 관찰에 기반해 인간 문명이 자연에 미치는 영향을 구체적으로 입증하고 있다는 점에서 후대 생태학 연구의 선구가 되고 있다(Oelschlaeger 107; Worster 268; Nash 1982, 104-5). 그러나 숲과 미국의 토양을 원시 상태로 보존하자는 자신의 주장이 무엇보다 그것의 '경제적인' 정당성 때문이라고 할 때, 그리고 무엇보다도 자연을 관리하여 그 훼손을 복원하는 일이 다른 모든 생물체보다 우월한 인간에게 특별히 부여된 의무이자 권리라고 강조할 때(Lowenthal xxxiii), 마시는 자신의 연구와 논의가 어디까지나 인간의 편의를 위해 개진된, 그런 의미에서 제한적인 의미의 생태학적 성과 이상일 수 없음을 스스로 확인해 주는 셈이다.

3) 실체적 자연과의 만남과 산업사회 비판

자연문제에 대해 인위적으로 접근하는 마시류의 인간중심적 처방과는 달리, 살아 있는 자연을 그 자체로 만나 그것의 면모를 '있는 그대로' 드러내려 한다는 점에서 소로의 자연에 관한 글쓰기nature writing는 주목할 만한 의의가 적지 않다. 이러한 소로의 글쓰기는 그의 대표작 『월든』에 의해 효과적으로 대변될 수 있다. 『월든』은 월든 호수라는 구체적인 자연에 실제로 거주하며 나름의 원리와 질서로 움직이는 살아 있는 자연을 직접 만나 그것을 생생하게 기록하려는 노력의 산물이라고 할 수 있다.

『월든』에는 자연의 면모를 '있는 그대로' 드러내려는 세밀한 관찰과 묘사로 가득 차 있다. 호수의 모양, 깊이, 색깔, 수온, 결빙, 수초 그리고 그 주변에 서식하는 갖가지 식물과 동물에 대한 객관적이고 정밀한 묘사는 월든 호수의 면모를 우리 눈앞에 생생하게 부각시키기에 부족함이 없다. 이렇듯 자연이 살아 숨 쉬는 모습 그대로 생생하게 묘사될 수 있었던 것은 "방언과 지방어"에 불과한 인간의 언어에 고착되는 대신 "인간적 은유 없이 사물과 사건이 직접 말하는 언어"(75)를 찾아 나서는 지난한 탐색에 의해 가능했다고 할 수 있다. 소로가 월든의 숲 속 생활을 시작하며 책을 읽는 시간보다 자연의 소리에 빠져들며 명상에 잠기는 시간을 더 많이 갖게 된 것도 제한적인 인간의 언어에 매이는 대신 사물이 직접 발화하는 자연의 언어에 귀 기울였기 때문일 것이다. 이런 점에서 『월든』은 월든과 인근 풍경이 인간에게 불러일으키는 감흥의 인위적 기록이라기보다 월든이라는 구체적인 자연에 기거하며 인간 정신의 밖에 존재하는 살아 있는 자연을 만나 그것을 "중간 매개 없이 실체를 직접 표현하는 언어"(Oelschlaeger 156)로 담아내려 한 시도로 이해될 수 있다.

인간적 개입 이전의 자연 자체에 대한 이러한 관심이야말로 소로 글쓰기의 생태적 특성을 보여 주는 핵심요소일 수 있지만, 마이클 브랜치Michael Branch가 분석하고 있듯이, 이러한 요소는 윌리엄 바트램William Bartram, 알렉산더 윌슨Alexander Wilson, 존 제임스 오듀본John James Audubon 등 18세기 말에서 19세기 초에 이르는 소로 이전의 초기 낭만주의 작가에서도 발견될 수 있다(Branch 1996, 282-302; Branch 2001, 91-107). 미국 원시림의 아름다움 그리고 이렇게 아름다운 비인간 자연과 유대관계를 맺으려는 욕망을 표현하는 이들 초기 낭만주의 작가들의 자연 산문 텍스트를 관류하는 핵심 특성 중의 하나가 바로 자연 자체에 대한 적극적인 관심과 자세한 관찰일 것이다. 이런 점에서, 브랜치의 지적처럼, 자연이 텍스트의 전면으로 포진하기 시작하는 생태사상의 발흥이 소로 이전의 시대로 거슬러 올라갈 수 있을지 모른다.

그러나 자연에 대한 관심과 묘사만으로 생태학적 사유가 가능할 수 있을지는 의문이다. 실제로, 작품 내에 자연을 생생하게 담아내는 일 자체는 소로 이전의 작가들에서도 충분히 발견될 수 있으며, 자연에 대한 자세한 묘사만으로 소로의 생태적 의의가 온전히 확보되는 것은 아닐 수 있다. 자연에 대한 소로의 관심은 그 자체로서보다 "자신이 놓은 덫"에 걸려 "삶의 본질적 사실들"(61-62)을 망각하게 만드는 당대 사회에 대한 그의 비판과 저항에 연결될 때 더 큰 의미를 함축할 수 있다.

당대 사회가 진보와 향상을 이룬다고는 하지만 그것은 걷잡을 수 없이 비대해지기만 하는 외부적이고 피상적인 성장일 뿐, 실제로는 "사치와 무모한 낭비로 파산지경에 이르렀다"(62)는 것이 소로의 분석이다. 삶을 영위하는 데 필요한 "진정한 필수품"(6)은 아주 적은 양으로도 충분함에도 불구하고 그것을 벗어나는 "사치와 무모한 낭비"로 당시 뉴잉글랜드 사람들 대부분이 "걱정과 근심"(7)의 "고행"(2)을 자청하고 있다는 것이다. 즉 유산으로 물려받은 농장, 농토, 집, 가축, 농기구의 저당 잡힌 빚을 갚아 자신의 소유로 만들려는 "부질없는 근심과 필요 이상의 고된 노동으로"(3) 저당이 풀리기도 전에 몸과 마음이 먼저 피폐하게 되어 "삶의 아름다운 열매"를 딸 수 없게 되고 만다는 것이다.

월든 호수 전경

따라서 기본적인 삶을 영위하는 데 필요한 "진정한 필수품" 이상의 편의를 도모하려는 "사치품들"은 "삶의 본질적 사실들"을 만나는 데 불필요할 뿐 아니라 커다란 방해가 되기도 한다. 호사와 기호를 만족시키는 "사치품"과 교환하기 위해 자신이 먹을 분량 이상의 농작물을 경작하게 되면 스스로 하는 삽질만으로 부족하게 되어 소를 외양간에 가두고 그것의 힘을 농사에 이용하지 않을 수 없게 된다. 자연 상태에서는 스스로 자신의 먹이를 찾았을 소를 외양간에 가두는 순간, 그에게 먹이를 제공해야 할 의무가 생기게 된다. 말하자면, 농사에 이용하기 위해 소를 외양간에 가두게 되자마자 소의 여물을 만들기 위해 건초를 마련해야 하는 고된 작업에 묶이게 되는 셈이다. 결국, 외면적으로는 사람이 소의 고삐를 잡고 있지만, "가축이 사람보다 더 자유롭고 … 사람이 가축의 주인이 아니라 가축이 사람의 주인인 셈"(38)이다.

사람이 가축에 묶이는 "고행"을 자초했던 것은 자신에게 필요한 "필수품" 이상의 작물을 경작하여 "사치품"으로 "교환거래"를 하려 했기 때문이었다. 자족적 필요를 넘어서는 대규모 농업의 폐해를 실감나게 보여 주는 인근 농장에 관한 다음 대목은 "교환거래와 관련되는 모든 것"이 피해갈 수 없는 "저주"(47)를 환기시킨다.

> 나는 그[플린트]의 노동을, 모든 것에 가격이 매겨져 있는 그의 농장을 높이 평가하지 않는다. 조금이라도 얻을 수 있다면, 그는 경치라도, 아니 그의 하느님이라도 시장에 내다 팔려 할 것이다. 사실 그는 하느님을 만나러 시장에 가는 셈이다. 그의 농장에는 공짜로 자라는 것은 아무것도 없다. 그의 밭에서는 곡물이 아니라 돈이 자라나고, 그의 초원에서도 꽃이 아니라 돈이 피어나고, 그의 나무에서도 과일이 아니라 돈이 열린다. 그는 과일의 아름다움을 사랑하지 않으며, 그의 과일은 돈으로 교환거래 되고 나서야 익은 것이 된다.(132)

곡물, 꽃, 과일, 심지어 경치나 하느님 그 어느 것도 교환거래를 위해 시장으로 보내지는 한, 그것의 "가장 본질적인 특성들을 잃어"(Gilmore 111) 버리게 되는 "저주"에서 자유로울 수 없게 되는 셈이다.

산딸기가 장사꾼의 수레에 실려 시장으로 옮겨지는 순간, "그것의 진짜 맛 … 본질적 부분"(116-17)이 소실되고 마는 것도 "교환거래와 관련된 모든 것들"에 "저주"가 개입될 수밖에 없는 과정의 일환이라고 할 때, 소로가 "일체의 교환거래와 물물교환을 피하면서"(43) "자본도 없이"(14) 시작하는 새로운 "사업"은, 한때 머릿속으로 상상했던, 산딸기를 따다가 "약간의 이익"(47)을 붙여 되파는 "사업"과는 달리, 산딸기의 진가가 음미될 수 있도록 "삶의 본질적 사실들"을 찾아 나서는 일이 될 것이다. 월든 숲 속에서 몸소 구현하는 이 "사업"을 통해 소로는 얼마나 적은 "필수품"만으로도 얼마나 뜻 깊은 삶의 진면목이 경험될 수 있는지를 실천적으로 제시한다.

소로가 월든 호숫가에 지은 오두막

특히, 월든 숲 통나무집을 짓는 데 소요된 경비 28달러 12.5센트의 여러 항목들을 상세하게 기록해 놓은 내역서(33)는 얼마나 적은 지출만으로도 실제로 거주할 집이 마련될 수 있을지를 구체적으로 보여 준다. 이 집은 비전문가인 자신의 손으로 직접 만든 초라한 오두막이긴 하지만, 아니 바로 그렇게 때문에, 회반죽으로 외부와 철저히 단절된 여느 집과는 달리 새벽의 여신이 옷자락을 끌며 기꺼이 방문할 수 있는 신비스러운 공간이 된다. "사치품"에 얽매이지 않으려는 "자발적 가난"(9)에 의해서 대지의 기운과 교감하는 신비한 새벽의 경험이 가능하게 되는 셈이다.

이러한 새벽의 경험은 정신적인 새벽, 즉 문명의 폐해와 껍데기를 뚫고 자연으로부터 삶의 본질을 찾아 나서기 위한 각성의 중요성에 대한 인식(60-61)으로 이어진다. 산업 문명과 시장경제 체제의 진척으로 비본질적 "걱정과 근심"이 실체를 대체하기 시작한 당대 사회의 한복판에서 "삶의 본질적 사실들"을 직면하려는 소로의 뜻 깊은 모험은 바로 이러한 인식의 소산이다. "삶의 본질적 사실들"을 만나기 위한 월든 숲의 실험을 통해 소로는 문명을 떠나 숲 속에 기거하며 자연을 세밀하게 관찰할 뿐 아니라, 인간과 교감하는 살아 있는 자연을 경험한다. 소로의 숲 속 생활은 인간 사회와는 절연된 "고독"(87)의 시간이었지만, 우리에게 무한히 지속되는 건강과 활기를 가져다줄 뿐 아니라, 우리가 슬플 때는 함께 한숨짓고, 눈물 흘리고, 상복을 입는 순수하고 자애로운 자연과 동행하는 "공감"의 시간이기도 하였다(93).

숲 속 생활 내내 자연과의 공감과 교류가 지속·확대됨에 따라 소로는 마침내 "나 자신의 일부가 바로 잎사귀, 그리고 그것을 키우는 부식토가 아니겠는가?"(63) 라고 반문하며 대지와의 일체감을 확인하게 된다. 또한, 자신의 어깨에 내려앉은 참새가 어떠한 훈장보다도 더 영광스럽다는(184) 천명은 자아를 내세워 성공을 달성하려는 세속적 욕망에 대한 포기 선언이나 다름없다(신문수 2002, 177). 인간과 자연이라는 인위적 이분법 대신, 자연의 품 안에서 잎사귀 그리고 부식토와 하나가 되고, 인간이 만든 훈장보다 자연 속의 참새에 더 큰 친밀감을 느끼는 이러한 지점은 편협한 인간중심주의를 버림으로써 "본질적" 생명원리에 다가가는 "포기의 미학"(Buell 1995, 143)을 효과적으로 대변하고 있다. 뷰얼 Lawrence Buell이 지적하고 있듯이, 『월든』에서 자아를 지칭하는 "I"의 사용이 점차 줄어든다는 점[2]은 이 텍스트가 자아주장과 인간중심으로부터 그것들의 "포기"를 거치며 생태중심 자연관으로 확대되고 있음을 실증적으로 보여 준다. 인간중심적 자아를 "포기"함으로써, "삶의 본질적 사실들"을 망각하게 하는 문명의 껍데기에서 벗어나 대자연의 품에서 대지와의 일체감을 확인하게 되는 이러한 과정이야말로 『월든』에서 이루어진 가장 값진 성취 중의 하나임에 틀림없다.

---

2. 『월든』의 1장과 2장에 "I"는 페이지당 평균 6.6회 등장하지만, 3~8장에는 페이지당 평균 5.5회 등장하고, 9~13장에는 평균 5.2회, 14~18장에는 평균 3.6회 등장한다(Buell 1995, 122).

4) 인위적 문명의 위력과 도덕적 각성의 필요성

『월든』이 편협한 자아의 경계에서 벗어나 대자연의 품 안에서 "우리를 건강하고, 평온하고, 만족스럽게 해 줄 묘약"(93)을 발견하는 뜻 깊은 비전에 도달하는 것이 사실이라고 해도, 이러한 과정이 인간과 자연 사이의 어쩔 수 없는 괴리를 인정하고 일방적으로 자연에 '귀의'하여 유유자적하게 자연을 음미하는 수동적인 경험으로 그치는 것은 아니다. 그것은 인간과 자연 간의 차이를 인정하고 그 차이에 안주하는 안락한 경험이라기보다는 당대 사회에 미만彌滿한 정신적 동면상태로부터 깨어나 "본질적 사실들"을 찾아 나서는 적극적인 탐색의 궤적으로 이해될 소지가 훨씬 더 크다.

소로가 숲으로 간 것은 전통적인 전원문학의 관례처럼, 복잡하고 믿을 수 없는 인간세상으로부터 단순하지만 믿을 수 있는 자연을 향해 '도피'하고 싶었기 때문은 아니었다.

> 내가 숲으로 간 것은 의도적으로 살고 싶었기 때문이었다. … 나는 깊게 살기를, 삶의 모든 골수를 빨아 마시기를, 강인하고 스파르타 사람처럼 살아, 삶이 아닌 것은 모두 때려눕히고, 폭넓게 바짝 잘라내기를 원했다.(61)

소로는 삶의 어려움으로부터 도망가기 위해서가 아니라, "삶이 아닌 것은 모두 때려눕히고" "삶의 골수를 빨아 마시기" 위해, 즉 "삶의 본질적 사실들"을 직면하기 위해 월든 숲으로 들어갔던 것이다. 따라서 이제부터 소로가 월든에서 시작하려는 것은 부대낌 없는 한적한 곳으로의 은거라기보다, 별도의 "자본"은 필요치 않지만 강인한 용기가 필수적으로 요청되는 "의도적인" "사업"(14) 또는 "실험"(57)이라고 할 수 있다.

당시의 대부분 사람들은 문명의 바다에서 추측항해법으로 불명료하게 살아가고 있기 때문에 언제 좌초할지 모르는 위기가 지속되고 있다는 것이 소로의 지적이다. 따라서 위기에서 벗어나는 길은 필수적인 것 이외의 부수적인 쓸모없는 것들, 말하자면 "삶이 아닌 것"들을 제거하고 "단순화시켜"(62) 예측 가능성과 명료성을 높이는 방법밖에 없다. 복잡하게 널려 있는 문명의 세목들을 "단순화시켜" "삶의 본질적 사실들"에 대한 깨달음에 들어가기 위해서는 동면을 깨우는 새벽의 정기, 즉 "도덕적 각성"(61)이 요청되었다. 이처럼 숲의 모험을 위해 "도덕적 각성"이 필요했던 것은 발전과 성장을 지향하며 거침없이 비대해졌지만 겉만 번지르르할 뿐 "삶의 본질적 사실들"은 점점 더 멀어져 갔던 당대 미국 사회의 산업화와 관련이 깊다.

『월든』에서 "문명 발전의 최근 산물"(23)로 제시되는 것이 바로 철도다. 자신이 살던 매사추세츠 주의 어디에서도 기차의 기적 소리가 들리지 않는 곳이 남아 있지 않았다는 소로의 관측(77)이 뒷받침하듯이, 철도는 이미 방방곡곡으로 뻗어 있어서 그 위를 달리는 기차 소리를 월든 숲 속까지 전달한다. 책 속의 인간 언어에 몰두하기보다는 자연의 언어인 숲 속의 소리를 들으며 빠져들어 간 소로의 명상에 새소리와 함께 기차 소리가 끼어들게 된다. 처음에는 기차 소리가 새의 소리로 연결되다가 이내, "발굽으로 대지를 뒤흔들고, 콧구멍에서 불과 연기를 내뿜는" 철마, 그리고 "증기 구름을 깃발처럼 휘날리는" 새로운 신으로 비유된다(78). 새로운 신화로서의 기차의 이미지는 "〔기차를〕 시속 30마일로 달리는 것이 꼭 필요한 일이라고 생각하며 그것에 대해 추호도 의아하게 생각하지 않는"(62) 당대의 주류적 믿음을 표현하고 있는 셈이다.

당대의 주도적 담론이 제시하듯이, 추운 겨울 들판을 밤새 달리고도 지치지 않고 끊임없이 사람과 물건을 나르는 기차야말로 새로운 시대를 이끌어가는 신화적 존재일 수 있겠지만, 소로는 기차가 "지치지 않은 채 끊임없이 지속되는 것만큼이나 영웅적이고 당당하다면 얼마나 좋을까?"(79)라고 반문하여 기차가 진정한 의미의 영웅이 될 수 있을지에 의문을 제기한다. 소로에 따르면, 기관차가 내뿜는 증기와 농부의 이마에 맺히는 땀방울은 겉으로 보기에는 유사하지만, 본질적인 작동원리에서 차이가 난다. 소로가 농부의 경우처럼, 기관차에도 "대자연이 동반되었으면" 하는 아쉬움을 표하는(78-79) 것도 이러한 맥락에서다.

일정한 길을 달린 이후에는 어김없이 쉬어야 하는 여느 말과는 달리, 불 뿜는 말로서의 기관차는 기관사가 쉬지 않는 한, 멈추는 일이 없이 눈이 오나 비가 오나, 낮이나 밤이나 끊임없이 달린다. 지치는 일 없이 영원히 지속될 것 같은 이러한 엄청난 힘이야말로 기차에 내재한 막강한 위력이지만, 텍스트에서 주목되고 있는 것은 이러한 위력이 자연의 원리에 부합하지 않는 메커니즘의 소산이라는 점이다. 주지하다시피, 『월든』은 봄에서 시작하여 여름, 가을, 겨울을 거쳐 다시 봄을 맞이하며 결말을 맺는 계절적 순환 구조, 그리고 겨울잠에서 막 깨어난 뱀(28)에서부터 수십 년 식탁에 갇혀 있다가 재생한 곤충(222-23)에 이르기까지 수많은 생명의 탄생-성장-죽음-재생의 과정을 다루는 생명의 순환 구조 등 자연의 순환 원리에 기반하고 있는 텍스트다. 이처럼 자연의 순환 메커니즘이 『월든』 텍스트 전체를 지배하는 핵심원리인 반면, 석탄을 부어주는 한, 어떠한 변화도 없이 끊임없이 작동하는 기관차의 메커니즘은 순환적으로 작동하는 자연의 원리에 정면으로 배치되는 인위적 작동원리를 단적으로 대변하는 셈이다.

끊임없이 지속되는 기관차의 반복운동에서 산출되는 막대한 위력은 당연히 세상에 엄청난 변화를 불러일으키기 마련이지만, 이 변화가 자연의 원리에 역행하는 인위적 작동원리에서 발원한다는 점에서 자연의 순리에 부합하는 조화로운 결과를 맺을 가능성은 그만큼 희박하게 될 것이다. 계곡을 메우고 언덕을 깎아 평평하게 만든 다음 그 위에 철로를 올려놓을 침목sleepers을 깔지만, 침목은 마치 몽유병에 걸린 사람처럼 수시로 제자리를 박차고 일어나 기차의 운행을 막게 된다. 침목을 처음 놓을 때나 올라온 침목을 제자리로 돌려보낼 때마다 수많은 인부들의 손길이 필요하게 된다. 따라서 "우리가 철로 위를 달리는 것이 아니라 철로가 우리 위를 달리는 것"(62)이라고 할 수 있다. 즉 기차는 침목 위를 달릴 뿐 아니라, 그 아래의 수많은 '잠자는 사람들sleepers' 위를 달리고 있는 셈이다.

수많은 사람들의 희생으로 건설된 철도는 막강한 운반력을 가능케 함으로써 대규모 벌목의 토대를 마련하게 된다. 철이 사용되기 전까지 연료를 위해서든 가구를 위해서든 나무가 인간생활의 주된 자원이었지만, 인근 지역을 위한 자원으로만 사용되었다면 벌목 자체는 커다란 문제가 되지 않았을 것이다. 문제는 기차를 통해 대규모 운반이 가능해져 그 지역만이 아니라 철도가 닿는 어떤 지역을 위해서라도 벌목이 자행되기 시작했다는 점이다. 결국 "악마 같은 철마"(129) 때문에 빽빽한 숲들이 점점 사라지게 되었던 것이다.

이처럼 철도는 무한히 거대하고 부유하게 성장하는 세계를 꿈꾸었지만, 실제로는 극심한 빈부의 격차가 노정되었을 뿐 아니라, 무엇보다도 무자비한 자연파괴가 자행되었던 당대의 핵심적 시대상을 압축적으로 제시하고 있다. 철도와 기관차의 인위적 원리가 막강한 위력을 동반하며 자연의 순리를 역행하는 상황에서, 즉 자연의 질서를 송두리째 뒤집어 놓을 수 있는 막대한 힘이 우리의 손에 쥐어져 있는 상황에서 어떠한 도덕적 각성과 절제가 요청되는지를 탐색하는 과정은 『월든』에서 이룩된 또 다른 성취라고 할 수 있다.

「보다 높은 법칙Higher Laws」 장에서 논의되는 사냥의 문제는 이러한 맥락에서 다시 검토될 만하다(강규한 574-77). 소로는 인류가 수렵단계를 거쳐 현재의 문명단계에 이르렀듯이 한 개인으로 볼 때도 사냥꾼이었던 젊은 시절 이후에는 '보다 높은 법칙'에 의한 성숙을 이루어 사냥의 단계에서 벗어나야 한다고 주장하고 있다. 사냥은 젊은 시절 자연으로 입문하도록 도와주는 효과적인 매체지만, 더 높은 삶의 발아를 지닌 사람이라면 시간이 지날수록 사냥꾼-낚시꾼에서 시인-자연주의자로 발전하기 마련이라는 것이다. '보다 높은' 단계로 성숙하기 위해서는 다른 생명체를 살해하려는 '저급한' 본능이 억제되어야 한다. 따라서 사냥에 의한 생명 약탈은 자신 내부의 동물성을 억제, 정화하지 못한 천박스러운 행위에 불과하게 된다.

그러나 자연의 원리가 온전히 작동되는 황야에서는 사냥이 자연의 원리에 부합하는 자연스러운 행위이며, 따라서 사냥꾼은 자연을 해치는 침입자가 아니라 바로 "자연의 일부"(141)일 수 있음이 시사되고 있다. 자연에서 이루어지는 사냥이 자연을 알아 가는 자연과의 교감 행위라고 한다면 이를 실천하는 사냥꾼은 '자연의 일부'로 이해될 소지가 크다. 사냥 행위를 사냥하고-사냥당하는 개체의 관점에서 파악한다면 한 개체가 다른 개체의 생명을 빼앗는 살상행위에 불과하겠지만, 생태계 전체의 입장에서 조망한다면 '먹이사슬'의 일부를 이루는 자연의 원리에 입각한 행위로 이해될 소지가 충분하다.

『월든』에서 묘사된 사냥은 이처럼 생명을 약탈하는 미성숙한 행위라는 측면과 함께 자연과의 교감을 가능하게 하는 자연친화적인 행위라는 또 다른 측면도 동시에 지니고 있다. 그러나 『월든』에서 월든 숲 인근까지 침입하여 자연의 '소리'를 압도하기 시작하는 기차의 '소리'는 황야까지 도달하여 결국은 그것을 송두리째 파괴하고 말 산업화와 과학기술의 인위적 위력을 상징적으로 경고하고 있다. 이렇듯 막강한 산업화와 과학기술이 황야에 투입될 때, 먹고 먹히는 관계망으로서의 생태계의 원리는 심각히 교란될 수 있다. 즉 사냥을 통한 동물의 살해가 기본적으로는 먹이사슬에 입각한 자연의 행위일 수 있어도, 전적으로 인위적일 수밖에 없는 산업화와 과학기술의 막강한 위력으로 무장하고 있는 경우 이러한 막대한 힘을 바탕으로 자신의 욕망이 시키는 대로 다른 비인간 존재들의 생명을 빼앗는다는 것은 생태계의 균형을 심각하게 훼손하는 일이 될 것임에 틀림없다. 결국, 사냥이 자연 원리의 일환일 수 있는 황야에서와는 달리, 황야를 파괴하고 말 막대한 문명의 위협이 코앞까지 다가와 있는 상황에서 자신의 욕망대로 여타 생명체를 살해하는 행위는 생명 원리에 의한 자연 체계의 파괴로 귀결될 것임에 틀림없다.

따라서 "우드척을 잡아 날것으로 먹고 싶은 충동"(140)을 억제하는 소로의 '인위적인' 노력은 반자연적인 행위라기보다는 대자연의 원리에 다가가기 위한 소중한 실천적 미덕으로 이해될 수 있다. 이처럼 기차의 굉음과 함께 개인의 충동이 자연의 질서와 어우러질 수 있었던 시대가 가 버렸을 때 소로가 할 수 있었던 것은 자신의 본능nature이 자연nature에 부합될 수 없음을 알고 "억제되기 힘든 … 본능"(148)을 지난한 '절제'의 기율로 다스리며 대자연의 원리에 다가가는 일이었다.

5) 산업화와 자연파괴에 대한 미국 정신의 대응

자연의 질서를 송두리째 엎어 놓을 수도 있는 막대한 힘이 우리의 손에 쥐어져 있는 상황에서는 절제와 각성이라는 힘겨운 노력을 통해서만 인간중심주의에서 벗어나 대자연의 품으로 접근해 가는 일이 가능할 것이라는 소로의 진단은 발전과 진보의 신화에 입각해 무한히 비대해지면서도 실제로는 무자비한 이기주의와 탐욕이 지배하고 있었던 당대 미국 사회를 향한 비전을 제시하는 측면이 크다. 『월든』은 소로 자신이 2년 2개월 동안 월든 숲 속에서 보냈던 경험을 소개하며, 월든 숲 속의 이러한 실험이 스스로 놓은 덫에 걸린 채 "태어나자마자 무덤을 파며" 살아가는 당시 뉴잉글랜드 사람들의 정신적 마비 상태가 계속되어야만 하는지, 개선될 여지는 없는지에 대한 문제제기의 소산이었음을 밝히는 대목으로 시작한다(2). 사실, 어두운 밤을 지나 새벽의 빛을 맞이할 수 있듯이, 추운 겨울 뒤에 따뜻한 봄의 활기를 향유할 수 있듯이, 동면에 빠져 있는 당대 미국인들의 마비된 의식이 각성상태로 재생될 수 있을 것인가 하는 문제제기야말로 『월든』 텍스트 전체를 견인하는 가장 강력한 원동력이라고 할 수 있다. 이런 점에서, 『월든』의 마지막이 오랜 기간 나무 식탁 안에 감금되어 있다가 어느 날 "아름다운 날개 있는 생명체"로 "부활"한 애벌레 이야기로 맺어지고 있는 것은(222-23) 의미심장하다. 살아 있는 푸른 나무에서 태어났으나 생명이 거세된 식탁이 되면서 마른 나무에 오래 묻혀 있었지만 마침내 나비가 되어 "완벽한 여름

생활"을 향유하게 된 애벌레처럼, 당대 미국에 미만해 있는 "건조한 사회생활"의 어두운 동면상태로부터 생명력이 약동하는 각성의 새벽으로 활기차게 날아오를 낙관적 비전이 『월든』 텍스트의 최종적 전망으로 제시되고 있는 셈이다.

이러한 맥락에서, 소로가 자연의 순환 원리를 거역하는 당대 인간중심적 문명의 "무지와 오류"(3)를 지적하며 "삶의 본질적 사실들"을 직면하기 위해 월든 숲에서 본격적인 거주를 시작한 날이 7월 4일이라는 점은 대단히 시사적이다. 월든 숲 생활의 시작과 미국 건국의 일치는 자신들을 옭죄는 구세계의 역사와 전통으로부터 벗어나 자신들의 꿈을 마음껏 펼칠 수 있는 새로운 땅, 새로운 시대를 이룩하려 했던 건국 시조들의 이상이 소로로 이어지고 있음을 보여 준다. 소로의 월든 실험은 애초의 전원적 이상을 저버리고 피상적 팽창과 발전으로 비대해져 갈 뿐인 당대의 미국을 향해 애초의 건국의 이상을 환기시키는 동시에 그것이 외면적 팽창으로 접어든 미국 사회에 어떻게 재구성될 수 있을지를 실천적으로 제시하려는 야심찬 기획이었다고 할 수 있다.

잭슨 시대와 도금 시대를 거치며 미국은 급속한 산업화를 통해 걷잡을 수없이 비대해져 갔지만, 그리고 이후로도 지속적인 발전을 통해 세계 최대의 강대국으로 발돋움하게 되었지만, 이러한 물질적 팽창이 플리머스에 최초로 도착하여 황야에서 자신들의 이상을 일구어 나갔던 순례시조 그리고 구세계와의 고리를 끊고 자신들의 꿈을 펼치기 위해 '독립'을 선언했던 건국시조들을 추동했던 미국적 정신까지 절멸시킨 것은 아니었다. 편협한 인간중심의 마비상태에서 대자연의 원리에 대한 각성으로 이어지는 『월든』 텍스트는 당대의 물질적 팽창에도 불구하고, 문명 내의 오래된 관행 대신 새로운 땅에서 새로운 가능성을 발견하려는 미국의 정신이 여전히 건재하고 있음을 실증적으로 보여 준다.

문명의 폐해와 껍데기로부터 벗어나 몸소 자연에 기거하며 온전한 삶을 추구하는 소로의 생태학적 사유와 실천은 당대에 급속도로 진행되었던 산업화 그리고 그것과 더불어 진행되기 시작한 자연훼손 과정에 대한 미국 정신의 강력한 대응으로 이해될 수 있다. 이후 발전과 진보의 신화가 계속 작동하여 미국은 지상 최대의 산업문명국가의 반열에 오르게 되었지만 작금의 산업문명과 환경의 문제를 운위하는 여느 논의에서도 소로가 의제에서 배제되는 경우를 상정하기 쉽지 않다는 점은 그간의 문명적 발전과 진보에도 불구하고 소로의 근원적 문제 제기가 여전히 유효할 수 있음을 보여 준다. 또한, 소로처럼 인근의 자연에 기거하며 복합적이고 심오한 자연의 질서를 발견하는 존 버로스John Burroughs 등 동시대의 자연친화 작가들은 물론, 존 뮤어John Muir, 애니 딜러드Annie Dillard, 에드워드 애비Edward Abbey, 웬델 베리Wendell Berry, 배리 로페즈Barry Lopez 등의 후대 작가들에게 지대한 영향을 끼치며 미국 '자연기nature writing' 문학 전통의 발원지가 되었던 것이 바로 『월든』으로 대표되는 소로의 자연 주제 산문이었을 뿐 아니라 예술, 교육, 철학, 심지어 과학 등 다양한 분야의 수많은 생태적, 환경적 논의가 소로를 "논의의 기준점"(Buell 1995, 23)으로 삼고 있다는 점은[3] 소로의 생태학적 사유와 실천이 물질적 번영과 발전으로 진행되었던 미국 역사의 진전 방향에 대한 미국 정신의 강력한 대응으로 이해될 수 있는 가능성을 다시 한 번 확인시켜 준다.*

---

3. 애초의 구상에는 소로의 생태적 사유와 실천이 문학, 예술, 교육, 철학, 과학 등 다양한 분야의 생태적, 환경적 논의에 끼친 영향이 포함되어 있었으나, 연구가 진행되면서 소로의 영향에 관한 연구는 워낙 방대하여 별도의 연구과제로 남기는 것이 적절하다고 판단하게 되었다.

* 이 글은 본래 같은 제목으로 『미국학』 32집 2호(2009년 11월), pp. 1-23에 실렸던 것을 수정, 가필한 것임을 밝혀 둔다.

5

국립공원의 창설과 자연보전운동

권영락

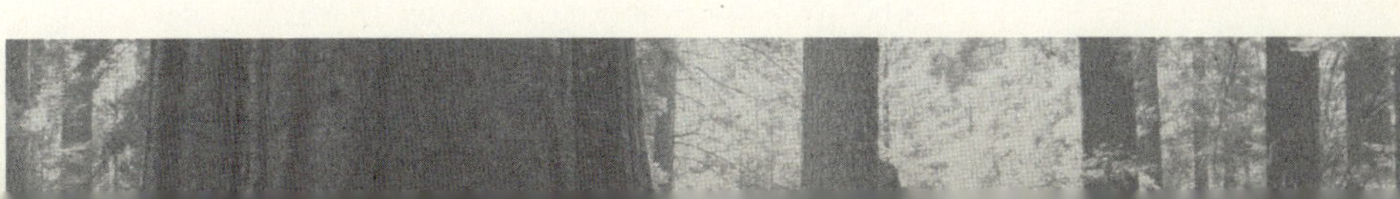

1) 머리말

환경에 대한 인식은 인간의 시공간적 배경에 따라 다양하게 나타나고, 그 차이는 자연에 대한 관점에서 뚜렷하게 나타난다. 오늘날의 환경문제는 지구적 차원의 문제로 과학과 기술의 발달에 따른 물질문명의 발전에서 기인하였다고 보는 시각이 많지만 궁극적으로는 자연에 대한 관점의 변화에서 비롯되었다고 할 수 있다.

열대림 파괴, 생물종 감소 등 환경의 질이 악화될수록 인간은 지구 환경의 보존을 위해 다양한 노력을 해 왔으며, 국립공원과 같은 보호지역protected area의 지정이 이러한 노력의 대표적인 사례다. 국립공원의 설립 과정을 통해, 특히 세계 최초로 국립공원을 지정한 미국의 경험에 대한 고찰을 통해 자연에 대한 인식의 변화를 잘 볼 수 있다.

최근 널리 받아들여지는 보호지역의 개념은 세계자연보전연맹IUCN의 정의로 보호지역을 '자연보전, 생태 서비스 그리고 문화적 가치 유지를 위해 특별히 지정된 지역으로 법 또는 기타 효과적인 수단을 통하여 관리되고 있는 지역'으로 규정하고, 이를 엄정 자연보호지역strict nature reserve, 야생지 보호지역wilderness area, 국립공원national park, 자연기념물natural monument, 야생 동식물 서식지 및 종 관리지역habitat/species management, 육지 및 해양경관 보호지역protected landscape/

seascape, 자원관리 보호지역managed resource protected area으로 범주화하고 있다(김현 5-24). 이와 같이 보호지역에는 다양한 유형이 있으나 국립공원이 가장 보편적인 유형이다. 전통적인 국립공원은 전형적으로 아름다운 풍경이 있는 자연지역을 정부가 소유하고 인간의 거주를 제한하고 자원의 개발을 금지하는 곳이다(Harmon 218).

우리나라에도 현재 총 20개의 국립공원, 즉 4개의 해상국립공원과 1개의 문화유적 국립공원(경주 국립공원), 15개의 산지국립공원이 지정되어 있는데, 세계자연보전연맹의 범주에 따르면 모두 '육지 및 해양경관 보호지역protected landscape/seascape'으로 분류되어 있다.[1] 이는 우리나라에서 사용하는 국립공원이라는 용어와 세계자연보전연맹에서 사용하는 국립공원이라는 용어의 의미가 다르기 때문이다. 세계자연보전연맹에서는 국립공원을 '주로 생태계 보호와 레크리에이션을 위해 관리되는 보호지역'으로 정의하고, '주요 자연지역, 자연 특성, 풍경, 식물종 및 동물종, 서식처, 지형의 대표적 사례를 포함하고 있어야 하며, 현재 인간의 점유 또는 개발로 인해 현저하게 변형되지 않은 1개 이상의 생태계를 포함한 충분히 큰 규모'여야 한다는 선정 지침이 있기 때문이다. 한편 육지 및 해양경관 보호지역은 '오랜 시간 인간과 자연의 상호작용에 따라 우수한

1. 국립공원 관리공단 홈페이지(http://main.knps.or.kr).

심미적, 생태적, 문화적 가치를 지닌 육상 및 해상 지역'으로 정의하고, '독특하고 전통적인 토지이용 패턴과 인간 정주와 지역 관습, 생활양식을 보여 주는 사회 구조 등을 표현하는 다양한 서식처, 식물상, 동물상을 지닌 높은 미적 질을 갖춘 경관, 연안, 섬, 해양 경관을 포함하고 있는 지역으로 일반적 생활양식과 경제 활동 속에서 관광, 휴양을 통한 대중의 향유 기회를 제공해야 한다'는 선정 지침 때문이다(김현 22-23). 이러한 기준에 따라 우리나라의 국립공원은 경관보호지역으로 분류되어 있다.

세계자연보전연맹의 국립공원에 대한 이와 같은 정의는 국립공원 제도를 최초로 도입한 미국의 영향으로 보이는데, 미국에서는 '국립공원이 넓은 면적에 걸친 원시적이고 야생적인 풍경지역이어야 하며, 이 자연풍경을 그대로 보전하는 것이 국민의 복리증진과 영감을 얻게 하는 데 도움이 되어야 하며, 국가가 그 보전과 이용을 위해 중대한 관심과 책임을 져야 하는 지역'[2]으로 개념화하고 있기 때문이다. 우리나라의 국립공원은 이 중에서 첫 번째 기준, 즉 원시적이고 야생적인 경관이 넓은 지역에 걸쳐 나타나야 한다는 기준을 충족하지 못하기 때문에 경관보호지역으로 분류된 것으로 볼 수 있다.

국립공원의 개념이 미국에서 나타나게 된 배경으로 세 가지 요인을 꼽을 수 있다. 첫째, 자연에 대한, 특히 야생지wilderness[3]에 대한 국가의 고유한 경험이 존재하였고, 둘째, 민주주의 이데올로기가 존재하였으며, 셋째, 그리고 앞의 두 가지 요인이 야생지를 보호하는 데 생산적으로 결합될 수 있도록 하는, 산을 포함하고 있는, 개발되지 않은, 광활한 대지가 존재하였기 때문이다(Nash 726; Harmon 219에서 재인용). 즉 국립공원은 미국의 고유한 지리적, 역사적 배경 하에서 나타난 제도라는 것이다. 하지만 국립공원 제도는 현재 대부분의 국가에서

---

2. 국립공원 관리공단 홈페이지(http://main.knps.or.kr).
3. 'wilderness'는 황야, 원생지, 야생, 야생지, 야생자연, 야생자연환경 등 학자에 따라 다양하게 번역되어 사용되고 있는데, 이 글에서는 모두 '야생지'로 표현하였다.

자연보호 및 보전을 위해 시행되고 있으며, 특히 미국에서는 20세기 전반에 그 수가 급속히 증가하였다.

미국의 국립공원은 1872년 3월 1일에 옐로스톤Yellowstone이 최초로 국립공원으로 지정된 이후, 2009년 현재 '유닛unit'이라 불리는 391개 장소로 구성되어 있고 전체 면적은 8,400만 에이커 정도다. 이들은 122개의 역사적 유적지, 74개의 기념물monument, 58개의 국립공원, 24개의 전장 혹은 군사 공원battlefield or military park, 18개의 보전지역, 18개의 레크리에이션 지역, 10개의 해안지역, 4개의 공원도로parkway, 4개의 호안지역lakeshore, 2개의 보호구역reserve 등으로 이루어져 있다.[4]

미국에서 19세기 후반에 국립공원이 최초로 지정된 이후 현재와 같은 다양한 유형의 국가공원이 지정되어 보호되는 것은 결국 미국인들의 자연관과 직접적인 관련이 있다. 즉 19세기 말과 20세기 초에 미국에서 자연에 대한 인식이 급격하게 변화되었다는 것이다. 이러한 자연관의 변화, 특히 야생지에 대한 인식의 변화는 1960년대 이후 현대 환경운동의 출현과 성장에도 중대한 영향을 주고 있으므로 이에 대해 좀 더 자세히 살펴볼 필요가 있다.

2) 미국인의 자연관 : 야생지

미국인에게 자연과 야생지는 거의 유사한 개념인 것처럼 보이며, 따라서 미국인의 자연관의 변화는 결국 야생지에 대한 그들의 인식의 변화를 의미하는데, 이는 유럽에서 신대륙을 찾아 이주해 온 그들의 역사적 기원과 밀접한 관련이 있다.

---

4. 미국 국립공원청 홈페이지(http://www.nps.gov/pub_aff/refdesk/NPS_Overview.pdf).

자연은 미국 사회에서 특별한 의미를 띠어 왔기 때문에 어떤 의미에서 자연은 미국의 역사 그 자체라고 할 수도 있다. 미국인들에게 자연은 물리적인 실체이기도 하지만 정신적인 실체이기도 하다. 이러한 그들의 독특한 자연관은 17세기 초 식민지 개척 당시부터 지속되어 왔다. 17세기에 자신만의 이상적인 종교 공동체의 건설을 꿈꾸며 북미 대륙으로 건너 온 청교도들은 미국의 자연을 그들의 종교적 교리와 이상과 결부시켜 유럽의 자연과는 다른 자연으로 야생지라고 칭하였다(임우진 129).

야생지는 말 그대로 '거친wild', '길들여지지 않은untamed' 지역을 의미한다. 야생지는 인간에게 위협적인 존재로 거칠고, 잔혹하고, 위험한 것이었다. 이것은 고대의 일반적인 사고방식이었고, 유대-기독교적 전통에도 해당된다. 성서에서도 야생지는 위험한 장소인 동시에 악의 소굴로 표현되어 있다. 즉 야생지는 에덴 및 약속된 땅과는 정반대의 의미를 지닌 것이다(데자르뎅 253-54).

유럽과 아시아의 거주자들과 달리, 신대륙에 이주해 온 사람들은 아메리카의 광대한 자연에 대해 아무런 지식도 없었으며, 이 광야에서 살아가는 방법도 몰랐던 까닭에 사람의 손이 가지 않은 미국의 자연은 커다란 위협이었다(김용권 141). 아메리카에 온 최초의 유럽인들은 야생지에 대해 두 가지의 관점을 가지고 있었다. 첫째, 물리적 수준에서 그것은 생존에 대한 위협이었다. 안전과 안락, 심지어 식량이나 주거와 같은 필요조차 야생지를 극복하는 데 달린 것이었다. 어두운 숲 속에는 포악한 동물과 야생 짐승, 심지어 상상 속의 괴상한 동물들이 숨어 있었다. 둘째, 야생지는 도덕적 공백의 어둡고 불길한 징조를 표현했다. 따라서 초기 유럽인들에게 신세계는 저주와 무질서의 불모지로 표상되었다. 따라서 이러한 야생지를 극복하고 개발하는 문명화는 어둠에서 도덕적 빛으로, 혼돈에서 질서로, 악을 선으로 바꾸는 과정이었다(스타이거 110-11). 이러한 문명화는 그들의 종교적 교리, 즉 성경말씀에 따라 당연히 이루어야 할 사명이었다. 그들에게 자연은 신학적 해석학에 의해 재해석되어야 할 미완성 상태를 의미하며,

특히 미국의 자연은 이교도와 악마에 의해 더럽혀졌으므로 그들이 다시 문명화시키고 재창조해야 할 대상이었다(황훈성 193). 즉 초기 미국인들의 야생지에 대한 인식은 청교도적 교리에 근거하고 있었다. 야생지에 대한 이러한 인식은 18세기까지 이어졌다. 18세기 영어에서도 wilderness는 '버려진deserted', '야만의savage', '황폐한desolate', '불모의barren'의 뜻으로 한마디로 말하면 오늘날의 '쓰레기waste'와 같은 의미였다(Cronon 1998, 473).

그러나 19세기 후반에 들어 미국에서는 야생지에 대한, 즉 자연에 대한 인식의 변화가 나타나기 시작하였다. 즉 자연은 인류의 번영을 위해 존재하지만 동시에 인간은 자연을 현명하게 사용할 책임이 있다는 것이다. 좀 더 엄밀하게 말하면 1890~1920년은 미국에서 '자연보호conservation[5] 운동'의 시기로 불리고 있다. 이 운동은 오늘날의 환경운동의 이념, 즉 지구상의 자원은 한계가 있으며 따라서 국가가 자원을 관리해야 한다는 신념과는 거리가 멀다. 오히려 이 운동은 당시의 자원의 낭비에 대한 반발로 일어난 것이다. 즉 당시의 시점에서 과학적 지식과 새로운 기술로 자원의 비효율적 낭비를 끝내고 생산의 극대화에 도달해야 한다는 것이다. 자원관리에 있어서 체계적인 조직화와 중앙집권적인 방향을 통해 과거의 낭비적인 자원 이용이 '효율성'을 극대화하는 방향으로 바뀌어야 한다는 것이다. 기포드 핀쇼Gifford Pinchot는 이 보존운동의 중심인물로, 산림의 현명한 사용wise use을 강조하는 보호conservation와 미학적 자원으로서 산림을 강조하는 보전preservation을 대비하였다(Hays 151-58).

핀쇼는 자연의 내재적 가치를 인정하고 존중하기보다는 자연이 인간을 위해 존재한다고 생각하면서 더욱 효율적인 사용을 위하여 자연을 무차별한 파괴로

5. 'conservation'의 원래 뜻은 사람이 개입하여 인위적으로 관리하는 것을, 'preservation'은 손을 대지 않고 있는 그대로 두는 것을 의미하므로 conservation을 '保存'으로, preservation을 '保全'으로 표기하는 것이 타당하다(이도원 264-65). 그러나 어의적으로 양자의 구별이 분명하지 않기 때문에 이 글에서는 conservation을 '보호', preservation을 '보전'으로 표기하고자 한다.

부터 보호해야 한다고 주장하였다. 이러한 점 때문에 보호주의conservationism는 자연을 보호하는 데 어느 정도 기여하였지만, 자연을 인간을 위한 도구로 인식함으로써 인간중심주의라는 비판을 받고 있다. 그러나 핀쇼에게 가장 중요한 정치적 이상이자 과제는 번영된 삶을 위한 기회의 균등 확립이었고, 이를 위해 개인의 사익보다 공동체의 복리를 위해 자연자원을 효율적으로 관리할 필요가 있었고 이에 따라 자연의 보호를 주장하였다(김은성 80).

자연이 인간을 위해 존재하고 따라서 자연에 대한 효율적인 관리가 필요하다는 관점과 대비되는 것이 보전주의preservationism인데, 이는 18세기 후반 이후 이성과 계몽주의에 대한 반작용으로 대두된 낭만주의적 자연관을 잘 보여 준다. 낭만주의의 영향으로 미국에서는 자연의 심미적 가치에 대한 인식이 높아졌으며, 유럽의 낭만주의와 연계된 미국의 철학적 운동을 '뉴잉글랜드 초월주의Transcendentalism'라고 부르는데, 이들은 과학적이고 기술적인 분석이 아니라, 직관과 상상력을 통해, 그리고 시와 문학을 통해 더 깊은 실재를 이해할 수 있다고 주장한다. 인간의 활동에 의해 오염되지 않은 야생지야말로 초월적 실재의 가장 믿을 만한 형태이며, 야생지는 신의 피조물들 중에서 가장 순수한 것이며, 문명의 타락한 영향으로부터 최후의 피신처인 것이다. 그래서 야생지는 최고의 진리와 영적 탁월함을 가장 깊게 접촉할 수 있는 곳이다(데자르뎅 259).

낭만주의적 관점에 의하면 자연 현상에는 감정적 진실이 깃들어 있으며, 자연은 인간사에 유익하고 유용한 영향을 미치며, 인간에게 신의 존재와 의도 그리고 권능의 증거를 제시하며, 신의 현시顯示라는 것이다(Nye 268-71; 김용권 149에서 재인용). 즉 초자연적인 것이 표면 아래에 숨어 있는 경관으로서의 야생지는 숭고함sublime이며, 따라서 숭고한 경관이란 신의 현시, 즉 신을 대면할 수 있는 흔치 않은 장소를 의미한다(Cronon 1998, 475).

이와 같은 낭만주의적 시선은 야생지에 대한 혐오감을 많이 줄어들게 했다. 이전 세대에게 야생지를 경멸의 대상이 되게 했던 특성들(고독, 신비, 그리고 혼돈)은 이제 아름다움과 힘의 특성으로 전환되었다. 야생지는 인간에게 영감과 동기를 주는 힘을 가졌고, 영혼을 위한 특효약으로 기능했다. 즉 낭만주의와 함께 자연에 대한 인식이, 비록 서서히 이루어지긴 했지만, 변화하기 시작했다(스타이거 111-12). 그러므로 낭만주의적 시선에 의한 자연, 즉 낭만주의 경관은 19세기 서구에서 역사적으로 특수한 도덕적, 문화적 의미를 부여받았다. 황량한 산과 황무지가 발산하는 낭만주의적 숭고함은 인간 내면의 불안정성과 유약함을 부각하고 궁극적으로 자연 속에서 신의 모습을 찾아내려 했으며, 따라서 자연경관의 숭고함은 인간 사회의 도덕적 규범으로 은유되었다(진종헌 2009, 153).

이러한 낭만주의의 출현은 계몽주의 기획이 필연적으로 수반한 현상, 즉 산업자본주의의 발전과 함께, 계몽주의 기획은 자연으로부터 문화(인간)를 분리하고 합리적 계획과 과학기술에 의한 인간의 자연 지배를 당연한 이데올로기로 구체화시켰는데, 이에 대한 반발로 자연에 대한 심미적 관점의 형성이 일어났다는 것이다(Harvey 128). 또한 이 시기에 나타난 자연을 이상향Arcadia으로 간주하는 목가주의적 관점의 대두도 자연에 대한 심미적 관점의 형성에 영향을 주었는데, 이는 이 시기의 거주자들이 주로 미국에서 태어났으며, 미국의 자연에 익숙해져 있었기 때문이다(김용권 144).

이상에서와 같이 야생지에 대한 사고방식은 크게 세 가지, 즉 청교도적 사고방식, 초기의 보존주의, 낭만주의로 구분될 수 있다(데지르뎅 253 60). 청교도적 사고방식은 야생에 대한 두 가지 태도를 동시에 반영한다. 첫째, 야생지는 신에 의해 버림받은 땅이자 악마의 소굴이었기 때문에 피해야 할 공간이었다. 둘째, 야생지는 약속된 땅은 못 되지만, 최소한 압제로부터의 피난처였다. 즉 그것은 잘하면 약속된 땅이 건설될 수도 있는 최소한 일시적인 안식처 정도는 되는 것이었다. 따라서 야생지는 그들에게 있어 극복해야 할 벽이었고, 지배해야 할 적이었으며, 정복되어야 할 위협이었다.

야생지에 대한 정복이 어느 정도 성공한 뒤에 청교도적 사고방식은 새로운 사고방식으로 대체되는데, 바로 보호주의다. 이러한 입장에서는 야생지가 좋은 삶을 위해 자원을 공급해 주는 장소이므로 그것의 가치는 인간에 용도에 달려 있다고 보았다. 즉 야생지는 일종의 자원으로 그것이 생산한 상품에 따라 가치가 결정되는 것으로 인식되었다.

낭만주의 관점에서 야생지는 순수와 순결의 상징이다. 야생지는 손상되지 않고 타락하지 않은 자연의 마지막 보루이며, 청교도 모델과는 대조적으로 파라다이스, 즉 에덴의 정원으로 인식되었다. 청교도들이 위험과 사탄의 유혹을 느꼈던 곳에서 낭만주의자들은 신성한 순수를 본 것이다.

3) 국립공원의 창설 : 보호에서 보전으로

국립공원은 오늘날 국제적으로 비교적 넓은 자연경관을 가장 효율적으로 보호할 수 있는 기구로 인정되며, 환경위기 시대에 생태교육과 환경윤리의 실험장으로 사회 전반에서 그 가치를 인정받고 있다(윤영일 52). 우리나라에서도 국립공원을 보호하기 위한 제도적 장치의 수립[6]과 함께 국립공원의 자연환경을 이용한 다양한 환경교육 활동이 수행되고 있는데, 최근에는 자연에 대한 직접적인 체험을 통해 환경에 대한 새로운 이해와 흥미를 일깨워 주는 환경해설 Environmental Interpretation 활동이 활발하게 이루어지고 있다(김상윤 외 218-19).

국립공원이 특수한 '자연-문화 연계'를 통하여 문화적 가치로서의 민족(국가) 정체성이 자연의 이미지를 통해 상상되고 구성되는 사례(진종헌 2007, 139)라고 한다면, 세계 최초로 미국에서 국립공원의 창설을 가져오게 한 자연과 문화의 연

6. 우리나라에서는 1967년에 공원법이 제정되어 1981년에 자연공원법으로 개칭되었고, 이후 1986년에 다시 개정되었는데, 이때 국립공원관리공단이 창설되었다(이민부·한주엽 155).

계는 어떤 모습이었을까? 간단히 말하면, 미국에서 국립공원이 창설된 것은 변경frontier 개척에 따라 야생지가 점차 사라져 가고 있었기 때문이고, 좀 더 복잡하게 말한다면 야생지가 극복의 대상에서 벗어났을 뿐만 아니라 자원 공급처로서의 물질적 실재 이상이었기 때문이다. 즉 야생지는 미국이라는 국가의 정체성을 형성하는 데 중요한 역할을 하는 정신적인 실재였기 때문이다.

요세미티 국립공원 글레이셔 포인트에서 루스벨트 대통령과 존 뮤어

19세기에 들어와 이민의 무리가 애팔래치아 산맥을 넘고 서부로 흘러들어가면서, 미국 사회와 문명의 끊임없는 성장과 진보를 믿었던 미국인들은 야생지에서 그 야생적인 것the wild을 제거하는 것이 미국이 사명이라고 믿게 되었고, 이에 따라 무서운 속도로 서부의 개발이 진전되었다.

그러나 이러한 과정을 통해 변경이 사라지게 되면서 야생지 보전의 씨앗이 만들어졌다. 왜냐하면 야생지는 미국이라는 국가의 형성에 매우 중요했기 때문에, 미국의 과거에 대한 기념물로서 최근까지 남아 있는 야생지를 보존해야 했다. 즉 야생지를 보호하는 것이 실제적으로 국가의 가장 중요한 신성한 기원 신화를 보호하는 것이었기 때문이다. 이와 같은 방식으로 국가적 변경 신화frontier myth가 야생지 보존으로 구체화되어 국립공원으로 체현體現되었다. 즉 국립공원은 미국의 과거에 대한 야생지의 자유를 상징하였으며, 추한 인공적인 현대 문명에 대해 매력적인 자연적 대안을 표상하는 곳이었다. 따라서 숭고함을 느낄 수 있는, 즉 숭고한 경관을 가진 장소인 옐로스톤Yellowstone, 요세미티Yosemite, 그랜드 캐니언Grand Canyon, 레이니어Rainier, 자이언Zion이 그들의 첫 번째 국립공원

요세미티 국립공원

으로 선택되었다(Cronon 1998, 475-76, 479, 482).

한편 국립공원의 창설에 대한 다른 시각도 있는데, 이는 국립공원이 미국인들의 문화적 불안감에서 기인하였다는 것이다. 즉 미국인들은 그들 자신의 문화가 유럽에 비해 인간이 만든 기념물들이 상대적으로 부족하다는 문화적 보상감의 한 방식으로 야생 자연을 기념비적인 사례로 만들었다는 것이다(Runte 1-47).

앞에서도 보았듯이 미국의 역사에서 야생지는 극복되어야 할 위협이자 정복되어야 할 대상이었다. 인간이 살아남기 위해서는 자연의 힘에 맞서 이를 물리쳐야 했다. 그러나 19세기 중반에 이르러 미국은 자연을 정복하는 데 상당한 성공을 거두었다. 산업화와 도시화가 빠르게 진행되었고, 자연이 정복의 대상이라는 생각을 덜 하게 되고, 미국 경제를 받쳐 주는 자원도 무궁무진하지는 않다는 생각이 고개를 들게 되었다. 이러한 상황에서, 즉 자연의 개발과 산림에 대한 훼손이 심해지는 상황에서 자연에 대한 서로 다른 관점을 선명하게 보여 준 것이 20세기 초의 헤츠헤치Hetch Hetchy 댐 사건이다.

이 사건은 요세미티 계곡 서북부에 자리한 헤츠헤치 계곡에 댐을 건설하는 것에 대해 자연보호에 대한 서로 다른 관점을 가진 두 집단 간의 논쟁을 불러일으켰다. 시에라네바다 산맥에서 황금이 발견된 후 몰려드는 사람들로 인해 물 부족에 시달리던 샌프란시스코 시는 요세미티 계곡 서북부에 자리한 헤츠헤치 계곡을 가로지르는 투얼럼Tuolumne 강에 댐 건설을 추진하였다(스타이거 117). 이 댐 건설 계획에 대해 뮤어John Muir는 자연의 보전을 위해 반대했던 반면, 기포드 핀쇼는 자원의 효율적 관리와 현명한 사용을 위해 찬성하였던 것이다. 결과적으로 헤츠헤치 댐은 건설되었지만, 이 과정에서 뮤어는 댐 건설 반대론자들을 결속시켜 시에라 클럽Sierra Club을 탄생시켰다.

존 뮤어와 기포드 핀쇼는 19세기 후반과 20세기 초반에 각각 보전주의와 보호주의를 대표하는 인물로, 헤츠헤치 댐에 대한 이들 간의 논쟁은 자연에 대한 서로 다른 인식을 선명하게 보여 준다(스타이거 28-31). 뮤어는 자연의 가장 중요한 존재 이유는 자연의 창조자를 위해서이고, 인간은 스스로를 다른 창조물보다 높게 평가해선 안 된다고 믿었다. 자연에 대한 그의 존중의 토대는 인간을 포함한 모든 창조물은 독립적이면서 상호 의존적인 공동체의 부분이라는 인식에서 비롯되었다. 뮤어는 만물이 존재할 천부권을 가졌다고 생각하였지만, 또한 미래 세대의 편익을 위해 자연미를 보전하는 것이 필요하다고 생각하였고, 이것이 그를 국립공원의 설립과 사라져 가는 야생 자연환경을 구하는 주창자로 만들었다.

이에 비해 핀쇼는 자연자원의 유일한 목적은 인간의 욕구에 봉사하는 것이고, 인간은 미래 세대를 위해 자연자원을 보존할 의무가 있다고 생각했다. 그는 자연자원의 생산성을 극대화하는 데 관심을 집중하였다. 산림학자로서 그는 생태적 의미에 대해서는 그다지 주목하지 않고 오로지 상업 목재의 풍부하고 지속적인 공급과 생산만을 추구했다. 핀쇼는 산림은 '장기적인 관점에서 최대다수의 최대행복이라는 측면에서' 관리되어야 한다고 말함으로써 공리주의의 취지를

헤츠헤치 계곡 댐

충실히 반영하였다.

현재의 관점에서 보면 뮤어의 보전주의가 생태중심주의적 환경관을 시대에 앞서 제시한 것이라고 할 수 있으며, 이 점에서 뮤어의 관점이 보다 진보적이었다고 할 수 있다. 그러나 헤츠헤치 댐 논쟁이 일어난 당시의 지적 조류를 고민한다면, 이와는 상반된 평가를 할 수 있다. 당시 자유방임주의와 사회적 다위니즘 Darwinism이 미국을 휩쓸고 있었음을 고려한다면, 야생지의 정신적, 미학적 가치와 생물의 본래적 가치에 기반을 둔 뮤어의 주장이 사실은 주로 부유층의 여가를 위한 '보전'에 기여하는 것이었으며, 인간을 위한 개발을 주장한 핀쇼의 주장이 서민들의 복지와 직결된 원활한 물 공급에 기여한다는 점에서 진보적이라고 평가할 수 있다(데자르뎅 79-80).

이러한 평가는 당시에 뮤어의 낭만주의적 자연관을 지지하는 집단에 다양한 종류가 혼재되어 있었다는 사실에서도 알 수 있다. 당시에 철도 회사는 자연을 번잡한 도시와 오염된 공장으로부터 휴식을 취할 수 있는 곳으로 보고 관광 산업을 성장시키려는 목적으로, 사냥 클럽과 총기 제조 회사들은 야생지에서의 사냥과 같은 레크리에이션 활동의 증가를 통해 그들의 이익을 극대화할 수 있다는 점에서 뮤어를 지지하였다. 즉 초기의 보전주의 지지자들은 자연을 제한된 도시 생활에서의 해방으로 보는 도시 개혁가들, 스포츠, 철도 여행, 관광 산업을 진흥하고자 하는 사람들이었으며, 이들은 상업적 이용 및 목적을 위해 옐로스톤을 보존하고자 주장하였다(Penna 47-48).

반면, 자연이 인간을 위해 존재하며, 따라서 보다 효율적인 사용을 위해 자연을 보존해야 한다는 핀쇼의 주장은 자연을 도구적 가치로 인식한다는 점에서 인간중심주의적 사고라는 비판을 받았다. 그러나 당시에 팽배하였던 자유방임주의 사고, 즉 자연은 사적 경제주체가 자유롭게 이용할 수 있는 대상이라는 시각에 반대하여 공적 목적을 위해 관리되어야 하는 공공재라는 점을 강조하였다는 점에서 오히려 진보적이라고 할 수 있다. 이 시기의 보존운동을 '진보적'이라고 부르는 것은 이와 같이 기업의 사적 이윤을 위한 자연 자원의 활용 대신에 전체 국민을 위한 보전을 주장하였기 때문이다(박재묵 217).

어쨌든 헤츠헤치 댐 사건은 자연의 보호와 보전에 대한 대중들의 많은 관심을 불러일으켰고, 옐로스톤의 국립공원 지정이 야생지를 보전하였다는 것은 나중에 가서야 결과적으로 알게 된 것이라고 하더라도, 자연의 본질적 가치를 인정하는 보전주의의 이념은 이후 현대적 의미의 환경운동에 깊은 영향을 주었다. 즉 오늘날 환경운동의 사상적 근거를 형성하고 있는 생태학적, 철학적 사상들은 19세기 말 미국에서의 보호주의와 보전주의 간의 논쟁과 깊은 관련이 있다(Shabecoff 71-73).

미국의 환경운동에 대한 시기적 구분은 사람에 따라 다소 차이가 있지만 일반적으로 1960년대를 기준으로 보존-보전운동과 현대적 환경운동으로 구분된다. 특히 레이철 카슨Rachel Carson의 『침묵의 봄*Silent Spring*』이 출간된 1962년은 현대 환경운동의 기점이 되고 있다. 이 책은 DDT를 비롯한 살충제와 합성 물질이 생태계에 미치는 부정적 영향에 대해 서술하고 있는데, 당시 미국 사회에 미친 엄청난 영향력을 미쳤으며 이로 인해 이 책이 출간된 해를 기점으로 현대적 의미의 환경운동이 시작되었다고 본다.

1960년대 이전과 이후의 미국 환경운동은 큰 차이가 있는데, 19세기 후반에 시작되어 1960년대 이전까지 지속된 환경운동이 주로 자연의 보호, 즉 야생지의 보호 및 관리에 관심을 두었다면, 1960년대의 환경운동은 인간의 생존에 직접적인 영향을 주는 다양한 산업공해문제에 초점을 두고 있기 때문이다(오경택 420-22). 1960년대 이전의 환경운동의 두 흐름, 즉 자연은 인간을 위해 존재하므로 인간이 자연을 이용할 때만 가치가 있다고 보고 낭비적인 사용이 아니라 효율적으로 이용할 수 있는 현명한 사용을 강조하는 보호주의와, 자연의 본래적 가치와 심미적 가치를 강조하여 자연에 대한 인간의 간섭을 배제하는 보전주의는 둘 다 공통적으로 야생지와 생물종의 보호 및 관리에 중점을 두었다. 이에 비해 1960년대의 환경운동은 토양오염, 수질오염, 대기오염 등 인간의 건강과 생태계 전체에 미치는 영향에 대해 관심을 두었고, 이후 에너지 문제, 기후변화, 환경친화적 생활양식, 지속가능발전 등으로 관심의 범위가 확대되었으며 광범위한 대중들의 관심과 참여를 유발하였다.

이와 같은 환경운동의 발달과 전개 과정에서 자연의 내재적 가치를 주장하는 보전주의는 오늘날 재조명되고 있다. 환경문제가 국지적 차원에서 전 지구적 차원으로 점차 확대되고 환경오염이 심각해지면서, 자연을 도구적 가치로 바라보는 관점으로는 현대 환경위기를 극복하기 어렵다는 인식이 확산되고, 이에 따라 자연의 내재적 가치를 주장하는 보전주의는 심층생태학과 같은 현대 환경운동의 이념적 배경의 하나로 작용하고 있다.

결론적으로 보면, 19세기 말과 20세기 초에 미국에서 국립공원이 창설된 것은 보전주의의 영향으로 인한 것이다. 물론 당시의 보전주의 지지자들 가운데 자신들의 이익을 위해 그러한 이념에 동조한 집단들도 있었지만, 보전주의가 세계 최초로 미국에서 국립공원이 만들어지도록 하는 이념적 배경으로 작용하였던 것은 분명하다. 또한 야생지에 대한 국립공원의 지정이 오늘날까지 야생지를 보호하는 데 중요한 역할을 한 것도 명백하다.

4) 야생지에 대한 미국적 사고를 넘어

야생지에 대한 미국적 사고는 인간에 의해 훼손되지 않은 채로, 우리에게 신의 현시를 보여 주는 경외감이나 숭고함을 느낄 수 있도록 해 주는 장엄한 자연 경관, 즉 야생지가 존재하며 그러한 곳은 인간의 개입이 일어나지 않도록 보전해야 한다는 것이다. 이는 자연과 인간이 분리되어 있음을, 즉 이분법적 전제에 근거하고 있다.

이러한 야생지에 대한 미국적 사고는 여러 가지 점에서 비판받고 있는데, 특히 낭만주의적 기획을 수행하였다는 점에서 비판받고 있다. 즉 야생지가 국립공원으로 지정되어 보전된 것은 유대-기독교적 가치를 세속화하는, 즉 자연은 신의 창조물이라는 낭만주의적 관점에 의한 것이라는 점에서 비판받고 있다(Cronon 1998, 483). 이를 구체적으로 보면, 첫째, 야생지 하면 축복받고 온화한 장소를 연상하는 경향이 있는데, 실제의 야생지는 사납고 거친 공간으로 낭만주의자들의 야생지에 대한 평가는 실제 자연과는 거리가 멀다. 둘째, 유럽인들이 북미에 처음 도착하여 바라본 모습을 야생지와 동일시하는 경향이 있는데, 사실 그들이 보기에 처녀림virgin forests도 그 당시에 토착 원주민들에 의해 속박되어 있던 땅이다. 셋째, 낭만주의 사고는 다윈 이전의pre-Darwinian 사고, 즉 인간은 자연과 분리된, 그래서 자연으로부터 영감을 얻긴 하지만, 자연과는 전적으로 다른 존재라는 사고를 조장하는 경향이 있다. 넷째, 낭만주의 사고는 야생지를 정태적이고 불변적인 공간으로 보는 경향이 있다. 우리가 단지 내버려두기만 하면 야생지는 자연적이고 손상되지 않은 생태계로 보전될 것이라고 가정하는데, 어떤 지역을 야생지로 보전하자는 결정은 결국 인간에 의한 것이다. 또한 현대 생태학에서는 자연이 손상되지 않고 변화되지 않는 것으로 보지 않는다(데자르뎅 262-65).

다른 측면에서 야생지는 제국주의적 자연관에 의해 만들어진 것이라는 비판을 받고 있다. 유럽인들이 도착하기 전의 미국 대륙을 인간의 손이 닿지 않은 야생지로 보고 이를 보전하는 것이 그 지역의 생물 또는 경관을 이용하려는 경제적으로 여유롭고 정치적으로 힘 있는 사람들의 전유를 보장해 주는 기능을 한다는 점에서 제국주의적 시선이 드러난다는 것이다(김기윤 23).

미국과 제3세계는 처한 상황이 매우 다르다. 제3세계 국가들은 일반적으로 거대한 환경문제와 심각한 사회적 갈등에 직면하고 있는데, 사람이 없는 경관, 즉 야생지를 보전하는 것으로 이러한 환경문제를 해결하는 것은 불가능하다. 왜냐하면 제3세계에서는 수백만 년 동안 그러한 장소가 존재하지 않았기 때문이며(Cronon 1998, 486), 따라서 전 세계에, 특히 제3세계에 수출된 국립공원 제도는 전시 효과 때문이라는 지적(Harmon 220)도 타당성이 있어 보인다.

한편, 야생지에 대한 미국적 사고는 우리에게 '자연적인 것'에 대해 높은 기준을 수용하도록 만들고 있다. 거대하거나 장엄한 자연 경관만이 우리에게 경외감과 숭고함을 줄 수 있다고 하는 것은 우리가 일상에서 쉽게 접하는 작은 숲이나 개울에서는 그러한 자연의 모습을 볼 수 없다고 생각하게 만드는 경향이 있다. 따라서 야생지에 대한 미국적 사고를 넘어설 필요가 있다. 유럽인들이 낯선 미지의 대륙에 처음 도착하여 가졌던 자연에 대한 이런 시각이 당시에는 그들의 이상적인 국가 건설에 중요한 토대로 작용하였는지는 몰라도 오늘날 이와 같은 시각은 환경문제 해결에 많은 도움을 줄 것으로 기대되지 않는다.

비판적critical 지리학자들에 의해 제시된 '사회적 자연social nature'은 야생지에 대한 미국적 사고를 극복하는 방법의 하나가 될 수 있다. 이들이 주장하는 사회적 자연은 자연이 사회적 과정의 내부에 있다는 것으로, 전통적 이분법의 자연에 대한 세 가지 가정, 즉 외부적 자연external nature, 본질적 자연intrinsic nature, 보편적 자연universal nature에 대한 비판이다(Castree 6-9). 외부적 자연은 자연이 사회의 외부에 있으며 사회와는 다른 것으로, 사회적이지 않으며nonsocial 인간에 의한 것이 아닌nonhuman 존재를 의미한다. 즉 자연과 사회는 존재론적으로 분리되어 있다는 것으로 이러한 인식은 유럽 계몽주의에서 비롯되었다. 본질적 자연은 자연이 본래부터 무엇인가를 가지고 있으며 변하지 않는 속성을 가진 존재를 뜻한다. 보편적 자연은 외부적 자연에 반대되는 개념으로 독특한 것보다 일반적인 것을 자연적 특성으로 간주하며 하나의 생물종으로서 인간을 비롯하여 모든 것을 포함하고 있다는 점에서 보편적임을 의미한다.

또한 비판적 지리학자들은 자연이 사회적으로 구성되고 있음을 세 가지 측면에서 보여 주고 있다(Castree 10-15). 먼저 자연에 대한 앎knowing은 아는 사람knower의 편견에 의해 굴절될 수밖에 없다는 것이다. 이는 자연에 대한 단 하나의 객관적인 지식만이 존재하는 것은 아니라 사회적으로 구성되는 복수의 지식이 존재한다는 것을 의미한다. 즉 자연에 대한 지식은 계급, 성, 인종 등에 의해 차이가 있다는 것이다. 둘째, 사회적인 것과 자연적인 것을 물리적으로 분리하는 것은 불가능하다는 것이다. '사회자연socionature'(Swyngedouw 443)과 같은 표현은 자연적인 것의 물질적 실재를 부정하는 것이 아니라 자연이 사회에 부여하는 물리적 기회와 제약은 구체적인 경제적, 문화적, 기술적 관계와 수용 능력에 따라 상대적인 것으로 정의되어야 한다는 것이다. 즉 자연의 물리적 특성은 사회적 실천에 따른 상황의존적인contingent 것이지 고정되어 있는 것이 아니라는 것이다. 셋째, 특히 서구사회의 경우, 이윤 창출을 목적으로 하는 자본주의적 생산체제와 이의 발전에 기여한 과학, 기술의 발달로 그들의 통제를 벗어난 자연, 즉 산성비나 음식물에서의 살충제 잔류 등과 같은 제조된manufactured 위험이 나타나는 것처럼 자연이 재형성remaking된다는 것이다.

물론 자연이 사회적으로 구성된다는 이들의 주장에 전적으로 동의하기는 어렵지만 이러한 전통적인 이분법적 사고를 극복하는 데 도움을 줄 수 있을 것이다. 야생지가 인간의 개입이 이루어지지 않은 자연만을 의미하는 것이라면 자연과 인간을 분리된 존재로 바라보는 이분법적 사고를 가속화할 것이다. 이분법적 사고는 자연을 '외부적인 것'으로 만들어서 인간으로부터 구한다는 것으로, 이러한 방식은 자연의 사회적 구성을 부정하는 것이다. 그러나 실제로 자연은 우리의 사회적 가치와 염원을 반영하면서 보전된다(Braun and Castree 33).

5) 맺음말

앞에서 국립공원이 미국에서 처음으로 만들어진 것은 미국이라는 국가의 역사적, 문화적 배경과 밀접한 관련이 있음을 보았다. 다시 말하면, 북미 대륙에 도착한 초기의 유럽인들에 의해 형성된 야생지 관념이 결과적으로 미국에서 국립공원의 창설을 이끌어 냈다는 것이다. 즉 초기 청교도적 사고에 의해 북미의 자연이 야생지로 인식되었고 이후 변경의 개척과 개발, 도시화·산업화로 인해 야생지가 축소되는 상황에서 헤츠헤치 댐 논쟁을 계기로 야생지의 보호 방법에 대한 관심이 대중적으로 확산되었으며 이러한 과정에서 자연에 대한 그들의 인식이 변화되었고 그 결과로 국립공원이 만들어졌다.

이러한 과정에서 보전주의는 국립공원의 설립에 막대한 영향을 주었다. 보전주의는 자연과 인간이 분리된 존재라는 이분법적 사고를 토대로 한다는 점에서 현대적인 의미의 생태중심주의와는 다르지만, 자연의 도구적 가치가 아니라 본질적 가치를 강조하고 있다는 점에서 현대 환경운동과 맥이 통한다.

야생지에 대한 미국적 사고가 19세기 후반에 국립공원의 설립에 중요한 역할을 수행하였으며 결과적으로 자연의 보전에 기여했다고 하더라도 오늘날에는 그것만으로 충분하지는 않다. 이는 야생지에 대한 미국적 사고가 자연과 인간의 분리라는 이분법적 사고에 근거하기 때문이기도 하지만 세계 여러 국가 및 지역이 처한 상황이 모두 다르기 때문이기도 하다. 특히 신대륙(이 또한 유럽적인 사고에 근거하고 있지만)이 아닌 구대륙에 거주하는 사람들, 즉 오랫동안 자연과 영향을 주고받으며 살아온 그들은 야생지만을 자연으로 생각하지 않기 때문이다.

그렇다고 해서 야생지에 대한 미국적 사고가 폐기처분되어야 할 낡은 것만을 의미하는 것은 아니다. 야생지를 보호하기 위해 만들어진 국립공원은 자연을 보호하는 데 있어 여전히 효과적이면서도 매우 강력한 수단이다. 그러나 다양한 차원의 환경문제, 즉 소규모 지역에서의 토양오염이나 수질오염 같은 국지적 환경문제와 지구 온난화, 산성비와 같은 전 지구적 환경문제를 동시에 해결해야 하는 오늘날에 우리가 관심을 두어야 할 자연이 인간의 활동이 개입되지 않은 야생지와 같은 지역뿐만 아니라 인간의 활동으로 변화되어 온 자연도 포함되어야 한다는 것이다.*

* 이 글은 본래 같은 제목으로 『미국학』 32집 2호(2009년 11월), pp. 25-46에 실렸던 것을 수정, 가필한 것임을 밝혀 둔다.

6

대지윤리의 안과 밖

인간중심주의에서 생태중심주의로의 전환

김원중

이 글은 1949년에 나온 앨도 레오폴드Aldo Leopold의 『샌드 카운티 연감*A Sand County Almanac*』에서 그가 주창한 대지윤리land ethic를 정점으로 하여 그 전후의 자연에 관한 미국인의 인식 변화를 살펴보는 것을 목적으로 한다. 따라서 시기적으로는 존 뮤어John Muir의 자연보전운동과 국립공원 창설 이후 미국의 대표적인 생태작가 가운데 한 명인 메리 오스틴Mary Austin의 대표작 『갈수渴水의 땅*The Land of Little Rain*』이 나온 1903년에서 환경보호운동이 본격화되는 1970년대 이전, 급진적 환경운동의 대부로 간주되는 에드워드 애비Edward Abbey의 대표작인 『사막에서 홀로 지내기*Desert Solitaire*』가 나온 1968년을 포괄할 것이다. 이 시기는 서부 개척의 바람이 지나가고 난 후 자연이 지닌 경제적 가치 너머 심미적, 미학적 가치에 대한 새로운 인식이 싹튼 시기이기도 하다. 특히 서구 과학기술문명과 모더니티에 대한 회의, 자연생태계의 급격한 파괴를 초래한 '진보'에 대한 반성적 성찰이 본격화되었다. 이에 편승해 서구 문명의 근간인 인간중심주의에서 생태중심주의로의 급격한 변화가 일어났는데 이의 중심에 새로운 시대의 지침이자 행동강령으로서 레오폴드의 대지윤리가 자리하고 있다.

레오폴드의 대지윤리에서 가장 중요하고 핵심적인 통찰은 대지가 자원commodity이 아니라 우리 인간도 그 일부로 참여하고 있는 공동체community라는 것과 그렇기 때문에 자연을 윤리적 고려 대상에 포함해야 한다는 주장이다. "대지윤리는 공동체의 범위를 확장해 토양, 물, 식물, 그리고 동물, 혹은 포괄적으로는 대지를 포함하는 것이다"(*SCA* 204)[1]라는 그의 말이 이 점을 분명히 해 준다. 인류의 역사 자체가 윤리적 고려 대상을 확장해 온 과정이라고 하면서 레오폴드는 이러한 대지윤리가 호모 사피엔스의 역할을 대지-공동체의 정복자에서 그 공동체의 평범한 시민으로 바꾼다고 주장한다. 따라서 이는 무엇보다도 동료-구성원과 그 공동체에 대한 공경을 의미한다고 주장한다. 여기서 그가 말하는 공경은 생태작가들이 강조하는 생명체의 신비 앞에서 인간이 겸손할 것을 강조하는 생태적 겸손과 유사한 것으로서 인간중심주의에 대한 근본적인 반성과 해체를 요구한다. 인간중심주의적 관점, 혹은 레오폴드가 정의한 대지에 대한 아브라함적인 관점에서 보면 자연은 인간의 생산활동을 위한 경제적 자산이고 인간은 이를 이용할 특권을 지닌 존재다. 그러나 생태중심적인 관점에서 보면 자연은 인간의 이해관계와는 상관없이 그 자체로 내재적

앨도 레오폴드(1887~1948)

1. Aldo Leopold, *A Sand County Almanac and Sketches Here and There*, London: Oxford University Press, 1949를 인용한 부분은 약자인 *SCA*로 표기하였다.

인 가치를 지니고서 자신의 고유한 법칙에 따라 움직이는 독자적인 생명체인 것이다. 따라서 자연이 경제적인 가치뿐만 아니라 윤리적, 미학적 가치도 지니고 있다는 성찰이 대지윤리의 초석이다. 레오폴드는 대지윤리가 지적인 동시에 정서적인 진화라고 주장하는데, 이는 지금까지 인류의 의식을 지배해 온 인본주의적인 가치관에서 벗어나 생태중심주의적 사고와 가치관을 체득해야만 하기 때문이다. 그는 개개인의 지적인 주안점과 충성, 애정과 신념의 내적인 변화를 거쳐 생태계를 존경과 경외감, 겸손과 사랑으로 대해야 한다고 주장한다. 이러한 대지윤리를 통해 레오폴드는 인간이 자연을 자원으로 이용하고 변형하고 관리하는 것을 막을 수는 없지만 자연 상태에서 이러한 것들이 지속적으로 생존할 권리를 보장받기를 희망하는 것이다. 이렇게 개인의 정신적인 변혁과 내적인 인식의 변화를 촉구한다는 점에서 레오폴드의 견해는 심층생태학자들의 견해와 맥을 같이하고 있다.

레오폴드의 대지윤리는 그가 독창적으로 고안해 낸 것이 아니라 그 당시 사회의 기류 속에 떠돌고 있는 사상을 집대성한 것이다. 우리는 이런 사상의 씨앗을 오스틴의 『갈수渴水의 땅』에서 찾아볼 수 있다. 오스틴은 20세기 초반 데스밸리Death Valley에서의 삶과 명상을 바탕으로 하여 사막의 아름다움과 가치를 역설하며, 이를 통해 가부장적 서구 문명이 초래한 환경파괴와 여성억압의 문제를 부각시킨다. 모든 만물의 내재적 가치와 인간과 인간이 아닌 것들의 상호연관성에 대한 오스틴의 주장은 대지윤리의 핵심적 통찰이기도 하다. 오스틴의 에코페미니즘적 통찰, 특히 생태지역주의적 태도는 레오폴드의 사상과도 일면 맥을 같이한다. 자연파괴를 일삼아 온 현대 문명에 대한 신랄한 비판을 기저로 하고 있는 애비의 사상은 제퍼스의 반인본주의의 연장인 동시에 레오폴드의 대지윤리의 한 극단이라고 할 수 있다. 애비의 사상은 대지윤리에 내포된 인간중심주의와 생태중심주의의 갈등을 새롭게 조망해 볼 수 있는 장을 제시한다. 산업문명에 대한 신랄한 비판과 일관된 생태중심주의 혹은 생명체중심주의는 애비의 작품에서 생태관광에 대한 멸시와 생태 사보타주eco-sabotage 등으로 나타나는데, 이는 생태문제에 대한 대중의 불감증에 대한 일종의 조롱인 동시에 자기 패러디라고 할 수 있다. 애비의 여성차별적이고 인종차별주의적 태도는 환경론자들 사이에서 커다란 논란을 불러일으키며 다양한 생태적 담론을 야기한다. 한편으로는 레오폴드에 의해 구체화된 대지윤리를 또 다른 한편으로는 오스틴의 맥을 잇는 환경운동가로서의 애비의 면모는 이후 생태계의 급격한 파괴와 더불어 본격적으로 전개되는 환경보호론자들의 활동에 한 지침을 제공한다. 20세기 전반의 미국 사회는 레오폴드의 대지윤리를 정점으로 하여 자연에 관한 인간중심주의적 견해에 생태중심주의적 견해가 새롭게 대두되면서 다양한 생태적 담론이 부상하는 시기로 특징지을 수 있다.

1) 메리 오스틴의 『갈수의 땅』: 생태지역주의와 에코페미니즘의 교합

생태문학에서 고전적 위치를 차지하고 있는 『갈수의 땅』의 저자인 메리 오스틴에게 가장 두드러지는 면모는 현대문명 비판자와 에코페미니스트의 모습이다. 시에라 네바다 산맥과 데스 밸리 사이에 놓인 오웬즈 밸리The Owens Valley의 광활한 사막과 그곳에 사는 사람들의 삶을 통해 오스틴은 자연에 대한 근본적인 인식의 전환을 촉구한다. 19세기 말 서부개척 시대가 끝나고 20세기 초반에 이르러 유행한 "자연으로의 회귀"에 힘입어 자연에 대한 관심이 고조되는 시점에 오스틴이 사막을 소재로 삼은 것은 다분히 전략적이다. 이 책의 제목대로 사막은 물이 적기 때문에 사람이 살 수 없어 서양인들이 불모의 땅으로 간주해 버린 땅이지만 오스틴은 과학자의 섬세한 관찰과 시인의 상상력으로 이런 "불모의 땅"을 대지와의 긴밀한 상호작용을 통해 생명체들이 살아가고 있는 역동적인 땅으로 되살려 내는 것이다. 오스틴은 사막의 참모습을 보려면 무엇보다도 인간

메리 오스틴(1868~1934)

중심적인 편견과 교만에서 벗어나 생태 중심적인 견해를 체득해야 한다고 주장한다. 그리고 이를 위해서는 자아와 타자라는 이원론에 바탕을 둔 가부장적 서구문화의 틀에서 벗어날 것을 강력히 촉구하는데, 이는 이런 인간중심적인 서구문화가 자연파괴와 여성 억압의 근원이라고 생각하기 때문이다. 오스틴은 인간중심주의와 남성중심주의를 비난하는 한편, 원시와 북미 인디언들의 삶을 새롭게 조명해 모든 만물의 내재적 가치와 인간과 인간이 아닌 생명체 간의 상호연관성을 강조하는 에코페미니즘적 비전을 드러낸다.

오스틴은 무엇보다도 자연을 인간의 편의와 쾌락을 위해 마음대로 쓸 자료이자 원료로 보는 경제적이며 실용주의적 관점을 거부한다. 이런 관점에서 보면 사막은 전혀 쓸모없는 말 그대로 황무지다. 그러나 경제적, 실용적 가치가 없기 때문에 사막은 사람들의 관심에서 벗어나 상대적으로 그 원래 모습을 간직할 수 있게 되었고, 그렇기 때문에 서구의 주도적인 문명과 자연에 대한 인간중심적인 태도를 반성해 보고 나아가 전복할 최적의 장소다. 존 가타John Gatta도 "사막의 관조적 분위기는 오스틴의 마음속에 영적인 겸손과 인간의 통제를 벗어난 존재들에 대한 감사의 마음을 불러일으킨다"(Gatta 161)라고 사막에서의 삶과 명상을 통해 오스틴이 체득한 비전의 핵심을 요약하고 있다. 사막은 인간의 지배와 통제를 벗어난 독자적 영역이고 그렇기 때문에 사막을 대하는 인간의 바람직한 태도는 정복자나 지배자의 교만이 아니라 생태적 겸손이라는 것이다. 『갈수의 땅』에서 가장 유명한 구절이기도 한 첫 장의 서두에서 오스틴은 사막의 이런 속성을 분명히 밝힌다.

법이 아니라 그 땅이 한계를 설정한다. 사막은 그 땅이 지도 위에 올라와 있는 이름이지만 인디언이 부르는 이름이 더 낫다. 사막은 어떤 인간도 부양하지 못하는 땅을 가리키는 포괄적인 용어이지만 그 땅을 그런 목적으로 재갈을 물리고 해체할 수 있을지는 증명되지 않았다. 아무리 공기가 건조하고 땅이 고약하다고 해도, 사막에 생명체가 없는 것은 결코 아니다.(*TLLR* 3)[2]

여기서 오스틴이 말하는 법은 인간의 법, 더 나아가서는 자연을 대하는 인간중심주의적이고 가부장적인 규범을 뜻한다(Alaimo 73). 사막이 원료 창고로서 인간의 욕망에 순응하는 수동적 존재가 아니라 자신의 의지와 뜻을 지닌 능동적 존재라는 점을 이 첫 구절은 분명히 한다. 인간의 법이 이 땅을 통제하고 지배하는 것이 아니라 사막 자신이 어떤 동식물들을 부양할지를 스스로 결정한다는 것이다. 이 땅은 지도 위에 사람들이 '사막'이라고 인위적으로 명명한 불모의 땅이 아니라 고유한 기후와 토양, 그리고 거기에 사는 동식물, 인디언과 함께하는 생태공동체다.

사막에서의 삶과 명상은 오스틴에게도 자신이 자라 왔고 익숙한 인간중심주의적 사고를 해체할 것을 끊임없이 요구한다. 『갈수의 땅』에서 오스틴이 말하는 "사람"이나 "인간"은 대체로 인간중심주의에 빠져 있는 구미인들을 지칭하는데, 이들은 자신을 그 지역의 일부분으로 간주하고 그 지역과의 조화로운 삶을 모색하며 생태중심주의적 삶을 사는 인디언들과 대조된다. 오스틴은 구미인들의 삶과 가치관을 거부하고 인디언의 삶과 사유에 대해 강한 애착을 보이는데, 이는 범박하게 인간중심주의에서 생태중심주의로 그녀의 사고가 변모하고 있다고 말할 수 있다. 따라서 『갈수의 땅』은 오스틴에게 있어서 지금껏 자신이 젖어 있었던 문화와 가치를 방기하는 공학空學, unlearning과 새로운 지역과 그 가치를 체득하는 재정착reinhabitation에 대한 기록인 셈이다. 이 과정

2. Mary Austin, *The Land of Little Rain*, Albuquerque: University of New Mexico Press, 1989를 인용한 부분은 약자인 *TLLR*로 표기하였다.

속에서 가장 전경화되는 것은 두 상반되는 가치 속에서 갈등하는 오스틴의 모습이다. 오스틴이 이런 갈등의 모습을 그대로 드러내는 이면에는 자신도 다른 사람과 별반 차이가 없는 평범한 사람이고 자신의 경험을 가능한 실례로 제시하여 독자들을 생태중심주의적 사유로 인도하려는 작가의 수사적 전략이 깃들어 있다(Scheese 78).

사람들은 사막에는 어떤 생명체도 살 수 없다고 생각하는데 오스틴은 "황량함의 극치라고 알려진 데스 밸리에도 200여 종이 〔서식하고 있는 것이〕 확인되었다"(*TLLR* 8)라고 하여 이런 견해가 터무니없음을 말한다. 나아가 오스틴은 이런 생각은 인간의 편견과 무지에서 비롯되는 것으로서 우리가 사막의 참모습을 보기 위해서는 이런 선입관에서 벗어나는 일이 급선무라고 주장한다. 사막은 "무지개 언덕들, 부드럽고 푸르스름한 안개, 밝게 빛나는 봄"이 눈길을 사로잡는 "도원경의 매력lotus charm"(*TLLR* 18)을 지니고 있으나 이런 자신의 참모습을 스쳐 지나가는 사람이나 관광객이 아니라 거기에 뿌리를 내리고 거주하는 사람에게만 드러낸다고 말한다. 오스틴이 서문에서 "이 지역의 진정한 핵심은 한 달 동안 휴가를 보낸다고 다가오는 것이 아니다. 겨울과 여름을 그 땅에서 함께 지내며 그런 순간을 기다려야 한다"(*TLLR* xvi)라고 말하는 것도 같은 맥락이다. 사막은 인간의 통상적인 기대를 저버리지만 그렇기 때문에 오히려 더 마약 – 그리스 신화에 나오는 lotus eater를 생각해 보라 – 과 같이 중독적인 매력을 지니고 있음을 오스틴은 다음과 같이 설명한다.

> 여기는 사람들이 샘을 발견할 수 있을 것이라고 기대는 하지만, 그 샘에 의존하지는 않는 언덕이 많은 지역인데, 이는 샘을 찾아도 종종 그것들이 짜고, 몸에 해롭고, 목마른 땅에 사람을 미치게 만들 정도로 천천히 떨어지는 물방울에 지나지 않기 때문이다. … 여기에는 온 대지가 비를 원해 아우성을 쳐도 비는 내리지 않고, 호우(cloud-burst)라고 불리는 폭우가 순간적으로 내려 해를 입힌다. 그 안에 사랑할 것이라곤 거의 없는, 잃어버린 강이 있는 땅, 그러나 한 번 방문하면 어쩔 수 없이 다시 찾

아오는 땅이다.(*TLLR* 5)

사막 생태계의 아름다움을 보기 위한 선행조건으로 오스틴은 두 가지를 지적하는데, 첫째는 우리가 인간중심적인 교만에서 벗어나 생태중심적인 견해를 가져야 한다는 것이고, 둘째는 사막의 특성을 받아들이고 존중하는 생태지역주의적 견해를 가지고 접근해야 한다는 것이다. 「체리소의 물길」에서 오스틴은 "물길을 찾는 데는 모든 높이 중에서 사람-높이가 가장 불행한 것 같다"라고 하면서 "우거진 농장에 그런 길이 생겼다면 우리들에게 쉽게 넓고 굽이치는 길들로 보였을 것들이 쥐나 다람쥐 종의 눈높이 정도로 낮추면 사람 키의 3배 높이나 된다"(*TLLR* 17)라고 말한다. 나아가 오스틴은 사막에서 사람들은 마실 물이 없어서가 아니라 그 물을 찾는 방법을 모르기 때문에 죽는 것이라면서, 물이 아주 가까운 곳에 있음에도 그것을 찾지 못하는 것이 그 죽음을 비극적으로 만든다고 얘기한다. 사막에서 물을 찾는 가장 확실한 방법은 그곳에서 오랜 세월 동안 살아온 인디언들의 지혜를, 그리고 이 사막의 또 다른 주인인 식물들과 동물의 행태를 주목하는 것이다. 메스키트나 번치 그래스bunch grass가 있으면 지표면 몇 피트 이내에 물이 있다는 것을 알 수 있고(*TLLR* 7), "지도나 너의 기억이 무엇이라고 말하든지 코요테를 믿어라. 그들이 알고 있다"(*TLLR* 19)라고 오스틴은 단언한다. 사막에서 살아남기 위해서는 인간이 모든 과학을 동원해 작성한 지도나 개인적인 기억, 즉 인간적인 모든 방책과 잣대를 포기해야만 한다는 말이다. 오스틴은 나아가 코요테는 수맥을 찾는 선수라고 말하는데, 이는 게리 스나이더Gary Snyder가 「대가족을 위한 기도Prayer for the great Family」에서 동물들을 우리가 처한 생태계에서 살아남는 법을 가르쳐 주는 우리의 맏형이자 스승이라고 부르는 것과 맥을 같이한다.

오스틴의 이러한 발언 뒤에는 사막이, 그리고 나아가 자연이 인간의 유익을 위해 존재하거나 원료의 공급처로서 사람들이 마음대로 이용하고 착취할 수 있는 대상이 아니라는 인식이 자리하고 있다. 더 정밀하게 말하면 인간은 이 갈수의 땅인 사막공동체의 지배자나 주인이 아니라 코요테나 메스키드와 다를 바 없는 평범한 구성원에 불과하다는 것이다. 북미 인디언들처럼 인간이 모든 만물의 척도라고 하는 인간중심주의에서 벗어나 오스틴은 모든 생명체들을, "털 난 사람," "깃털 난 사람," "키 작은 사람"(*TLLR* 18) 같은 표현에서 보듯, 동등한 "사람"으로 대한다. 들짐승과 새들을 "사람"으로 대하는 것은 그들이 생태계의 동등한 구성원이며 그 중요성 또한 인간과 다를 바 없다는 뜻이다. 심지어 "사막은 그[여기서는 pocket hunter, 그러나 의미를 확장하면 인간]를 마치 그것이 땅다람쥐나 오소리를 용인하듯이 받아들였다. 그러나 사막은 그 땅의 모든 거주자들 중에서 인간에 대해 가장 관심이 없었다"(*TLLR* 46)라고 하여 통렬하게 인간중심주의를 해체한다. 여기서 중요한 단어는 '용인하다'로 번역한 "tolerate"이다. 이는 곧 이 생태공동체의 참 주인이 인간이 아니라 사막이며 인간은 이 사막이 베푸는 "관용"에 의해서만 살 수 있는 존재임을 분명히 하는 말이다. 이 말은 앞에서 인용한 "법이 아니라 사막이 한계를 설정한다"는 말과 더불어 사막이 능동적 주체임을 천명한다. 우리가 사막에서 살기 위해서는 사막 스스로가 설정한 한계를 받아들여야 하며 사막의 목소리에 끊임없이 귀 기울여야 한다는 것이다. "사막의 초목들은 계절적 한계에 즐겁게 적응함으로써 우리를 부끄럽게 한다"(*TLLR* 5)라고 하여 그 한계를 받아들여 삶을 유지하는 초목들과 사막이 정한 한계에 순응하지 못하고 그 목소리에 무감각해 삶을 제대로 영위해 나가지 못하는 인간을 대비시킨다. 이를 통해 오스틴은 인간과 자연을 주체와 객체로 보는 전통적인 이분법에서 벗어나 모두가 주체로 참여하는 공동체의 개념을 제시한다. 존 오그래디John P. O'Grady도 "야생지를 관찰하는 그녀만의 방식을 통해 오스틴은 미국 문화의 주류에 너무나 자주 강조되어 온 주체/객체의 이분법이 일종의 오誤지각mis-perception이라고 주장한다"(O'Grady 134)고 말한다. 오스틴의 이런 지역공동체 개념은 대지윤리의 초석을 이루는 레오폴드의 공동체 개념과 상당히 유사하다.

『갈수의 땅』에서 오스틴은 사막이라는 생태계를 대하는 두 상반되는 입장을 광석 덩어리 혹은 광혈鑛穴을 찾아 사막을 헤매는 무명의 백인 남자와 파이우트 Paiute 족 인디언 여인 세야비Seyavi의 삶을 통해 대조적으로 제시한다. 광혈을 찾아 사막 이곳저곳을 떠도는 백인 남자는 두말할 필요도 없이 인간중심적인 사고를 대표하는 인물로서 그는 황금빛 욕망, 금전욕에 사로잡혀 무차별적으로 자연을 착취한다. 자신이 그토록 원하는 황금 덩어리를 사막이 품고 있긴 하지만 그에게 사막은 자신이 거처할 수 없는, 아니 보다 엄밀히 말하면 거처하고 싶지 않은 불모의 땅이다. 그렇기 때문에 그는 한 건만 제대로 하면 언제든지 이 사막을 떠날 채비가 되어 있는 사람이다. 사막에 살고 있긴 하지만 그는 사막에 뿌리를 내리지 못하고 사막을 떠돌기만 하는 사람, 웬델 베리Wendell Berry의 말을 빌리면, 유리된displaced 사람이다. 자신이 처한 공동체에 뿌리를 내리고 정착한 placed 사람과 달리 이런 유리遊離된 사람이 자신이 처한 공동체에 어떤 애정과 책임을 느끼지 못하는 것은 두말할 필요도 없다. 한 인간의 참된 정체성은 자신의 처한 공동체와의 연관성 속에서만 제대로 확립될 수 있는 것이기 때문에 오스틴이 이 광혈을 찾는 남자에게 이름을 부여하지 않은 것은 그가 이 생태계 내에 유의미하게 존재할 수 없는 이방인에 불과하기 때문이다. 그가 이 사막을 떠나자 "그 땅이 그를 신경 쓰지 않았던 것처럼 그를 조금도 그리워하지 않는 것 같다"(*TLLR* 47)라는 오스틴의 말은 물질적 이득만을 추구한 이 편협한 남자에 대한 신랄한 고발인 동시에 사막과의, 나아가 자연과의 조화로운 삶을 실천하지 못한 인간에 대한 자연의 냉엄한 심판이라 할 수 있겠다.

이런 인간중심주의적 태도의 정반대 편에 서 있는 사람이 바구니를 만드는 여인 세야비다. 오스틴은 다른 무엇보다도 세야비가 이 사막과 떼려야 뗄 수 없는 관계를 맺고 사는 사람이며 그녀의 모든 의식과 행위가 이 사막이라는 생태계와 밀접하게 연결되어 있음을 강조한다. 세야비는 버드나무를 잘라서 바구니를 만들었는데 "그 바구니에는 솜씨가 좋은 것 그 이상의 풍미가 있다. 바구니 만드는 사람과 그 날실이 그 땅 바로 옆에 살았고 그렇기 때문에 같은 원소로 가득하다"(*TLLR* 106)라고 말한다. 이는 작가와 작품이 사막 생태계에서 비롯되었다는 것을 강조하는 말로서 우리의 신토불이身土不二와 비슷한 사고라 할 수 있다. 금전적인 이득이 모든 행위의 동기인 광혈 찾는 사람과는 달리 세야비에게 있어 바구니를 만드는 것은 무엇보다도 자신의 일에 대한 사랑의 행위다. 오스틴은 세야비의 바구니는 기술적으로 흠잡을 데 없이 완벽하지만 그 바구니의 가장 두드러진 특성은 우리가 인간임을 경고하는 데 있다고 주장한다(*TLLR* 106). "세야비는 바구니를 만들 버드나무를 가장 적합한 때에 잘랐고 그래서 그 기후의 핵심이 그 나무 속으로 들어갔다"(*TLLR* 107)라는 구절에서 보듯 그 바구니는 그 지역 생태계의 모든 요소와 그러한 요소를 샅샅이 알고 있는 인간의 예지가 결합하여 만들어 낸 예술품이다. 이렇게 보면 그녀의 바구니는 다른 무엇보다도 자연과의 깊은 교감의 산물이다. "어떤 생명체의 삶의 방식을 알려면 그 생명체가 사는 땅을 알아야 하고 한 해가 어떻게 진행되는지를 알아야 한다"(*TLLR* 103)는 오스틴의 말은 다름 아닌 이 사막 생태계에서 살아가는 세야비에게 가장 어울리는 말이다. 세야비의 삶과 예술은 사막에 뿌리내린, 베리의 말을 빌리면 "정착한 placed" 지역생태주의자로서 자연과 인간이 조화를 이루며 상생하는 한 모범을 제시한다고 하겠다.

『갈수의 땅』에서 오스틴이 그리는 사막은 자연 전체를 가리키는 일종의 제유提喩다. 오스틴이 자연을 전통적인 대지의 어머니가 아니라 여주인/애인으로 그려내고 있다는 사실은 여러 측면에서 주목을 요한다. 자연을 여성화해 착취해 온 가부장적인 논리를 뒤집어 오스틴은 자연이 인간에게 모든 것을 베풀고 스스로를 희생하는 어머니가 아니라, 독립적이고 자주적인 존재로 자신을 실현해나가는 여주인/애인과 같은 존재임을 역설한다. 이는 자연과 여성을 착취의 대상으로 삼아 온 인간중심주의와 남성중심주의에 대한 도전인 동시에 자연과 여성을 이런 억압적인 이데올로기에서 해방시켜 독립적인 주체로 재정립하려는 의

도로 보인다. 스테이시 알라이모Stacy Alaimo는 오스틴이 대지를 여주인으로 묘사함으로써 "여성의 길들여지지 않는 힘과 자기 결정권을 구현하고 있을 뿐만 아니라 자연을 인간의 지배를 넘어서고 저항하는 세력으로 제시하고 있다. … 자연은 가족과 법 바깥에 존재한다"(Alaimo 84)라고 주장한다. 여기서 알라이모가 말하는 법은 인간의 법인 동시에 가부장적인 법이다. 오스틴은 여성화된 자연의 이미지를 새롭게 해석함으로써 자연을 원료 저장소로서 인간의 착취에 수동적으로 순응하는 희생양이 아니라 스스로의 법칙과 질서를 인간에게 부과하는 주도적인 존재로 부각시킨다. 이는 미셸 캠벨 투히Michelle Campbell Toohey의 주장처럼 "인간은 자연에서 떨어져 있으며 자연의 관리자라는 관념과, 유럽중심적인 미국인들은 그들이 소비하고자 하는 자원은 모두 대상화하고 상품화할 권리를 가지고 있으며, 주류에서 제외된 그룹들은, 인간이든 인간이 아니든 상관없이, 그 같은 착취에 만족하는 수동적 수용자라는 관념에 저항"(Toohey 206)하는 것이다. 이는 자연과 인간의 관계에 있어 실용주의적, 경제적 관점에서 벗어나 자연을 대상으로서의 타자other가 아니라 대화적 상상력의 다른 주체another로 받아들인다는 의미다.

식물들이 가진 효능을 놓치지 않으려면 인디언을 믿어라"(*TLLR* 7)라고 오스틴은 말하는데 이는 단순히 식물들에 관한 지식에만 해당하는 것이 아니라 사막이라는 생태계 전체에 해당되는 말이다. 나아가 "야생 생물들은 달의 변화를 제외하고는 그들이 살아가는 삶의 방식에 있어 중요한 모든 것을 배운 것처럼 보인다"(*TLLR* 20)라는 구절은 야생 동식물과 더불어 인디언들은 이 야생의 사막에서 살아갈 모든 지식을 이미 체득하고 있으며, 이주해 온 사람 혹은 이방인으로서의 백인에게 이들이 생존의 방식을 가르쳐 주는 스승임을 말한다. 이런 생태지역주의적 지식을 배우지 않으면

> 인간은 숲속을 돌아다니는 큰 실수(a great blunder)이고, 곰 빼고는 어떤 생명체도

그렇게 소란스럽게 소리를 내지 않는다고 말한다. 가장 교활한 사냥꾼도 때가 되면 사냥당하고, 그가 사냥감에서 남긴 것은 다른 것들의 먹이가 된다. 그것이 자연의 경제다. 그러나 그 모든 것에도 인간의 행위는 충분히 고려되지 않았다. 빈 깡통을 먹는 청소동물(scavenger)은 없으며 어떤 야생 동물도 숲 바닥을 그처럼 망쳐놓는 일은 없다.(*TLLR* 40)

오스틴은 여기에서 인간을 숲으로 대변되는 생태계에 잘못 들어온 존재이자 오류라고 말하는데, 그 이유는 이어지는 구절에서 보듯 인간이 무엇보다도 자연의 경제를 이해하지 못하기 때문이다. 『갈수의 땅』 서두의 "우리는 야생동물들의 상호 의존을 충분히 인식하지 못하고 있는 것 같다"(*TLLR* 36)라는 구절에서 명확히 드러나듯 이는 인간이 다른 무엇보다도 먹이사슬과 먹이망으로 연결되어 있는 생태계의 근본법칙인 상호 의존성을 이해하지 못하기 때문이다. 인간이라는 잘못 태어난 존재가 없다면 자연은 스스로의 경제법칙에 의해 유지되지만 빈 깡통을 아무렇게나 버리는 인간이 자행하는 훼손은 자연으로서는 치유가 불가능한 일이다. 이 책에서 가장 핵심적인 이 구절은 인간중심주의에 빠져 환경파괴를 일삼는 인간에 대한 오스틴의 신랄한 비판과 더불어 그녀의 생태사상의 핵심 요소이기도 한 자연의 경제 개념과 생태계의 상호의존성을 분명하게 드러낸다.

백인들이 들여온 자연의 착취와 파괴의 실상에 대한 고발은 목축을 비판하는 데서 절정에 이른다. 오스틴은 "1 파운드의 양모를 생산하기 위해 그렇게 여러 계절과 그렇게 많은 햇빛과 물이 들어갔다"(*TLLR* 100)라고 하며 이로 인해 식물들이 재대로 씨를 맺지 못해 탁상대지에 사는 새들이 생명을 잃게 되었다고 애석해한다. 존 뮤어John Muir가 『시에라에서 보낸 나의 첫 여름*My First Summer in the Sierra*』에서 "발굽달린 메뚜기"라고 부르며 양들이 초래하는 심각한 자연훼손과 파괴를 질타하고 있는 것처럼, 양들은 사막에 뿌리를 내리고 살던 새들과 초목의 훼손을 담보로 양모를 생산하고 종국에는 인간의 탐욕을 충족시켜 주는 것이다. 이렇게 자연을 파괴하고 훼손하는 삶의 양식과는 근본적으로 다른 삶이 인디언의 삶이다. "파이우트 족은 삶을 가장 낮은 썰물로 축소시키고 그러면서도 메뚜기나 도마뱀, 그리고 기이한 약초에 의존해 연명하는 기술을 지니고 있었다"(*TLLR* 105)라는 구절은 그 땅이 부과되는 제한에 스스로의 삶을 최대한 축소시켜 그 땅에서 나는 것으로 생명을 유지하는 인디언들의 생태적 삶이 어떠한지를 잘 보여 준다. 오스틴은 "식물들이 지닌 효능이나 영향의 비밀은 원시적인 사람들에게 가장 쉽게 모습을 드러낸다"(*TLLR* 143)라고 하며, 이는 어쩌면 현대 문명사회에서는 쓰지 않아 무용화된 어떤 본능을 인디언들은 아직 가지고 있기 때문이라고 말한다(*TLLR* 144). 오스틴의 이런 언급은 현대 문명이 본질적으로 인간으로 하여금 온전한 인간이 되지 못하게 만드는 질병이라고 진단하는 게리 스나이더의 사상과도 맥을 같이한다.

"만물의 위계에 있어 스스로의 중요성에 사로잡혀 있고 땀 흘리지 않은 것은 어떠한 것도 얻지 못한 사람들이여 나오시오, 갈색 계곡과 풍만한 가슴을 가진 언덕 옆 숨결 고른 날들로, 엘 프에블로 드 라스 우바스의 친절과 토성earthiness, 그리고 평안함으로 나오시오"(*TLLR* 170)라는 구절은 더 많은 것을 소유하는 데 중독되어 자연을 무차별적으로 파괴하고 있는 사람들에게 자연으로 나오라는 오스틴의 권유다. 그들은 자연 속에서만이 부풀어진 자의식과 인간중심주의를 벗고 자신이 처한 생태계와의 상생을 도모할 수 있을 것이다. 여기서 오스틴이 쓴 'earthiness'란 말은 '토질', '토성土性'으로 번역될 수 있는데 그 지역만의 특성을 가리키는 말로 이해할 수 있고 이런 면에서 생태지역주의와 밀접한 연관이 있는 말이다. 자신이 처한 생태계와 불가분의 관계를 맺는 이런 사람에게만 자연은 친절과 평안함을 베푼다는 것을 오스틴은 강조하는 것이다. "오스틴의 대지는 실용주의자들의 땅이기를 거부하고 영적으로, 미학적으로, 그리고 에로틱하게 두근거리고 있다"(Alaimo 80)라는 알라이모의 말은 인간중심주의적 경제 일변도의 관점에서 벗어나 자연을 새롭게 이해하고 있는 오스틴의 입지를 잘 요약하는 말이다.

2) 앨도 레오폴드의『샌드 카운티 연감』: 대지윤리의 정초

헨리 데이비드 소로Henry David Thoreau 이후 최고의 생태작가이자 자연과 인간의 관계에 있어 혁명적인 인식의 전환을 촉구하는 대지윤리의 주창자이기도 한 앨도 레오폴드는 자신이 이런 사상을 독자적으로 창안해 낸 것이 아니라 그 당시 사회에 유통되고 있었던 여러 사상을 종합한 것이라고 말한다. 오스틴의 작품에서 우리가 엿볼 수 있었던 여러 생태사상, 자연이 인간의 유익을 위해 존재하는 자원이 아니라 인간의 의도와 상관없이 자신의 법칙에 따라 운행되는 독립적 존재라는 것과 인간중심주의에 대한 비판, 그리고 지역생태계의 중요성과 그 지역과 조화로운 삶을 살 것을 촉구하는 지역생태주의 등이 여기에 포함되는 것은 물론이다. 레오폴드는 자연에 관한 경제 일변도의 관점에서 탈피하여 경제적 관점에다 미학적 요소와 윤리적 요소를 첨가한다. 레오폴드는 생태중심적이고 반인본주의적 사상과, 자연과 인간이 평등한 일원으로 참여하는 공동체 개념을 바탕으로 하여 인간과 자연의 공존을 가능케 할 새로운 청사진을 제시한다 (Payne 124).

그의 대지윤리는 자신의 비유대로 모세의 십계명에 버금가는 것으로 십계명이 신과 인간, 인간과 인간의 관계와 행동 규범을 제시하는 것이라면, 레오폴드의 대지윤리는 인간과 자연의 관계와 행동 규범을 설정하는 것이다. 이런 점에서 대지윤리는 인간관계의 범주 안에 신과 다른 동료 인간 외에 자연을 새롭게 첨가한 것이다. 인간의 역사를 윤리적 고려 대상을 점진적으로 확장해 온 과정으로 파악하는 레오폴드는 사람들이 이제 노예, 여성처럼 자연도 인간윤리의 대상에 포함되어야 한다고 주장한다. 대지를 윤리의 고려 대상으로 삼는다는 말은 자연을 공동체의 일원으로 받아들인다는 얘기인데, 이 당시 '공동체'라는 말은 생태학자들에게는 탠슬리G. Tansley가 주장하는 '생태계ecosystem'라는 말과 동의어였다(McClintok 36). 따라서 이는 자연이 인간과 마찬가지로 대지라는 공동체의 상호 의존적인 일원임을 분명히 하는 것이고, 그렇기 때문에 상호 협력과 공존을 모색해야 한다는 말이다. 레오폴드에게 대지는 단순한 땅이 아니라 땅은 물론 그 땅 위에서 생명을 꾸려 나가는 모든 생명체와 무생물들, 즉 "토양, 물, 식물, 그리고 동물 등을 포함하는 하나의 공동체"(*SCA* 239, 253)이며, 자연이란 말로 바꿔 쓸 수도 있는 포괄적인 개념이다. "대지는 단순히 토양이 아니다. 그것은 토양과 식물, 그리고 동물이라는 회로를 통해 흐르는 에너지의 근원이다"(*SCA* 216)라는 그의 말도 같은 맥락으로 이해할 수 있다.

레오폴드는 물질적인 부와 풍요에 대한 지나친 집착과 그로 인한 무분별한 자연의 착취가 생태계의 파괴라는 심각한 재앙을 초래했다고 진단한다. 이런 태도를 그는 대지에 대한 아브라함적인 견해라고 부르는데, "아브라함은 땅이 무엇을 위해 존재하는지를 정확히 알고 있었다. 아브라함의 입에 우유와 꿀을 떨어뜨리기 위함이었다"(*SCA* 220)에서 볼 수 있듯, 자연이 인간의 쾌락을 위해 존재한다는 견해를 가리킨다. 제임스 맥클린톡James I. McClintok은 이런 태도를 에고중심적이고 인간중심적이라고 정의하며 이런 태도가 보존에 큰 장벽이라고 주장한다(McClintok 37). 레오폴드는 자연에 관한 태도를 두 그룹으로 나누어 (A)그룹은 대지를 토양으로 간주하며 그것의 기능은 소모품-생산이고 (B)그룹은 대지를 생물군biota으로 간주하며 그것의 기능은 좀 더 넓은 어떤 것이라고 말하는데(*SCA* 221), 아브라함적인 관념은 물론 (A)그룹을 지칭한다. 『샌드 카운티 연감』의 서문에서 레오폴드는 이런 인간중심적인 견해가 우리를 "잘못된 길로 접어들게 했다"라고 하면서 어떻게 다시 "제 길로 돌아갈 수 있는지"를 소상히 설명한다.

보존이라고 하는 것은 땅에 관한 아브라함적인 견해와 양립할 수 없기 때문에 설 자리가 없다. 땅이 우리에게 속한 물건이라고 간주하기 때문에 우리는 땅을 착취한다. 우리가 스스로를 땅에 속해 있는 한 공동체로 받아들일 때 그 땅을 존경과 사랑으로 이용할 수 있을 것이다. 땅이 기계화된 인간들이 가하는 충격을 이겨낼 수는 없으며, 인간들도 땅이 제공하는 미학적 추수를 거두어들여 과학이라는 큰 틀 안에서 문화를 향상시킬 수도 없다.

땅을 한 공동체라고 보는 것이 생태학의 근본 개념이지만 그 땅을 사랑하고 존경해야 한다는 것은 인간 윤리의 확장이다. 땅이 문화적인 수확물을 제공한다는 것은 오랫동안 알려져 왔지만 근래에는 그 같은 사실이 종종 망각되고 있다.(*SCA* viii)

여기서 레오폴드는 땅을 소모품commodity과 공동체community로 대하는 두 상반적인 태도를 선명하게 대조시킨다. 땅을 물건으로 대하는 태도가 아브라함적 견해이며 이런 견해를 가진 기계화된 인간이 땅을 착취하며 땅이 이겨낼 수 없는 충격을 가하는 것이다. 이런 기계화된 인간은 과학과 기술을 절대적으로 신뢰하는 사람들로서 애비가 말하는 과학주의에 빠진 사람들이다.[3] 이에 반해 또 다른 그룹은 대지를 자신이 속한 공동체로 간주하고 그렇기 때문에 그 대지를 존경과 사랑으로 대해야 한다고 생각한다. 전자가 대지가 제공하는 젖과 꿀이라는 경제적인 것에만 관심이 있다면, 후자는 경제적인 것 외에도 미학적, 문화적인 추수도 대지가 우리에게 베푸는 중요한 산물이라고 생각한다. 대지가 물건이 아니라 공동체이고 대지가 경제적 가치뿐만 아니라 미학적, 문화적 가치를 지닌다는 통찰이 레오폴드의 핵심적인 통찰이라고 할 수 있다.

대지윤리의 초점은 인간이 대지 혹은 자연이라는 공동체와 별개의 존재가 아니라 그 공동체의 한 부분이라는 인식이다. 이런 관점, 소위 전체론적 입장은 자연의 행위와 인간의 행위 사이에 근본적인 구별이 없고 인간이 대지 공동체의 주

---

3. 과학적 방법과 기술의 진보를 통한 자연의 보존은 한계가 있다는 레오폴드의 인식은 1942년에 그가 쓴 "Boitic Land-Use"에 잘 드러나 있다. 이런 인식을 바탕으로 하여 그는 보존의 문제를 과학에서 사람들의 견해와 판단, 윤리의 문제로 전환한다(*HL* 202).

요한 부분이며 그 공동체의 다른 구성원들도 인간과 인간의 환경의 주요한 부분들이라고 주장한다(Fritzell 1987, 140). 따라서 전체론은 인간과 자연의 주요한, 계속되는 관계를 강조한다. 이에 반해 이원론적 견해는 대지에 대한 어떤 인간의 관계는 중요하지만 어떤 관계는 그렇지 않으며 대지 공동체의 어떤 구성원들은 인간에게 아주 중요한 반면 다른 구성원들은 그렇지 않다고 주장한다. 피터 프리첼Peter Fritzell은 이 두 상반되는 개념이 『샌드 카운티 연감』의 날실과 씨실로서 거의 모든 페이지에서 교차하고 있다고 말한다(Fritzell 1987, 143). 여기에서 프리첼이 말하는 이원론적인 입장과 전체론적인 입장은 인간중심주의와 생태중심주의에 대체로 상응한다고 볼 수 있을 것이다. 세밀한 의미에서 개념상의 차이는 존재하지만 전자에는 그룹(A), 인간중심주의, 도널드 워스터Donald Worster가 주장하는 제국주의 생태학,[4] 자원관리주의resourcism, 전체론holism, 표층생태학이, 후자에는 그룹(B), 생태중심주의, 워스터의 목가적 생태주의, 이원주의, 심층생태학이 포함될 수 있다. 그룹(A)에서 그룹(B)로의 의식 전환이 레오폴드의 지적 순례 과정인 동시에 그가 『샌드 카운티 연감』을 통해 독자들을 이끌고자 하는 여정이다. 이 대립적 자연관을 그는 "정복자로서의 인간 대 생태계

『샌드 카운티 연감』 표지

4. 도널드 워스터Donald Worster의 구분에 의하면 제국주의적 생태학imperial ecology은 자원의 지배와 효율적 관리에 역점을 두는 반면에 화이트, 소로, 뮤어 등이 포함될 수 있는 목가적 생태보호론자들은 자연과 인간의 유대와 인간의 삶에 자연이 영향을 미치며 현존하고 있다는 것, 그리고 야생자연이 경제와 기술에 선행하여 인간의 행동에 존재론적으로 어떤 윤리적 행위를 촉구하고 있다는 것을 믿는다(Oelschlaeger 214).

시민으로서의 인간, 그의 검을 가는 도구로서의 과학 대 그의 우주를 비추는 탐조등으로서의 과학, 종과 노예로서의 대지 대 복합적인 유기체로서의 대지"(*SCA* 223)로 종합적으로 요약하고 있다.

레오폴드는 자연에 대한 이런 대립적인 견해가 각 사람들 사이에 존재할 뿐만 아니라 한 개인의 내부에도 공존하여 끊임없는 갈등을 초래한다는 사실에 주목한다. 자연을 대하는 인간중심적인 태도가 우리의 문화, 특히 서구문명 전반에 의식적으로 혹은 무의식적으로 편재되어 있기 때문에 생태중심적인 사고와 행동으로의 전환은 지난한 것이다. 따라서 셔먼 폴Sherman Paul의 지적처럼 레오폴드는 자신의 경험과 갈등을 독자들에게 그대로 드러냄으로써 "우리로 하여금 그의 경험을 공유하게 만든다"(Paul 48). 이를 통해 레오폴드는 자신도 이런 잘못된 자연관의 희생자임을 고백하는 동시에 스스로의 변모 과정을 밝힘으로써 독자로 하여금 자신을 모방할 것을 촉구한다. 1909년 아파치 국립임야Apache National Forest에서 늑대를 사살한 사건을 재구성한 「산처럼 생각하기Thinking Like a Mountain」에는 인간중심주의와 생태중심주의 간의 갈등이 선명하게 드러난다.

> 늑대를 잡을 기회를 지나쳐 버리는 것은 그 당시의 우리들에게는 전대미문의 일이었다. 눈 깜짝할 사이에 우리는 흥분해서 무리를 향해 마구 총알을 퍼붓고 있었다. 가파른 절벽 아래로 정조준해서 총을 쏘는 것은 언제나 혼란스러웠다. 장총에 총알이 떨어졌을 때 늙은 늑대는 쓰러져 있었고 새끼 한 마리는 한쪽 다리를 끌며 너무 미끄러워 건너갈 수 없는 바위로 향하고 있었다.
>
> 제때 도착한 나는 그 늙은 늑대의 눈에서 강렬한 푸른 불빛이 사그라드는 것을 볼 수 있었다. 나는 그때, 그리고 그 이후로 줄곧 그 늑대의 눈에 새로운 어떤 것이 — 늑대와 산만이 알고 있는 그 어떤 것이 — 있었다는 것을 알게 되었다. 그 당시 나는 젊었고 방아쇠를 당기려는 욕망이 가득했었다. 늑대가 적다는 것은 곧 사슴이 많다는 뜻이며 늑대가 없다는 것은 사냥꾼들의 천국을 의미한다고 생각했었다. 그러나 그 푸른 불꽃이 죽어 가는 것을 본 후에 나는 그런 견해에 늑대도 산도 동의하지 않는다는 것을 알게 되었다.(*SCA* 130)

늑대를 보면 사냥해야 한다는 것은 무엇보다도 늑대가 인간에게 유익한 사슴을 잡아먹는 나쁜 짐승이라는 생각 때문이고, 실제로 미국에서 이런 이유로 늑대는 광범위하게 살육되었다. 늑대가 줄어들면 사슴의 수가 늘게 되고 그러면 사냥꾼들의 천국이 된다는 것이 레오폴드가 수학한 기포드 핀쇼Gifford Pinchot로 대표되는 자연의 효율적 관리의 가르침이다. 그러나 레오폴드는 위의 경험을 통해 그것은 "늑대도 산도 동의하지 않는" 인간만의 견해이며 이는 자연의 경제the economy of nature를 제대로 이해하지 못한 소치라는 것을 깨닫게 된다. 포식자와 사냥감, 화재와 숲과 같은 것들이 모두 다 생태계 내에서 각자의 역할을 수행하고 있는 것이기 때문에 그 생태계에 없어서는 안 될 존재인 것이다(Lorbiecki 167). 그렇기 때문에 어떤 종은 선하고 어떤 종은 악하다고 하는 생각은 로더릭 프래지어 내쉬Roderick Frazier Nash의 지적처럼 전적으로 인간중심적이고 실용주의적인 편견인 것이다(Nash 1982, 64). 레오폴드는 "질병과 해충이 없다면 이 나무에 과실도 맺히지 못했을 것이고 겨우내 숲에 즐거움을 더해줄 박새도 없을 것이다"(*SCA* 77)라고 하여 인간이 보기에 가장 해로운 질병과 해충도 생태계 내에서 주요한 역할을 수행한다는 것을 말한다. 수전 플레이더Susan Flader의 지적대로 늑대가 생태계의 원활한 순환과 건강의 상징(Flader 3)이라면 늑대의 멸종은 사슴의 걷잡을 수 없는 증가를 가져오고, 이는 곧 되돌릴 수 없는 생태계의 붕괴로 이어지는 것이다. 이렇게 되면 모든 것의 긴밀한 상호 연관과 정밀한 균형에 의해 유지되는 생태계에서 지금까지 늑대가 해 오던 역할을 인간이 대신해야 하는 것이다.

늑대의 강렬한 푸른 눈빛은 레오폴드의 이해를 뛰어넘는 신비스런 것으로서, 무엇보다도 자연이 인간의 유익을 위해 존재하고 그 자연을 가장 효율적으로 관리하는 것이 자신의 임무라는 인본주의적 견해를 해체할 것을 요구한다. 여기서 그가 말하는 "새로운 어떤 것, 늑대와 산만이 알고 있는 그 어떤 것"은 생태계에 존재하는 모든 것들이 내재적인 가치를 지니고 있고, 이런 것들이 인간의 경제적 관점과 상관없이 존재하며, 유기적으로 연관되어 있다는 생태중심주의적 깨달음이다. 그의 이런 깨달음은 "산처럼 생각한다"는 구절 속에 응축되어 있다. 여기서 그는 우선 "산이 생각한다"라고 하여 산을 생각과 언술의 주체로 파악하는데, 이는 앞서 오스틴이 사막의 목소리를 인디언들은 들을 수 있다고 한 것처럼 자연을 단순히 인간의 일방적인 행위를 수용하는 객체가 아니라 인간과 동등한 대화적 주체로 인식한다는 것을 의미한다. "산들은 그것들〔늑대들〕에 관해 비밀스런 의견을 갖고 있고 산만이 늑대의 울음소리를 객관적으로 들을 수 있을 정도로 오래 살았다"(*SCA* 129)라는 말은 『갈수의 땅』에 사는 인디언들처럼 한 지역에 뿌리를 내리고 오래 살아야만 그 생태계의 작동원리를 제대로 이해할 수 있다는 생태지역주의적인 사고를 보여 준다. 여기서 레오폴드가 쓰고 있는 "객관적으로"와 "비밀스런"이라는 두 단어를 주목할 필요가 있다. "비밀스런"이란 말은 자연의 운행이 인간의 이성을 뛰어넘는 신비한 현상, 레오폴드의 말을 빌리면 "생태계의 메커니즘은 너무나 복잡해서 결코 그 작동을 충분히 이해할 수 없다"(205)는 말이고, "객관적으로"라는 말은 사람들이 자신의 인간중심적인 주관에 사로잡혀 사물을 객관적으로 파악하지 못함을 일컫는다. 따라서 "산처럼 생각한다"는 말은 패트릭 너낼리Patrick Nunnally의 지적처럼 "인본주의를 초월하는 것인 동시에 겸손하게 자연을 대하는 태도를 말하는 것"(Nunnally 83)으로 요약될 수 있다.

레오폴드의 대지윤리는 인류의 문명, 특히 서구문명이 낳은 생태적 훼손이 근본적으로 도구적 이성과 그의 산물인 과학에 바탕을 둔 인간중심주의적 사고에서 기인된 것임을 드러내고 생태중심적인 사고로의 전환을 촉구한다는 점에서 급진적이라고 할 수 있다. 그리고 이런 파괴의 배후에는 자연에 대한 지나치게 편협한 경제결정론이 자리하고 있다고 비판한다. 경제결정론자들은 "경제가 모든 대지-사용을 결정한다"(*SCA* 225)고 생각하고 인간과 자연의 모든 관계를 경제적 자기 이득이라는 관점에서 파악하지만 레오폴드는 이를 잘못이라고 지적하면서 오히려 "대다수〔인간과〕 대지의 관계는 사용자의 지갑보다는 그의 취향과 성향에 의해 결정된다"(*SCA* 225)고 주장한다. 이런 통찰에 힘입어 레오폴드는 대지와의 관계를 결정하는 요인으로서 경제적 관점 외에 미학적이고 윤리적인 요소를 첨가할 수 있게 된 것이다. 대지윤리를 촉발시키기 위한 핵심적인 사안으로 그가 "적절하게 땅을 사용한다는 것을 단지 경제문제로만 생각하기를 중단하라. 모든 문제를 무엇이 경제적으로 편리한 것인가 하는 관점뿐만 아니라 무엇이 윤리적으로 그리고 미학적으로 합당한가 하는 관점에서 살펴보라"(*SCA* 225)고 말하는 것은 바로 이 때문이다. 그의 대지윤리를 압축적으로 요약하고 있는 바로 이어지는 "어떤 것이 생명공동체의 온전성과 안정성 그리고 아름다움을 보전하면 옳은 것이다. 그렇지 않다면 그것은 잘못된 것이다"(*SCA* 225)라는 구절도 이런 생명공동체의 온전성과 안정성, 아름다움은 인간 윤리의 확장과 미학적 감수성의 개발에 의해서만 가능한 것임을 말하는 것으로 이해할 수 있다. 존 바탈리아John Battaglia의 지적처럼 레오폴드는 대지윤리를 통해 도덕적, 윤리적, 그리고 미적 차원이 결합된 통합적 비전을 제시하는데, 이 점이 그를 다른 환경보호론자들과 구별시켜 주는 주요한 특징이다(Battaglia 8).

대지윤리는 "호모 사피엔스의 역할을 대지 공동체의 정복자에서 평범한 구성원이자 시민으로 바꾼다. 이는 동료-구성원들과 그 공동체에 대한 공경을 의미한다"(*SCA* 204)라는 구절은 대지윤리의 핵심을 고스란히 담고 있다. "땅이 무엇인가에 대한 생각을 바꾸는 것은 다른 모든 것들이 무엇인가에 대한 생각을 바꾸는 것"(*RMG* 208)[5]이기 때문에, 레오폴드는 땅을 인간과 동떨어져 있는 원료로서 인간이 마음대로 이용하거나 정복할 대상이 아니라 인간이 그 평범한 구성원으로 참여하고 있는 대지 공동체의 일원임을 인식함으로써 혁명적인 변혁을 시도하는 것이다. 일단 땅을 공동체라고 인정하면 상호 의존적인 구성원들 사이의

---

5. Aldo Leopold, *The River of the Mother of God and Other Essays by Aldo Leopold*, Ed. Susan L. Flader and J. Baird Callicott, Madison: The University of Wisconsin Press, 1991을 인용한 부분은 약자인 *RMG*로 표기하였다.

공생symbiosis을 도모하기 위한 협력 체제가 필요하고 이를 규정하는 것이 윤리인 것이다. 따라서 레오폴드의 대지윤리는 이런 생태공동체 의식의 자연스런 발로인 셈이다. 나아가 이런 윤리의 핵심이 동료 구성원인 자연에 대한 공경이라고 함으로써 생태적 겸손과 공경의 마음만이 인간중심적인 교만을 치유할 수 있는 유일한 방책임을 말하는 것이다.

3) 에드워드 애비의 『사막에서 홀로 지내기』: 지구주의자의 항변

에드워드 애비의 사상은 생태계의 파괴를 일삼아 온 인간에 대한 신랄한 비판과 그런 서구문명을 조장한 인간중심주의에 대한 깊은 회의를 주조로 하는 로빈슨 제퍼스Robinson Jeffers의 반인본주의에 닿아 있다. 애비의 생태사상은 가장 진보적인 동시에 극단적인 생태중심주의라고 할 수 있고 이런 점에서 의식의 개혁과 정신의 혁명을 주장하는 심층생태학과 연결되어 있다. 레오폴드의 초점이 인간을 포함한 생태계 전체의 조화와 균형을 어떻게 도모할 수 있느냐에 맞추어져 있다면 애비의 관심은 인간보다는 생태계 쪽으로 상당히 경도되어 있다. 이런 애비의 입장은 생태계를 무차별적으로 파괴하는 문명, 그가 특유의 유머와 패러디를 동원해 'civilization'이 아니라 'syphilization'이라 부르는 병든 문명과 이를 초래한 인간에 대한 비판에서 가장 잘 드러난다. 다이앤 와코스키Diane Wakoski의 다음 글은 이런 애비의 견해를 잘 요약하고 있다.

> 그의 메시지는 지구는 우주의 한 작은 부분에 불과하고 인간은 가능한 여러 생명체 가운데 극히 작은 부분이라는 우주적인 것인 동시에 신다윈주의적이다. 이 견해에 의하면 인간은 진화가 낳은 실수로서, 우주 안에, 심지어는 항성에 존재하는 다른 생명체들은 계속 살아남을 반면에 인간은 다른 종들을 살육하고, 강간하며, 고문하고, 유린하도록 변해서 자신들을 확실히 파멸시키고 말 것이다.(Wakoski 30)

여기서 가장 주목되는 점은 애비가 인간중심주의에 빠져 다른 생명체를 약탈하는 인간을 "진화가 낳은 실수evolutionary mistake"라고 부른다는 것이다. 이는 이런 인본주의적 교만은 먹이망과 먹이사슬을 통해 상호 의존적 관계를 이루고 있는 생태계에서 설 자리가 없는 이질적인 것임을 말한다.

에드워드 애비

제퍼스의 "벌만 받지 않는다면 매를 죽이느니 차라리 사람을 죽이겠다"라는 구절을 자기 방식으로 고쳐 "나는 동물들을 죽이는 것을 좋아하지 않는다. 나는 인본주의자다. 그러니 뱀보다는 차라리 사람을 죽이겠다"(*DS* 17)[6]라고 한 애비의 말은 자연과 인간에 대한 그의 태도를 단적으로 보여 준다. 특히 그가 여기에서 일반적으로 사람들이 가장 혐오하는 뱀과 인간을 대치시키고 인간보다 징그러운 뱀을 살리겠다고 하는 것은 인간중심주의에 빠져 생태계를 파괴하는 인간은 이런 뱀보다 못한 존재라는 인식을 잘 드러낸다. 여기서 애비가 말하는 "인본주의자humanist"란 말이 아이러닉하게도 자꾸 "반인본주의자inhumanist"로 들리는 것도 같은 이유 때문일 것이다. 오스틴이 데스 밸리 사막을 작품의 소재로 삼은 것은 인간과 인간의 일에 대한 사막의 무관심 때문이라고 말한 것처럼, 애비도 자신이 사막에 끌린 것은 무엇보다도 "사막은 마음이 없기" 때문이라고 말한다. 여기서 애비가 말하는 마음 혹은 심장이 인간의 그것임은 두말할 필요가 없다. "전통적인 견해에 의하면 단지 인간적인 것만이 중요하거나 심지어 실제적

6. Edward Abbey, *Desert Solitaire: A Season in the Wilderness*, New York: Simon & Schuster, 1968을 인용한 부분은 약자인 *DS*로 표기하였다.

인 것으로 인정되는데, 사막은 인간적인 것 너머의 영역이다"(*DS* 240)라는 언급도 맥을 같이하는 말이다. 와코스키의 주장처럼 "애비를 사로잡은 것은 사막과 야생자연 속에 있는 인간적인 것을 뛰어넘은 것들이다"(Wakoski 33).

애비는 자연은 인간과 관계없이 존재하는 독자적이고 자족적인 시스템이지만, 인간은 자연을 인식하는 데 있어 끊임없이 자연에게 인간적인 정서를 부여하며 인간화하려 한다고 지적한다. 그가 자연을 의인화하고 그 결과로 감성적 오류에 빠질 위험을 경고하는 것도 바로 이 때문이다.

> 자연을 의인화하는 것이야말로 내 안에서 억제하고 싶고 영원히 제거하고 싶은 바로 그 경향이다. 내가 여기에 온 것은 얼마 동안 문화적 장치의 소란스러움과 타락 그리고 혼동을 피하려는 것뿐만 아니라 존재의 적나라한 모습, 가장 기본적이고 근원적인 것, 우리를 지탱해 주는 근원을 가능한 직접적으로 밀착하여 대면하려는 것이었다. 나는 노간주나무와 석영 한 조각, 독수리, 거미를 대면해 살펴보길 원하고, 인간적으로 부과된 모든 특질 없이, 반(反)칸트적으로, 심지어는 과학적 묘사라는 범주도 없이 그것들은 있는 모습 그대로, 그 자체로 보고 싶다.(*DS* 6)

이런 태도를 애비가 강조하는 것은 인간적인 관점이 자연을 자꾸 인간 쪽으로 끌어와 자연의 참모습을 보지 못하게 만들기 때문이다. 그의 이런 태도는 한편으로는 자연의 인간화와 인간의 자연화 둘 다를 경계하는 애먼즈A. R. Ammons의 태도와 비슷하고 다른 한편으로는 자연과 인간의 관계에 있어 어느 정도 분리detachment를 강조하는 제퍼스의 태도와 유사하다.

자연을 대하는 애비의 태도는 스스로를 무신론자atheist가 아니라 "지구주의자earthiest"라고 부르는 데서 분명히 드러난다. 지구주의자의 모토는 "지구에 충실하기"인데 이는 애비의 생태사상을 한마디로 요약하는 말이기도 하다. 그가 인간을 그처럼 신랄하게 공격하는 것은 사람들의 시선을 인간에서 자연으로 옮겨와 인간중심주의의 허구를 폭로하기 위함이다. 맥클린톡의 다음 구절은 애비의 생태중심주의적 특성을 잘 설명하고 있다.

> 살아 있든 죽은 것이든 모든 자연(물)은 인간과 동등하다는 생태중심주의적 입장이 애비적인 종교적 경험의 특징이다. 그가 주장한 "강력한 진리" 중의 하나는 인간중심주의가 지닌 이기주의, 생태중심주의에서 찾을 수 있는 해방감, 인간이라는 생명체가 존재 세계의 중심이 아니며 야생자연이 우리들에게 구속적 겸손을 배울 기회를 제공한다는 것이다.(McClintock 74)

여기서 주목할 점은 인간중심주의의 배후에는 이기주의가 있다고 하는데, 이런 이기주의는 인간이라는 종이 다른 종들에게 가하는 종種적 차별주의에 해당한다. 이러한 종적 차별주의를 극복하기 위해서 요구되는 것은 "그러므로 우리는 몇몇 사람들은 듣기 괴롭고 쓰라리겠지만 지구상에 살아 있는 모든 것들은 친족이라는 소식을 퍼뜨릴 의무가 있다"(*DS* 21)라는 애비의 말에서 보듯 생태중심주의로의 사고의 전환이다. 그가 "나는 사람과 그가 기르는 개를 제외하고서는 모든 동물에게 어떤 형태의 감정이 있다는 것을 부인하는 것은 어리석고 단순한 합리주의라는 생각이 든다"(*DS* 21)라고 얘기하는 것도 동물들을 생태계를 공유하는 동료로 받아들이는 변화된 의식 때문이다. 생태중심주의가 해방감을 가져다준다는 것은 생태계의 파괴에 대한 양심의 가책, 업보로부터의 해방감을 의미하는 것이다. 교만에 바탕을 둔 인간중심주의는 자연을 파괴할 뿐 아니라 그런 파괴를 일삼는 인간의 삶을 황폐화시키기 때문에 자기파괴적일 수밖에 없는데, 생태적 겸손이야말로 이런 인간중심주의를 해체해 자연과 인간 모두의 공존을 도모하기에 구속적이라고 할 수 있다.

그러나 이런 생태중심적 사유는 쉽게 체득되거나 실천할 수 있는 것은 아니다. 애비도 레오폴드처럼 인간중심주의와 생태중심주의 사이에서 갈등하는 모습을 그대로 드러내고 이를 통해 독자의 변화를 촉구한다. 프리첼은 『사막에서 홀로 지내기』에 나오는 애비가 "자신 속에서 자연과 문화 간의 갈등을 아주 많이, 지나치게 많이 발견한다"(Scheese 68 재인용)라고 말하는데, 이는 애비 같은 자연주의자에게도 인간중심적인 문화의 영향을 벗어나는 일이 쉽지 않기 때문이다. 이 책에서 가장 논란을 불러일으키는, 돌을 던져 토끼를 잡는 에피소드를 통해 애비는 자기모순적인 모습을 가감 없이 드러낸다. 애비는 산책길에서 솜꼬리토끼 한 마리를 발견하고 돌을 던진 것은 자신이 스포츠맨이 아니라 단순히 "실험" — 먹을 것이 없고 배가 고픈데 아무 무기도 없이 맨손이라면 어떻게 할까? — 이었다고 하며 이 실험에 그 토끼가 "자원했다"(*DS* 33)고 변명한다. 놀랍게도 그 돌이 토끼에 명중해 토끼가 피를 흘리며 늘어지더니 더 이상 움직이지 않자 애비는 "그 염병할 토끼the wicked rabbit가 죽었다"(*DS* 34)라고 거침없이 말한다. 그러나 독자를 놀라게 하는 것은 이런 터무니없는 자기정당화와 무감각에 그치지 않는다.

> 얼마 동안 나는 내 행동에 깜짝 놀랐다. 조용한 토끼와 그의 생기 없는 눈과 흙에서 말라 가는 피를 응시했다. 생명의 유지에 필요한 뭔가가 부족했다. 그러나 충격은 가벼운 의기양양함으로 대치되었다. 내 희생물을 — 어쩌면 그 고기는 야토병(野兎病)에 감염되었을지도 몰라서 — 나보다 더 그 녀석을 고마워할 독수리와 구더기에게 남겨두고, 이해하긴 힘들지만 명백하게 새롭게 더해진 즐거움에 젖어 계속 나아갔다. 가늠하기에는 너무나 심오한 과정을 거쳐 토끼의 에너지와 활력이 내 자신의 영혼 속에 더해진 것 같았다. 애써 보았지만 어떤 죄책감도 느낄 수 없었다. 영혼을 살펴봐도 눈처럼 희었다. 손을 검사해 보아도 핏자국은 없었다. 다른 세상에서 온 이방인인 내가 내 주위의 이 드물고 은밀한 생명체들로부터 더 이상 분리되어 있다는 생각이 들지 않았다. 내가 이 세상으로 들어온 것이다. 우리는 우리들 모두의 친족이다. 살인자와 희생자, 포식자와 먹이, 나와 교활한 코요테, 날아오른 대머리수리, 우아한 인디고 뱀, 몸을 떠는 솜꼬리토끼, 우리의 내장을 뜯어먹고 사는 고약한 벌레들, 그들 모두가, 우리들 모두가 친족이다. 다양성 만세, 지구 만세!(*DS* 34)

여기서 토끼는 자연에 대한 은유임이 분명하다. 이 토끼처럼 자연은 인간의 무차별적인 착취의 희생물이고 희생자의 빈 것을 메우고 에너지와 활력을 채워주는, 그리고 무엇보다도 즐거움을 가져다주는 도구적 존재다. 애비의 이 말은 자연파괴자의 전형적인 논리로서 게리 스나이더가 사람들이 자연을 생명력이 결여된, 진정한 것에 미치지 못하는 어떠한 것이라고 생각하기 때문에 자연을 파괴한다는 말을 상기시킨다(*TI* 107). 애비가 애써 죄책감을 부인하고 자신의 순수함을 강조하는 것은 역설적으로 자신의 행위에 대한 무의식적 가책 때문이다. 애비는 이 사건이 있기 전에 쥐와 방울뱀 그리고 인디고 뱀과 몇 주 동안 같이 살았으면서도 자연세계의 이방인인 자신이 이 행위로 인해 생태계의 일원이 되었다고 억지 주장을 늘어놓지만 이는 밀려오는 자책을 피하기 위한 자기 조롱에 더 가까운 것이라고 생각된다. 애비의 이런 행동의 기저에는 인간중심적인 사고와 문화에 젖은 사람의 깊은 내면에는 자신이 자연에서 고립되어 있고 자연은 자신의 존재와 가치를 위협하는 영원한 타자라는 의식이 놓여 있다. 이런 의식 때문에 인간중심주의는 결코 자연과 조화로운 상생의 관계를 유지할 수 없는 것이다.

『사막에서 홀로 지내기』의 후반부에서 애비는 자신의 생태중심적인 비전의 핵심이 무엇인지를 비교적 명료하게 제시한다. 인간중심주의의 해체는 자신의 하찮음을 깨닫는 데서부터 시작하는데, 애비는 하늘로 높이 올라간 독수리의 눈을 빌려 세상을 바라봄으로써 이를 성취한다. "상상의 날개를 가지고 새의 눈을 통해 자신을 내려다보다가, 새가 저녁 속으로 올라가자 물러나는 풍경 속에서 점점 더 작아지는 한 인간"(*DS* 216), 곧 자신의 참모습을 보게 되는 것이다. 자신의 좁은 자아 속에서 인간이 세계의 중심이며 자연의 모든 것이 자신을 위해 존재하는 듯이 보였지만 우주적으로 확장된 시야로 보니 끝없이 무한한 생태계에서 자신이 지극히 작은 존재임을 깨닫게 된 것이다. 이렇게 보면 인간중심주의는 영적인 근시안인 셈이다. 쉬즈는 이를 애비가 미시적인 것에서 거시적인 것으로, 인간중심주의에서 생태중심주의로 이동해 가는 것이라고 주장한다(Scheese 113). "자신이 반대하는 것은 인류가 아니라 인간중심주의man-centeredness, 인본주의anthropocentricity, 즉 세상이 오로지 인간만을 위해 존재한다는 견해"(*DS* 244)라는 구절도 같은 맥락에서 이해될 수 있다. 애비가 현대 산업기술문명을 비판하는 이유는 그것이 인간을 자연에서 분리시키고 인간의 온전성과 자유를 훼손하기 때문이다. 그리고 그 배후에는 과학이 모든 문제를 해결해 줄 것이라는 맹신 아래 전문 기술이나 과학을 숭배하는 과학만능주의가 자리하고 있다고 주장한다(*DS* 244). 발전과 진보에 사로잡힌 이런 문명은 암적인 광기에 사로잡힌 문명이라고 하면서(*DS* 127) 이런 문명의 약탈에서 광야를 지키는 것이 자신의 임무라고 생각한다. 이는 무엇보다도 광야가 우리 자신과 문명의 온전함을 지킬 수 있는 장소일 뿐 아니라 "가장 중요한 모든 것들이 일어나는 장소"(*DS* 264)이기 때문이다.

인간중심주의에 대한 애비의 비판은 『사막에서 홀로 지내기』의 말미에 "아름답고 감미로운 원시의 땅은 내가 떠나고 관광객이 사라지면 은유적으로 모두 안도의 한숨을 쉴 것이다"(*DS* 267)라는 구절에서 절정에 이른다. 그러나 애비는 곧 사막이 안도의 한숨을 내쉴 거라는 생각 자체가 "인간적 허영"이 아닌지를 의심하며 이 사막(자연)의 가장 큰 특징은 인간의 모든 행위에 무관심하며 인간과 관계없이 그 자신의 법칙에 의해 움직인다는, 즉 인간이 아니라 자연 자체가 이 생태계의 주인이라는 생태중심적 견해를 분명히 드러낸다. "이 돌과 이곳의 식물과 동물, 그리고 이 사막 경관의 최고 특질은 우리의 현존과 부재, 오는 것, 머무는 것, 혹은 가는 것에 대한 전적인 무관심이다"(*DS* 267)라고 하면서 만물의 영장으로서 자신들의 욕망을 충족시키려는 "광기에 빠져 지구상의 모든 도시를 폭파해 검은 돌무더기로 만들고 행성 전체를 치명적인 가스 구름으로 덮는다고 해도"(*DS* 267) 자연은 그 원폭실험의 참상을 견디어 내고 스스로를 치료해 새로운 생명을 꽃 피울 것이라는 희망을 내비친다(*AR* xxi).[7]

『고향으로 가는 길 *The Journey Home*』이라는 의미심장한 제목을 붙인 글에서

---

7. Edward Abbey, ***Abbey's Road***, New York: Plume, 1991을 인용한 부분은 약자인 *AR*로 표기하였다.

애비는 우리의 진정한 고향인 자연으로 돌아가기 위한, 스나이더의 말을 빌리면 이 지구라는 생태계에 재정착하기 위한 한 대안을 제시한다. 애비는 "멸망해가는 우리 공화국에 필요한 것은 다른 어떤 것이다. 완전히 다른 어떤 것이다"(*JH* 188)[8]라고 말하는데, 바로 이 다른 것이란 자연과 인간의 삶을 동시에 황폐하게 한 인간중심주의를 대체할 생태중심주의다. 그는 자신의 책을 곤봉으로 사용하고 싶다는 의견을 피력한 적이 있는데, 이는 사람들이 자신의 의견에 동의하거나 아니면 정신을 잃을 때까지 두들겨 패려고 하는 그의 의도에 잘 부합하는 적절한 비유다. 애비의 생태사상이 다른 무엇보다도 자연의 내재적 가치를 주장하며 정신의 개혁과 의식의 혁명을 통해 우리 삶의 양식을 근본적으로 바꿀 것을 주장하는 심층생태학과 밀접하게 연관되어 있지만 도전적이고 호전적인 어조를 지니고 있는 것도 바로 이 때문이다. 데이브 포어맨Dave Foreman의 영도 아래 설립된 가장 급진적이고 과격한 환경단체인 Earth First!는 애비의 "자연을 묘사하는 것은 더 이상 충분치 않다. 요점은 그것을 지키는 것이다"(*CB* 162, 264)[9]라는 말을 그대로 실천하고 있는 셈이다. 애비의 글은 모든 것을 "움켜쥐려 하는, 정신 나간, 만족할 줄 모르는 욕망"(*AR* 191)에서 자연을 해방시킬 뿐만 아니라 인간도 구해내 "도마뱀, 까마귀, 뱀, 관목, 풀, 잡초 같은 다른 생명체와 같이 있을 때 나는 외로움을 느끼지 않는다"(*AR* 195)라는 말에서 보듯 생태계 내에서 우리를 다른 모든 것들과 함께하는 생태적 운명공동체의 "우리"로 거듭나게 한다.

---

8. Edward Abbey, *The Journey Home: Some Words in Defence of the American West*, New York: Plume, 1991을 인용한 부분은 약자인 *JH*로 표기하였다.

9. Edward Abbey, *Confessions of a Barbarian: Selections from the Journals of Edward Abbey, 1951-1989*, Boston: Little Brown, 1994를 인용한 부분은 약자인 *CB*로 표기하였다.

4) 생태중심주의의 부상

커트 메인Curt Meine은 레오폴드가 심층생태학자들의 원천이기도 하지만 그의 실용주의 또한 깊고 중요하며 피할 수 없는 것이라고 주장한다(Meine 137-38). 이 주장은 레오폴드의 생태사상이 심층생태학에 끼친 영향이 참으로 지대함을 말하는 동시에 그와 같은 생태주의자에게도 실용주의적이고 인간중심적인 견해를 벗어나는 일이 쉽지 않음을 보여 준다. 팀 로저스Tim Rogers는 자연과의 관계나 자연의 재현에 있어 개인주의individualism와 인간중심주의가 거의 자동적으로 개입된다고 하면서 이들의 악랄한 장악력에서 벗어나야 생태중심적 사고를 체득할 수 있다는 견해를 피력한다(Rogers 49). 앞에서 살펴본 것처럼 미국에서 20세기 전반은 무차별적으로 자행된 자연의 착취와 환경파괴에 대한 본격적인 성찰이 시작된 시기이자 생태계 자체에 대한 진지한 연구가 시작된 시기이기도 하다. 레오폴드의 주장처럼 자연의 모든 것들이 인간을 위해 존재하며 인간은 자신들의 이득을 위해 그것들을 마음대로 정복하고 이용할 수 있다는 인간중심적인 교만이 생태계 파괴의 근본 원인이지만, 다른 한편으로는 우리의 삶을 지탱하고 있는 생태계의 메커니즘과 그 운행법칙에 대한 무지가 자연의 파괴를 가속화한 것이다. 따라서 이 시기에 학문으로서의 생태학의 등장과 과학적 탐구를 통해 등장한 생명의 그물, 먹이사슬, 에너지 전이energy transfer, 생태계ecosystem, 생태적 지위ecological niche 등의 개념은 지구라는 생태계에 관한 이해를 심화시켰을 뿐만 아니라 인간이 지구와 진화의 중심이라는 생각을 재고하게 만들었다.

20세기 미국의 대표적인 생태작가인 오스틴과 레오폴드 그리고 애비의 작품에는 이런 시대적인 분위기와 변화가 그대로 반영되어 지금까지 서구 문명을 지탱해 온 인간중심주의와 새롭게 부상한 생태중심주의의 갈등이 드러나 있다. 이들은 모두 자연을 경제적 자기 이익을 얻기 위한 수단과 대상으로 간주하는 사고가 생태계를 파괴하는 근본 원인이라고 지적하고, 이런 착취의 배후에는 인간은 자연과 분리된 존재라는 교만이 자리하고 있다고 비판한다. 자연이 인간의 행위와는 상관없이 내재적 가치를 지니고 있으며 인간도 자연 생태계의 일부이고 평범한 구성원이라는 생각, 레오폴드의 용어를 빌리면 대지가 소모품이 아니라 공동체라는 인식이 이들 자신의 삶과 글을 통해 도출해 낸 가장 핵심적인 통찰이다. 오스틴의 생태지역주의와 에코페미니즘 사상, 레오폴드의 대지윤리, 그리고 애비의 신랄한 문명비판과 환경보호운동이라는 구체적 행동주의activism도 바로 여기에서 비롯된 것이다. 생태사상가들과 작가들에 의해 부상한 생태중심주의는 생태계의 파괴를 담보로 하여 얻는 더 많은 안락과 경제적 이득이라는 문명의 환각에 젖어 있는 대다수의 사람들이 수용하기에는 너무나 급진적이고 과격한 것이다. 미국의 20세기 전반은 자연을 보존할 필요성이 대두되면서 기존의 자연을 대하던 인간중심주의와 새롭게 떠오른 생태중심주의가 갈등을 빚으며 사회와 경제 전반에 걸쳐 다양한 담론을 형성하는 시기로 특징지을 수 있을 것이다. 환경위기가 심화되고 본격적인 환경보호운동이 시작된 20세기 후반에도 자연을 대하는 이 상반된 태도의 역학이 생태적 재난에 처한 지구 생태계와 우리의 생존 자체를 규정하고 있는 것이다.*

* 이 글은 본래 같은 제목으로 『현대영어영문학』 54집 1호(2010년 2월), pp. 1-25에 실렸던 것을 수정, 가필한 것임을 밝혀 둔다.

7 죽음의 문명

원자폭탄의 발명에서 『침묵의 봄』까지

박찬구

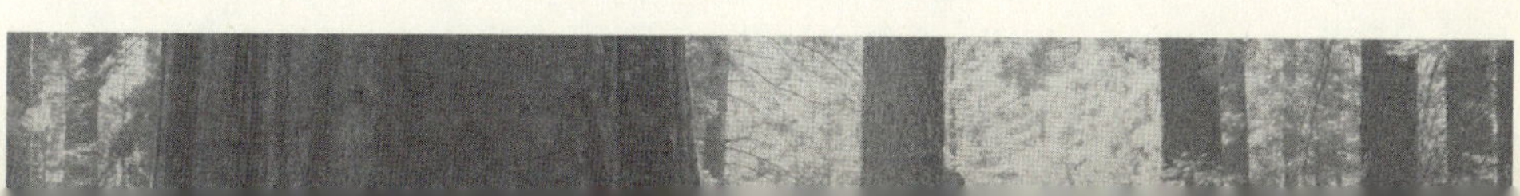

1) 머리말

미국에서 환경위기에 대한 경각심은 1945년 원자폭탄이 출현한 것과 1962년 레이철 카슨Rachel Carson이 『침묵의 봄*Silent Spring*』에서 살충제의 폐해를 고발한 것을 계기로 극적으로 높아졌다. 이 두 가지 사건은 성장 신화, 과학만능 신화에 대한 비판을 불러일으켰고, 미래에 대한 긍정과 낙관 속에 살고 있던 미국인들에게 큰 충격을 안겨 주었다.[1]

마치 9.11 이후의 미국이 더 이상 그 이전의 미국과는 같을 수 없다는 미국인들 스스로의 고백처럼, 1945년 뉴멕시코의 사막에서 세계 최초로 원자폭탄 실험이 이루어진 이후의 세상은 더 이상 그 이전과는 같을 수 없는 세상이 되고 말았다. 인류 역사상 처음으로 지구상에 존재하는 대부분의 생명을 파괴할 수 있

---

1. 당시 환경위기의 심각성을 거론하면서 원자폭탄과 DDT의 위험을 연결시켜 연상하게 된 것은 상당한 이유가 있었다. 『타임』지는 1945년 8월 27일자 과학 칼럼에, 7월 16일 뉴멕시코 주 앨라모고도에서 행한 최초의 원자폭탄 실험 사진들과 '곤충폭탄'인 DDT 관련 글을 나란히 특집으로 실은 바 있는데, 이는 DDT와 원자폭탄이 — 둘 다 적의 위협을 즉각적이고 완벽하게 퇴치해 준다는 점에서 — 유사한 측면을 가진다는 점 때문이다. 카슨 또한 1960년대 초반에 DDT가 지닌 치명적인 위협에 관해 글을 쓰는 가운데 당시 쿠바 미사일 위기 등으로 널리 알려지게 된 방사능 오염과 살충제로 인한 오염 사이에 유사성이 있음을 깨닫게 되었던 듯하다. 그래서 이 두 전시戰時 과학의 산물은 그 발견과 파괴력, 그리고 논쟁에 있어서 늘 함께 거론되곤 하였다(린다 리어 587).

는 것으로 보이는 기술적인 힘이 등장한 것이다. 문제는 과연 인간이 이러한 무시무시한 힘을 통제할 수 있는 능력을 가지고 있느냐 하는 것이다. 이제 '지식은 힘'이라고 말하면서 자연에 대한 지식을 가능한 한 많이 얻음으로써 자연을 정복하고자 했던 프랜시스 베이컨Francis Bacon의 꿈이 이루어지는 순간이 다가온 셈이다. 자연의 숨겨진 비밀 코드까지 알아내어, 과거에는 상상조차 할 수 없었던 막대한 에너지를 활용할 수 있게 되었기 때문이다. 하지만 역설적이게도 이러한 꿈의 실현은 우리 자신을 포함한 모든 것의 종말을 함축하게 되었으니, 이제 우리는 자연을 지배하려던 인간의 시도 자체, 아니 그러한 시도를 가능케 한 문명 그 자체에 의문을 제기할 수밖에 없게 되었다. 원자폭탄은 과학의 도덕적 정당성, 더욱 빨라지는 기술발전의 속도, 끝없이 물질적 풍요를 추구하는 계몽 이후 우리들의 삶의 자세에 근본적인 의문을 제기하도록 하였다.

원자폭탄 실험

원자폭탄이 과학기술을 다루는 인간의 능력에 대한 물음을 제기하되 그 순간적인 가시적 파괴력에 눈을 돌리게 했다면, 카슨의 책 『침묵의 봄』에 의해 제기된 DDT 같은 유기농약 사용 문제는 누적적이고 지속적으로 생명체를 파괴하는 화학제재들의 위험성에 대해 우리의 주의를 환기시켰다. 카슨은 저술활동을 통해 새로이 발견된 자연의 취약점을 가르쳐 주었으며, 지구를 오염시키고 있는 모든 새로운 범주의 독성물질들에 대해 경고함으로써 환경문제에 대한 범세계적인 경각심을 불러일으켰다.[2] 이제 우리는 단번에 멸망하든가, 아니면 서서히 멸망하든가의 두 가지 시나리오에 직면해 있다는 자각을 하지 않을 수 없게 되었다. 카슨의 다음과 같은 언급은 우리가 직면한 위기의 절박성과 거기에 무감각한 우리 자신에 대한 절망을 동시에 느끼게 해 준다.

> 핵전쟁으로 인한 인류의 절멸 가능성과 더불어, 우리 시대의 중요한 문제로 등장한 것이 바로 심각한 해악을 불러일으키는 물질들로 인한 환경오염이다. 이 물질들은 식물과 동물의 세포조직에 축적되는데, 심할 경우 세포를 뚫고 침입해 유전물질을 변형시키기도 한다. 미래 세계의 건설자를 자처하는 사람들은 언젠가 인위적으로 인간 형질도 변형시킬 수 있다고 생각한다. 그러나 우리의 부주의 때문에 방사능을 비롯한 여러 가지 화학물질들이 유전자 돌연변이 등의 위험을 초래할 수도 있다. 살충

---

2. DDT는 제2차 세계대전 기간 중 군대에서 곤충이나 이가 일으키는 질병을 퇴치할 목적으로 사용되었다. 방충제로서 DDT의 효능은 전쟁 말기에 확실히 입증되었다. 하지만 인간에게 이것을 사용할 경우의 안전성에 대해서는 검토된 바가 거의 없었다. 그런데 듀퐁 같은 화공약품 회사들은 DDT를 비축하고 있었고, 미 농무부는 이 약품의 만성적인 독성에 관한 명확한 검증 절차도 없이 1945년 8월 31일 육군의 동의 아래 민간에게도 시판을 허용했다. 당시 미국의 대중 언론은 이 새로운 '기적의' 화학약품이 '곤충과의 전쟁'에서 발휘하는 효능을 칭찬하느라 여념이 없었으며, 단지 일부 과학자들만이 DDT를 농업에 바로 적용할 경우 장기적으로 어떤 영향을 미칠지 충분히 밝혀지지 않았다면서 우려를 표명했다(201). 특히 문제가 되는 점은, DDT와 같은 화학약품을 대기 중에 광범위하게 살포할 경우 곤충이나 해충을 효과적으로 구제할 수는 있겠지만 자칫 그들을 한꺼번에 절멸시킬 가능성도 있다는 것이다. 따라서 이러한 새로운 화학물질은 농업계의 원자폭탄 같은 것으로서 마지막 단계에서나 그 사용을 고려하는 편이 온당했다. 그런데도 사람들은 원자폭탄의 방사능만큼이나 이들 화학무기의 장기적인 영향력에 대해 거의 아는 바가 없었다는 것이 문제였다(481).

제 선택처럼 사소해 보이는 일이 인간의 미래를 결정하게 되다니 정말 믿기 어려운 일이 아닐 수 없다.

무엇 때문에 우리가 이런 위험을 무릅써야 하는가? 아마 미래의 역사학자들은 우리의 왜곡된 균형감각에 놀랄 것이다. 지성을 갖춘 인간들이 원치 않는 몇 종류의 곤충을 없애기 위해 자연환경 전부를 오염시키고 자기들 자신까지 질병과 죽음으로 몰고 가는 길을 선택한 이유를 궁금해 할 것이다. 하지만 그것이 바로 우리가 저지른 일이다. 더구나 우리가 그 이유를 살피고 있는 지금 이 순간에도 이런 일은 계속되고 있다.(카슨 39-40)

위의 두 가지 계기를 통해 우리는 그간 '죽음의 문명'을 가꾸어 왔다는 것을 알게 되었다. 지금까지 우리가 당연한 듯 추구해 왔던 과학기술의 발전은 결코 축복이 아니며 오히려 재앙의 원천일 수 있다는 것을 알게 되었다. 그래서 이제는 더 이상 죽음의 문명이 아니라 삶의 문명을, 개체의 이기적 삶이 아니라 전체의 공존적 삶을, 이분법적 인간중심적 세계관이 아니라 전일적인holistic 탈인간중심적 세계관을 모색해야 할 시점에 이르게 되었다.

그런데 이러한 현대 과학문명의 위기를 깨닫게 만든 계기는 위에서 살펴본 것처럼 모두 20세기 미국에서 이루어졌다. 서구 과학기술문명이 최고로, 또 최대로 성취된 곳이 미국임을 생각할 때 어쩌면 이것은 당연한 일인지도 모른다. 따라서 우리가 이러한 문명 자체의 위기를 정확히 이해하고 또 그것에 대해 가장 구체적인 해답을 모색하려면 이 문제를 놓고 현대 미국에서 벌어진 담론과 논쟁들을 살펴보지 않을 수 없다. 그래서 이 장에서는 20세기 후반기를 중심으로 현대 미국 환경윤리 담론의 전반적인 추세와 주요 쟁점들을 살펴보고자 한다. 그리고 이러한 담론의 배경을 이루는 미국의 정신적 유산 속에서 어떤 희망의 싹을 찾을 수 있을 것인지에 대해서도 생각해 보고자 한다.

2) 레이철 카슨과 환경위기에 대한 대중적 각성

앞 장에서 우리는 광대한 원시림을 품고 있던 미국의 자연이 얼마나 급속히 파괴되어 왔는지, 또 그것에 맞서 어떻게 자연보존운동이 전개되어 왔고 생태학적 사유가 태동하게 되었는지를 살펴보았다. 특히 제6장에서는 레오폴드의 대지윤리를 필두로 미국인의 자연관이 인간중심주의에서 생태중심주의로 급격히 변화하게 된 계기도 살펴보았다. 하지만 잘 알다시피 환경문제가 난제인 이유는 그것이 단지 앎이나 이론 차원에서 해결될 수 있는 문제가 아니라는 데 있다. 다시 말해서 각자의 구체적인 행위와 실천으로 연결되지 않는 한, 이 문명의 위기는 근본적으로 극복되기 어려울 것이라는 점 때문이다.

이런 측면에서 볼 때 미국의 대중들에게 일상 속 환경위기의 실상을 설득력 있게 전한 카슨의 저술활동이 가지는 의의는 참으로 지대한 것이었다. 왜냐하면 당대 베스트셀러가 된 그녀의 책들을 통해 환경문제의 심각성이 광범위하게 인식되었고, 이는 환경 관련 기업 활동과 국가 정책의 변화는 물론, 무엇보다도 대중적 환경운동을 촉발하는 계기로 작용했기 때문이다.[3] 카슨의 책이 이 같은 영향력을 가질 수 있었던 이유는 무엇일까?

---

3. 다음 글은 카슨의 저서 『침묵의 봄』이 미국 사회에 끼친 영향력의 정도를 잘 말해 준다. "『침묵의 봄』은 생태학이란 말을 일상적인 용어로, 살충제란 말을 나쁜 단어로 자리잡게 만든 녹색 선언이다. 수백만 명이 읽은 이 책은 두 세대에 걸쳐 환경운동가들에게 지대한 영향을 끼쳤다. … 〔이제까지〕 그렇게 큰 영향을 발휘한 책은 손가락에 꼽을 정도인데, 『침묵의 봄』은 환경문제에 관한 최초의(그리고 지금까지도 유일한) '선언'으로 인정받고 있다. … 〔의례적인〕 일부 '선언'과 달리 『침묵의 봄』은 강렬하고도 즉각적인 반응을 불러일으켰다. 냉전이 격화되던 시대인데도 존 F. 케네디 대통령의 관심을 끌어 곧 정부 차원의 조사가 이루어졌다. 법정 소송과 대중의 항의 시위가 이어졌으며, 이로 말미암아 환경보호국이 신설되고 유해 살충제 사용이 금지되는 등의 성과를 이루어냈다. 이 책은 1970년대 초에 전 세계적인 환경운동을 탄생시키는 산파 역할을 했다"(알렉스 맥길리브레이 7-9).

(1) 카슨의 호소력 : 과학과 문학의 만남

카슨의 글이 미국의 일반 독자층에게 커다란 반향을 불러일으킨 것은 무엇보다도 과학적 근거와 함께 문학적 호소력을 지녔기 때문이다. 카슨은 어렸을 적부터 작가를 꿈꾸었고, 대학에서도 초기에는 문학을 전공하고자 하였다. 그런데 생물학을 가르쳤던 스킨커Mary Scott Skinker 선생을 만난 이후, 생물학은 "생명의 신비와 의미를 파헤치려는 그녀의 '눈부신 비전'을 더욱 확고하게 해 주었다"(린다 리어 77). 당시(1920년대) 교육과정은 과학과 문학이 엄격하게 구분되어 있었기 때문에 한동안 과학자의 길과 작가의 길 가운데에서 망설이던 그녀는 결국 전자를 선택했다. 이후 라디오 프로그램과 몇몇 일간지에 체서피크 만의 해양생물에 관한 글을 연재하기 시작하면서 "해양학은 그녀에게 상상력을 불어넣었고, 지력을 맘껏 펼칠 수 있는 풍요롭고 신비로운 지평을 열어 주었다"(린다 리어 140).

이러한 과학적 글쓰기가 성공을 거두기 위해서는 창조적 상상력, 정확한 현장 관찰, 바다와 해양생물에 관한 과학적 지식이 두루 필요했다. 그리고 무엇보다도 대중의 흥미와 감수성을 자극할 수 있는 문학적 재능이 요구되었다. 카슨에게는 이 두 가지가 모두 준비되어 있었다. 월간지에 실린 그녀의 첫 작품 「해저Undersea」는 그 성공의 서막이었다. 이는 한편으로 그녀가 인기 작가로 데뷔했음을 의미하는 일이었고, 다른 한편으로는 과학적으로 정확하면서도 시적 통찰과 상상력이 가득한 그녀만의 독특한 목소리를 내기 시작한 일이기도 했다. 그녀는 자연의 끝없는 순환, 리듬, 관계망 등을 분명하게 포착했으며, 비로소 자신이 쓰고 싶어 하는 게 무엇인지 확실하게 깨달을 수 있었다. 뿐만 아니라 자연의 유일성에 대한 비전을 함께 나눌 매체에 어떤 것들이 있는지도 알게 되었다(린다 리어 151-52). 이제 과학의 대중화를 향해 힘찬 발걸음을 내딛은 것이다. 다음 '내셔널 북 어워드' 수상 연설문을 통해 우리는 과학 저술의 가치에 대한 그녀의 신념을 확인할 수 있다.

> 많은 사람들이 과학 저서가 이렇게 열화와 같은 반응을 얻어낼 수 있다는 데 놀라움을 나타냈습니다. 하지만 '과학'이 자신만의 방에 갇혀 있고 일상생활과 무관하다는 통념이야말로 바로 제가 도전해 보고 싶은 점입니다. 우리는 과학의 시대에 살고 있습니다. 그런데 과학적 지식을 실험실에 고립된 채 살아가는 성직자 같은 소수만이 향유하는 특권으로 치부하고 있습니다. 이것은 사실이 아닙니다. 사실일 수 없습니다. 과학적 자료들은 삶의 자료 그 자체입니다. 과학은 실제적인 삶의 일부입니다. 과학은 우리가 경험하는 모든 것의 내용이자 이유이고 방법입니다. 인간을 둘러싼 환경과 그것을 물리적으로 정신적으로 주조해 준 힘에 대한 이해 없이는 결코 인간을 제대로 이해할 수 없습니다. … 과학의 목적은 진실을 발견하고 조명하는 것입니다. 이것은 생물학, 역사학, 소설 할 것 없이 모든 저술의 목적이기도 합니다. 저는 유아독존식의 과학 저서란 있을 수 없다고 생각합니다.(린다 리어 350)

카슨에게 있어서 과학적 '정확성'과 시적 '아름다움'은 결코 모순되는 특징이 아니었다. 시적 기법을 구사하는 것이 과학적 주장의 정확성을 훼손하지는 않았던 것이다. 이와 같은 과학적 글쓰기를 통한 카슨의 성공은 우리에게 중요한 시사점을 던져 준다. 즉 오늘날의 범세계적인 환경위기를 극복하기 위해서는 환경과학이 되었든 환경철학이 되었든 모름지기 대중에게 쉽게 다가갈 수 있어야 한다는 것이고, 그럼으로써 단순한 이론을 넘어 실천으로 이어져야 한다는 것이다. 또 이를 위해서는 상아탑과 실생활 간의 소통, 그리고 과학과 문학 간의 화해가 요청된다는 것이다. 카슨은 이런 점에서 하나의 선구적 모델을 보여 주었다고 할 수 있다.

(2) 카슨의 절망과 희망

초기에 카슨은 주로 바다 환경과 해양생물에 관한 글을 썼다. 하지만 그녀의 관심이 거기에 국한된 것은 아니었다. 그녀는 야생동물 서식지의 파괴에도 관심을 기울였으며, 이에 관한 의견을 다음과 같이 피력한 바 있다.

> 사람들은 이제 야생동물의 감소가 인간의 운명과 직결되어 있다는 움직일 수 없는 사실을 서서히 깨닫고 있다. 지난 300년 동안 우리는 늪을 메마르게 하고, 목재를 베어내고, 초원을 쟁기질로 갈아엎는 등 '자연의 조화'를 깨뜨리는 데 여념이 없었다. 그 결과 야생동물은 차츰 사라지고 있다. 그런데 그들의 터전은 곧 우리의 터전이기도 하다.(린다 리어, 159-60)

여기서 우리는, 모든 생명들이 서로 의존하고 있는 생태계의 조화를 깨뜨려서는 안 되며, 인간의 미래 운명도 여기에 달려 있다는 그녀의 문제의식을 엿볼 수 있다. 지구상에서 "생명체가 삶을 영위하기 시작한 이래 물리적 환경과 그 환경 속에 살아가는 생명체들은 서로 밀접하게 의존해 왔는데, 인류가 진화의 관점에서 깊이 관련되어 있는 수천 종의 생명체들을 통제할 수 있는 힘을 갖게 된 것이 화근이 되었으니, 인간에 의한 환경오염은 현재 세대와 아직 태어나지 않은 미래 세대에게 도덕적 책무라는 문제를 제기하며, 이제 인간은 다른 생명체들과의 혈족 관계를 인정해야 할 때가 되었다"(린다 리어 725)는 것이다. 하지만 카슨이 목도하고 있는 현실은 그다지 희망적이지 않았다. 다음 글은 자멸의 길로 가고 있는 우리의 인위적 문명에 대한 어두운 전망을 담고 있다.

> 인류는 자신이 창조한 인위의 세계 속으로 너무 깊이 들어와 버렸습니다. 인류는 대지와 바다와 생명체들을 떠나 철과 콘크리트로 이루어진 도시 속에 스스로 고립되었습니다. 자신의 힘에 도취된 나머지 자신과 세계를 파괴하는 실험 속으로 점점 더 깊이 빠져 들어가고 있는 것 같습니다.
>
> 이 문제에 대해서는 어떤 치료법도 없습니다. 저 또한 만병통치약을 제공할 수 없습니다.(유고집 136-37)[4]

---

4. 린다 리어 편, 『잃어버린 숲 : 레이첼 카슨 유고집』(이 책을 인용할 때는 카슨의 다른 저술과의 혼동을 피하기 위해 '유고집'으로 표기함).

인간은 오랫동안 자연의 정복을 자신해 왔고 이제 그 호언장담을 실현할 수 있는 힘도 가지게 되었지만, 애석하게도 그 힘이 지혜롭게 조절되지 않고 무책임하게 발휘되고 있는 점이 문제라는 것이다. 그리고 그것은 인간의 어리석은 자만심 때문이니, 말하자면 자신이 자연의 일부라는 인식이 너무나도 결여되어 있고 또 그 정복의 대가가 결국 인간 자신의 파괴라는 점을 제대로 깨닫지 못하기 때문이라는 것이다. 그래서 카슨은 이 모든 것이 끝내 우리를 비극으로 몰아넣고 말 것이라고 경고한다(린다 리어 637). 『침묵의 봄』의 서두에 인용되어 있는 글들은 이러한 그녀의 문제의식을 잘 보여 준다.

> 인간은 미래를 예견하고 그 미래를 제어할 수 있는 능력을 상실했다. 그는 지구를 파괴함으로써 자신도 멸망할 것이다.(슈바이처)

> 호수의 풀들은 시들어가고 새의 울음소리는 들리지 않네.(키츠)

> 나는 인간이라는 종(種)에 대해 비관적인 견해를 갖고 있다. 왜냐하면 너무 자기 자신의 이익에만 골몰하기 때문이다. 우리 인간은 한사코 자연을 정복하려고만 한다. 만일 인간이 이 지구에 순응하고, 회의적이고 오만한 눈길이 아니라 겸허하고 감사한 눈길로 지구를 바라본다면 우리의 생존 가능성은 한층 더 커질 것이다.(E. B. 화이트)

그렇다면 우리가 이러한 위기를 극복할 수 있는 길은 무엇인가? 카슨이 내놓는 대안은 우리의 마음가짐과 삶의 자세를 전환하는 것이다. 이제 우리는 자연을 이기려고 하기보다 그 질서에 순응할 줄 알아야 하며, 거기서 아름다움과 경외감과 신비를 느낄 줄 알아야 한다는 것이다. 그리고 이를 위해서는 우리에게 영적 성숙이 요청된다는 점을 강조한다.

> 우리를 둘러싼 우주의 존재와 경이로움에 주의를 기울일수록 파괴적인 성향을 멀리하게 된다고 저는 믿습니다. 경이로움과 겸손함이야말로 건전한 감정이고, 그들은

파괴적인 욕망 옆에 존재하지 않습니다.(유고집 137)

오늘 이 자리에서, 저는 자연의 아름다움이 개인과 사회의 영적인 발전에 필수적인 역할을 한다고 말씀드렸지만, 이 때문에 감상주의자라는 평을 받게 될까 두려워하지는 않습니다. 우리가 이 아름다움을 파괴할 때, 그리고 사람의 인위물이 지구의 자연물을 대체할 때에는 언제나 우리 인류의 영적 성장이 늦추어지는 때라고 믿습니다.

인간의 영혼이 지구와 지구의 아름다움을 사랑하는 것은 아주 깊고도 필연적인 뿌리를 가지고 있습니다. 우리 인간은 생명의 전체 흐름의 한 부분입니다. 우리는 한 백만 년 정도 인간으로서 살아왔을 것입니다. 그러나 움직이고, 자신과 자신을 둘러싼 환경을 이해하고, 또 암석이나 생명이 없는 진흙 — 수억 년 전에 생명 탄생의 근원이었던 — 과는 너무나 다른, 하나의 생명에서 다른 생명으로 옮겨 가는 그 자체는 완전한 신비입니다. … 우리의 기원은 지구입니다. 그래서 우리 내부에는 우리 인간성의 일부인, 자연세계에 대한 감응 능력이 깊이 자리하고 있습니다.(유고집 219-20)

카슨이 과학적 진실을 문학적 방법을 통해 전달하려 한 것은 지금 우리에게 절실히 요청되는 영적 성숙이라는 과제가 과학적 방법만으로는 달성되기 힘들다고 보았기 때문이다. 그리고 그녀는 이러한 방면의 선구자들을 잘 알고 있었고, 스스로를 이들의 계승자로 인식하고 있었다.

이 자연과학 분야를 글로 표현하는 모든 작가들은 자연문학이라는 분야에서 일생 동안 불멸성과 연결되어 어떤 경외감이나 심지어는 비현실적인 감각까지도 지녀야 합니다. … 그것은 일찍이 문학 속에서 시작된 전통입니다. 유럽에서는 리처드 제프리스(Richard Jeffries)와 허드슨(W. H. Hudson)의 작품 속에서 이 전통이 화려하게 꽃 피웠고, 미국에서는 소로(Henry D. Thoreau)와 존 버로스(John Burroughs)의 작품이 우리를 둘러싼 세계를 바라보는 묵상적 관찰자를 가장 진실되게 표현했습니다. 저는 위의 네 분을 위대한 스승이라고 생각합니다. 나중에 태어난 우리 같은 사람들은 그분들 중 어느 한 분에라도 버금갈 수 있다면 더 없는 영광일 것입니다.(유고집 136)

이처럼 겸손하게 표현하긴 했지만, 카슨은 이들의 정신을 진정으로 이어받으려면 우리가 그들을 모방만 할 것이 아니라 그들이 그러했던 것처럼 사고와 지식의 새로운 영역에서 선구자가 되어야 한다고 보았다. 그들의 하루하루와 같은 우리 자신의 나날들을 영위하면서 새로운 문학 형태를 창조해 나가야 한다는 것이다. 이렇게 보자면 현대 과학의 지식을 대중적 감수성을 동반하는 언어로 펼쳐낸 그녀야말로 사실상 이러한 일을 해낸 선구자로 인정받아야 하지 않을까? 이제 그녀는 우리의 유일한 희망, 절실하지만 힘겨운 과제, 즉 인류의 자각에 대해 이야기한다.

> 우리는 아직도 정복의 관점에서 크게 벗어나지 못하고 있습니다. 또한 아직껏 우리 자신을 거대한 엄청난 우주의 아주 작은 부분에 불과한 존재로 여길 만큼 충분히 성숙하지도 못했습니다. 이제 우리 세대는 자연과 손을 맞잡아야 합니다. 인류는 과거에 한 번도 그래 본 적이 없지만, 이제 자연이 아니라 바로 우리 자신을 정복하는 성숙한 면모를 보여 주어야 합니다.(린다 리어 704)

이제까지 우리는 현대 환경운동에 새로운 계기를 마련해 준 레이철 카슨의 노력에 대해 살펴보았다. 그리고 그녀의 생태적 사유가 저 멀리 소로 등으로부터 내려오는 전통과도 맥이 닿아 있음을 확인할 수 있었다. 우리는 다른 여느 분야와 마찬가지로 환경 분야에서도 미국의 행보가 우리 인류 문명의 미래에 커다란 영향을 미칠 것이라 생각지 않을 수 없다. 미우나 고우나 현재 가장 큰 힘과 영향력을 가진 나라가 바로 미국이기 때문이다. 최근의 영화 『아바타』에서 볼 수 있듯이, 아무리 자연과의 영적 조화를 지향하는 수준 높은 이상주의라 할지라도 현실적으로 가장 힘센 주체를 움직이지 못한다면 결국 우리에게 미래는 없는 것일지도 모른다. 이것이 우리가 미국에게 기대를 걸지 않을 수 없는 이유다. 카슨 또한 미국인의 각성을 다음과 같이 촉구하고 있다.

사태를 낙관적으로 보는 것이 마음 편하기 때문에 우리는 대체로 우리나라가 계속 해서 풍요로울 거라고 믿고 싶어 한다. 모든 평범한 미국인들이 꿈꾸는 바다. 하지만 잘못된 꿈이요 위험한 꿈이다. 오직 자원 낭비, 과도한 개발과 파괴로부터 자연을 보존하는 일을 소홀히 하지 않을 때에만 우리나라는 더 강하고 더 자유로워질 것이다. (린다 리어 229-30)

그리고 이러한 맥락에서 아래와 같은 '보존 맹세문conservation pledge'을 써낸 바 있다.[5]

나는 우리나라의 비옥한 토양, 멋진 숲과 강, 야생동물과 광물을 보존하고 보호할 것을 맹세한다. 미국의 위대함은 바로 이런 환경 위에서 가능했으며, 미국의 위력은 바로 이것들에 기대고 있다.(린다 리어 230)

다음 절에서는 이러한 생태적 사유의 뿌리가 미국의 전통 속에서 어떻게 유지되어 왔는지 일별해 보고자 하며, 이어서 이것이 현대 환경윤리 담론에서는 어떠한 논쟁을 거쳐 전개되어 왔는지에 대해 살펴보고자 한다.

3) 미국 환경윤리 담론의 연원과 특징

현대 환경론자들이 환경문제에 접근하는 방식은 크게 기술중심주의techno-centrism와 생태중심주의echocentrism로 나눌 수 있다. '인간은 자연의 일부일 뿐이므로 인위적인 문명 활동으로 생기는 환경문제는 반드시 인류에게 악영향을 미친다'고 보는 생태중심주의는 인간과 환경의 윤리적 관계를 중시하는 입장이다.

5. 이 카슨의 맹세문은 1946년 『아웃도어 라이프*Outdoor Life*』지가 아동을 위한 최고의 '보존 맹세문'을 뽑아 시상하는 대회에서 2등에 당선되었다.

반면 경제적 합리주의에 근거한 기술중심주의는 객관적 분석을 바탕으로 환경 문제에 접근하고, 인간의 복지를 위한 환경 관리의 효율성을 강조하는 입장이다(류근배 221). 이 두 사조는 모두 더 이상의 환경 악화를 막고 환경을 보호하자는 데에는 공통된 입장이지만, 구체적인 사안에서는 뚜렷하게 의견을 달리할 때가 많고, 사실상 그 철학적 배경도 다르다. 미국의 환경 담론도 이러한 대립 구도 속에서 전개되어 왔다고 볼 수 있는데, 이제 그 사상적 연원을 살펴보기로 한다.

(1) 자연 인식의 양면성 : 종교적 관점과 경제적 관점

초기 정착민 시절의 식민지 미국인들에게 있어 미국의 자연은, 이른바 '울부짖는 황야Howling Wilderness'라는 표현에서 볼 수 있듯이, 일차적으로 공포와 야만의 공간이자 종교적 박해로부터의 피난처였다. 청교도들에게 미국의 대자연은 한편으로 신의 의지가 구현되는 초월적 신앙의 대상이면서, 다른 한편으로는 삶을 영위해야 하는 직접적인 공간이었다. 즉 종교적 대상인 동시에 하나의 현실이었던 것이다.

그런데 이 후자의 측면은 본국인 영국의 경제적 이해관계와 결부되어 급속한 개발로 이어지게 되었고, 특히 신세계 탐험가들의 황금에 대한 집착과 더불어 경제적 효용성의 측면에서 자연을 바라보는 경향이 증가하게 되었다. 하워드 존스Howard M. Jones의 다음과 같은 표현은 이 당시의 분위기를 잘 말해 준다.

> 황금에 대한 탐욕이 도덕과 분별력과 인도주의와 종교를 압도하였다. … 황금에 대한 실제적인 탐욕이 이상주의를 타락시키는 과정을 지켜보는 것은 마치 그리스 비극의 불가피한 진행을 지켜보는 것이나 다름없다.(Jones 41)

이처럼 초기 식민지 미국인들에게서 우리는 이미 자연에 대한 두 가지 태도를 확인할 수 있으니, 그 하나는 자연을 지식의 원천이며 현명하고 인자한 하느님이 인간을 깨우치기 위해 만들어 놓은 눈에 보이는 교훈으로 보는 것이고, 다른 하나는 자연을 일종의 사물로, 즉 양식과 부와 힘과 물질적, 사회적 안녕의 원천으로 보는 것이다. 특히 후자에 있어서 자연은 인간의 행복과 이익을 위해 활용되어야 할 대상이 된다. 러셀 나이Russel B. Nye는 이 두 가지 태도를 다음과 같이 요약하고 있다.

> 자연은 효용(use)과 의미(meaning)의 양 측면을 가졌다. 그것은 개발되어야(exploited) 하는 동시에 관조되어야(contemplated) 하는 것이었다. 그것은 도구(tool)이자 상징(symbol)이었다. 이러한 두 가지 태도가 자연에 대한 미국인들의 반응 양식을 늘 지배해 왔다.(김용권 143)[6]

> 자연은 미국인에게 있어 여전히 기능(function)이자 상징(symbol)이고, 사실(fact)이자 가치(value)이며, 도구(tool)이자 이념(idea)이다.(김용권 158)

(2) 자연의 재발견 : 심미적 관점과 과학적 관점

미국의 독립과 더불어 미국인들의 자연관은 크게 변화되었다. 계몽주의와 이신론理神論의 영향으로 자연을 종교적 관점에서 바라보는 태도가 약화되는 대신 미국만이 가진 거대하고 장엄한 자연의 가치에 눈뜨게 되었다. 문명에 때 묻지 않은 야생성의 아름다움을 지니면서 번영과 풍요를 약속하는 무궁무진한 자연에 긍지를 느끼게 되었던 것이다.

한편 '이성의 시대' 18세기의 특징인 자연과학과 기술의 발달은 미국에도 예외 없이 영향을 미쳤다. 과학이 발견한 자연법칙에 따라 더 효율적인 토지 개간이 이루어졌고 삼림이 벌채되었으며 광야에는 길이 뚫려 기차가 다니게 되었다. 과거 '울부짖는 황야'로 불렸던 자연은 프런티어의 확장과 더불어 서서히 '거대한 정원'으로 바뀌어 갔다.

---

6. 재인용한 후 재번역하였음.

이처럼 18세기의 미국인들이 자연을 바라보는 관점은 한편으로 광대무변한 파노라마 그 자체로서 '현기증이 날 정도로' 숭고하고sublime, 아름답고beautiful, 그림 같고picturesque, 장대한magnificent 것이었으며, 다른 한편으로는 (주로 건국의 아버지들을 포함한 이신론자들에게 있어) 과학적이고 질서정연한 체계를 지닌 완전하고 조화로운 기계와 같은 것이었다. 그리고 뒤이어 등장한 과학자들은 자연 속에서 그 형태와 법칙과 예측가능성을 찾게 되었으며, 자연의 각 분야를 세밀하게 관찰하고 기술해 나가는 가운데 자연이 인간과 신에 관한 지식의 원천임을 다시금 확인하였다. 자연에 대한 이러한 지적, 정신적 관심의 결합은 19세기에 이르러 예술과 철학과 사상을 한데 조화시킨 미국의 낭만주의를 낳게 된다(김용권 144-45).

(3) 환경윤리의 대두 : 인간중심주의와 초월주의

19세기 산업화와 더불어 미국의 자연은 이제 본격적으로 파괴되기 시작하였고,[7] 이에 대한 대응으로서 자연보호를 외치는 목소리와 함께 생태적 사유가 태동하게 되있다. 특히 조지 퍼킨스 마시George Perkins Marsh는 그의 저서 『인간과 자연*Man and Nature*』에서 자연 생태계를 훼손하는 인간 문명의 폐해를 설득력 있게 제시하였다(Marsh 1965). 그의 주장은 후에 생태학과 환경보존론, 그리고 환경보호운동의 선구로서 높이 평가되기도 하였지만, 환경보존의 근거를 주로 경제적인 필요와 인간의 복지에 두고 있다는 점에서 인간중심주의적 한계를 지닌다고 지적되기도 하였다. 이런 점에서 생태주의적 자연관의 전범을 보여 준 에머슨Ralph W. Emerson과 소로Henry D. Thoreau의 등장은 매우 큰 의미를 가진다.

---

7. 미국에서 서부 개척이 활발하게 진행되던 이 시대에는 전대미문의 환경파괴가 자행되고 있었다. 대규모 벌목 사업이 성행하였고, 토지는 보호 대책 없이 남용되고 지력이 떨어지면 그냥 버려졌다. 동물의 수난은 한층 더 심했다. 1850년에 6천만 마리였던 들소가 1890년에는 600마리밖에 남지 않았다.

에머슨은 낭만주의 자연관의 대표이자 이른바 '초월주의transcendentalism'[8]의 중심인물이다. 그는 자신의 저서 『자연*Nature*』에서, 우주는 자연과 영으로 이루어져 있으며, 나와 남, 자연과 인공 이 모든 것이 궁극적으로 하나임을 주장했다. 그는 자신의 강렬한 종교적 체험을 근거로 신과의 영적 결합을 추구했으며, 모든 사람은 창조주의 목적이 담긴 자연의 계시를 통해서 자기 안에 있는 하느님을 만날 수 있다고 하였다(이상오·정태진).

랠프 월도 에머슨(1803~1882)

한편 소로의 『월든*Walden*』에 묘사된 '자연과 하나 되는' 삶은 문명의 온갖 허구와 가식으로부터 (자연의 일부인) 참된 자기를 찾아가는 길을 보여 준다는 의미에서 우리에게 환경윤리의 최종적 과제 해결을 암시하고 있다. 왜냐하면 환경문제의 해결책은 결국 우리 개개인의 생활습관과 의식을 개혁하는 데에서 찾아질 수밖에 없기 때문이다. 또한 그가 실천한 선구적인 친환경적 삶은 오늘날의 자급자족적 소규모 공동체운동의 전범이 된다.

에머슨과 소로의 사상은 인간중심주의를 넘어선다는 점에서 이후의 환경윤리 담론에 큰 영향을 미쳤으며, 그들이 보여 준 깊이 있는 정신적, 종교적, 심미

---

8. '초월주의'란 칸트의 초월철학transcendental philosophy에서 기원한 용어로서, 프랑스 계몽주의의 영향을 받은 일군의 미국 목사들이 당시 형식주의로 흐른 캘빈주의의 교리(특히 삼위일체설)에 반대하고 일신주의unitarianism를 표방함으로써 비롯되었다. 이들은 인간 이성 능력에 대한 신뢰를 토대로 신학의 여러 문제를 해석하려 하였으며, 상식과 자연적 사실에 어긋나는 성서 구절들은 보편적 지식의 조명 아래 재해석되어야 한다고 주장하였다. 그 결과 종교적 진리의 근원으로서 자연의 중요성을 강조하였다. 이들이 제기했던 문제와 해답은 이후 미국의 종교적, 지적, 문화적 영역에 커다란 영향을 미쳤는데, 종교계에는 후기 일신주의와 자유사상의 강화로, 철학계에는 칸트 사상과 관념론의 심화로, 문단에는 낭만주의와 개인주의의 확대로 나타났다.

적, 예술적 사색은 미국의 후세대에게 많은 영감을 불어넣었다. 또 이들의 높은 이상과 구체적인 실천, 그리고 성실한 기록은 다음 세대에 존 뮤어와 레오폴드의 등장을 가능케 한 모범이 되었다.

(4) 자연보존운동의 대두 : 도구적 가치와 본래적 가치

19세기 말 미국에서는 자연자원과 산림의 훼손이 심각해지면서 이를 막기 위해 국립공원이 지정되기 시작했는데, 이 과정에서 전개된 핀쇼Gifford Pinchot와 뮤어John Muir 간의 논쟁은 서로 상반되는 전형적인 자연관을 잘 보여 준다. 전자는 환경이나 자연이 인간의 목적을 위해 유용한 가치, 즉 '도구적 가치instrumental value'를 가진다고 보았던 반면, 후자는 자연이 인간의 목적과 관계없이 그 자체로 의미 있는, 즉 '본래적 가치intrinsic value'를 가진다고 보았다. 전자의 입장에 따르면 자연은 공공의 최대 이익을 위해 지배되고 관리되어야 하며, 이 경우의 보호는 "conservation"을 의미한다. 후자의 입장에 따르면 자연은 신성한 것으로서 그 자체를 위해서 보호되고 보존되어야 하며, 이 경우의 보전은 "preservation"을 의미한다.[9]

20세기 전반기의 자연보호운동은 핀쇼의 주도 아래 이루어졌으므로 자연히 자연의 편익commodity 측면이 강조되었고, 과학적 관리scientific management를 통해서 지금까지의 자연자원의 낭비와 훼손을 최소화함으로써 자연자원의 능률적 사용을 목표로 삼았다. 반면 20세기 중반기의 자연보전운동은 뮤어 계열의 사상을 계승한 듯하다. 우선 용어부터 "conservation" 대신에 "environment"(환경) 또는 "ecology"(생태)가 자주 등장한다. 전반기의 과학적 보존론자들이 믿었던 것과는 달리, 미국의 자원이 고갈되어 가고 있다는 것과 지구가 유한하다는 사

9. 이런 이유로 어떤 학자들은 conservation을 '보존保存'으로, preservation을 '보전保全'으로 번역함으로써 양자를 구별하기도 한다(Passmore 73; 진교훈, 47-48).

실을 깨닫기 시작한 점도 이러한 흐름에 일조한 듯하다. 이러한 생태주의적 자각은 레오폴드의 대지윤리로 이어졌다.

(5) 생태중심주의의 대두 : 대지윤리

1949년 레오폴드Aldo Leopold의 『샌드 카운티 연감*A Sand County Almanac*』에서 주장된 대지윤리land ethic는 미국인의 자연관과 환경윤리 담론에 있어서 하나의 획을 긋는 개념이라 할 수 있다. 여기서의 핵심적인 통찰은 탈인간중심적 윤리인데, 말하자면 대지는 한낱 자원이 아니라 인간도 그 부분으로 포함되어 있는 '생명공동체biotic community'라는 것이며, 그렇기 때문에 흙, 물, 식물, 동물, 인간까지 포괄하는 자연 전체가 윤리적 고려의 대상이 되어야 한다는 것이다. 이러한 생태중심적인 관점에서 볼 때 자연은 인간의 이해관계와는 상관없이 그 자체로 본래적인 가치를 지닐 뿐만 아니라 자신의 고유한 법칙에 따라 움직이는 독자적인 생명체다. 따라서 우리는 자연을 함부로 대해서는 안 되며, 겸손한 마음과 더불어 존경과 사랑으로 대해야 하는 것이다.

레오폴드의 다음과 같은 언급은 마치 우리에게 하나의 탈인간중심적 윤리, 전체론적 윤리의 출현을 선포하는 것처럼 들린다.

> 대지윤리는 인류의 역할을 대지공동체의 정복자에서 그것의 평범한 구성원이자 시민으로 변화시킨다. 대지윤리는 인류의 동료 구성원에 대한 존중, 그리고 공동체에 대한 존중을 필연적으로 요청한다. …
>
> 인간이 사실상 생명공동체의 한 구성원에 지나지 않는다는 것은 역사를 생태학적으로 해석해 보면 알 수 있다. 지금까지 인간의 활동으로만 설명되어 온 많은 역사적 사건들은 실제로는 사람과 땅의 생명적 상호작용이었다.(레오폴드 247)

> 바람직한 대지 이용을 오직 경제적 문제로만 생각하지 말라. 모든 물음을 경제적으로 무엇이 유리한가의 관점뿐만 아니라 윤리적, 심미적으로 무엇이 옳은가의 관점

에서도 검토하라. 생명공동체의 통합성과 안정성 그리고 아름다움의 보전에 이바지 한다면 그것은 옳다. 그렇지 않다면 그것은 그르다.(레오폴드 267)

(6) 미국의 환경윤리 담론을 이끌어온 정신

위에서 살펴보았듯이 미국의 환경윤리 담론은 두 가지의 상이한 세계관 또는 자연관의 대립과 절충 과정이라 할 수 있다. 하지만 환경윤리의 미래, 즉 과제 해결이라는 관점에서 볼 때 미국의 환경윤리를 이끌어온, 그리고 이끌어갈 정신은 단연 종교적, 심미적 자연관에서 찾아질 수밖에 없다. 왜냐하면 있는 그대로의 자연에 본래적 가치를 부여하지 않은 채 인간의 세속적 목적에 오염된 눈으로 자연을 바라보는 한, 자연파괴를 피할 길은 없기 때문이다. 다시 말해서 우리는 가언적 차원의 윤리가 아니라 정언적 차원의 윤리를 필요로 하는 것이다.

'이미 설정된 어떤 목적을 효율적으로 달성하기 위하여 요구되는 윤리'를 가언적hypothetical 차원의 윤리라 한다면, 이러한 수단적 가치의 차원을 넘어 '그 자체가 목적으로서 무조건적으로 요구되는 윤리'를 정언적categorical 차원의 윤리라 부를 수 있다. 그런데 환경윤리에서 우리가 지향해야 할 윤리는 바로 정언적 차원의 윤리다. 그것은 인간의 복지나 삶의 풍요 같은 목적을 달성하기 위한 전략적 지침으로서의 윤리가 아니라, 다른 가치와 비교할 수 없는 절대적 가치와 관련된 윤리다. 만일 윤리가 절대적 가치에 근거하지 않고 오로지 상대적 차원에서 논의된다면, 그것은 언제나 특정한 개인이나 특정한 집단의 이익, 혹은 비인도적인 목적을 위한 전략적 지침의 차원으로 떨어질 위험성을 안게 된다. 우리가 환경윤리에서 자연의 본래적 가치를 인정하고 거기에 근거한 정언적 차원의 윤리를 지향해야 하는 것은 바로 이런 이유 때문이다.

우리는 미국 환경윤리 담론의 뿌리를 바로 이러한 윤리를 지향하면서 사색과 실천을 통해 다음 세대에까지 강력한 영향을 미친 소로, 뮤어, 레오폴드의 계보를 잇는 정신 속에서 찾아볼 수 있다. 사실 미국만큼 자본주의가 발달하고 과학기술을 통한 작위의 문명이 득세한 곳이 없음을 감안할 때, 그래도 오늘날까지 가장 활발한 환경윤리 담론이 바로 미국에서 전개되어 왔고 또 국립공원 제도와 같은 선구적인 환경운동도 미국에서 시작되었다는 것은 그것을 가능케 한 어떤 이상주의적 정신을 전제하지 않고는 설명하기 힘들 것이다.[10] 이제 다음 절에서는 이러한 위대한 정신의 유산이 오늘날 어떻게 펼쳐지고 있는지를 알아보기 위해 레오폴드 이후의 현대 환경윤리 담론을 살펴보고자 한다.

4) 현대 미국 환경윤리 담론의 쟁점과 과제

3절에서 20세기 중반까지의 미국 환경윤리 담론을 시대 순으로 조망해 보았다면, 여기서는 현대 미국 환경윤리 담론의 핵심 쟁점들을 비교함으로써 그 현주소를 확인해 보고자 한다.

(1) 인간중심주의에서 탈인간중심주의로

현대 환경윤리 논의의 흐름은 대체로 인간중심주의anthropocentrism에서 탈인간중심주의non-anthropocentrism로, 개체론individualism에서 전체론holism으로의 방향을 취하고 있다.

탈인간중심주의적 접근이 대두하게 된 것은, 오늘날의 환경위기를 극복하는

10. 한 조사결과(1990년 갤럽 여론조사)에 의하면, 미국인의 90퍼센트 정도가 스스로를 환경주의자라고 생각하고 있다고 한다. 또 1999년 한국 대학생과 미국 대학생들의 환경의식을 비교 조사한 한 연구에 의하면, 미국 학생들이 한국 학생들에 비해 열 가지의 환경문제(대기오염, 지구온난화, 오존층 파괴, 쓰레기 처리, 생물종 다양성, 산림 파괴, 외래종 유입, 살충제오염, 토양손실, 식수오염)에 대해서 더 심각하게 느끼고 있는 것으로 나타났으며, 환경문제 해결을 위한 참여 의사도 더 높은 것으로 나타났다. 또 다른 조사에서도 미국 학생들의 환경의식은 다른 10개국 학생들의 환경의식보다 높았다(이재영).

데 인간중심주의적 접근으로는 근본적으로 한계가 있다고 보았기 때문이다.

인간중심주의란, 우주에서 차지하는 지위에 있어서 인간을 다른 존재들보다 우위에 두는 입장이다. 이 입장에서는 오직 인간의 이익이나 행불행幸不幸만을 도덕적인 고려의 대상으로 삼는다. 다른 종이나 개체는 도덕적 고려 대상이 아니다. 다시 말해서, 인간적 특성에 대해서만 어떤 내재적 가치를 인정하는 것이다. 만일 다른 종이나 개체를 고려한다면, 그것은 그 종이나 개체가 인간의 이익과 행복을 위해 도구적인 가치를 가지기 때문이다. 그러므로 인간 이외의 존재나 환경에 대한 인간의 책임은 단지 간접적이다.

인간중심주의적 입장에서 볼 때 인간은 자연을 초월하는 도덕적 주체이기 때문에, 자연환경에 대한 도덕적 의무도 인간의 이익에 의해 결정된다. 말하자면 인간의 궁극적 이익, 즉 그의 생존과 번영이 좋은 공기와 물과 음식에 의존하고 있고 생태계의 오염은 이를 위협하므로 도덕적으로 승인될 수 없다는 논리다.

그런데 오늘날의 환경위기가 초래된 원인을 분석한 많은 환경론자들은 환경에 대한 인간중심주의적 접근의 한계에 주목하기 시작하였다. 환경위기의 원인에 대해서는 여러 가지 의견이 있을 수 있지만, 대체로 산업혁명 결과 나타난 과도한 인구 증가, 도시화, 산업화가 주된 요인이라는 것이 많은 이들의 공통된 인식이다. 특히 자본주의 경제 체제가 현대 사회의 일반적인 삶의 양식으로 정착되면서, 이로부터 오늘날과 같은 환경위기가 초래되었다는 데에는 이론의 여지가 없다. 이러한 자본주의적 삶의 양식은 모든 것을 인간 삶의 물질적 풍요와 경제적 이익의 극대화를 위한 수단으로 여기는 사고방식, 즉 철저히 인간중심적, 물질주의적, 쾌락주의적, 피상적 사고방식을 조장할 뿐이기 때문에, 이러한 생활방식과 사고방식으로는 근본적으로 오늘날의 환경위기를 극복할 수 없다는 자각이 일어났던 것이다.

탈인간중심주의란, 인간중심주의와 달리 인간이 우주에서 차지하는 지위에 관하여 어떤 우위도 인정하지 않는 입장이다. 탈인간중심주의적 관점에서 볼 때, 인간은 생태계 전체의 한 부분에 지나지 않는다. 따라서 인간이 아닌 다른 생명체를 도구적 가치의 관점에서 바라보는 태도를 지양하고 각 생명체의 고유한 가치를 인정한다. 예컨대 동물과 식물에게도 도덕적 지위를 부여한다. 이는 이제까지 인간에게만 적용해 오던 표준적인 도덕을 수정하여 그 적용 대상을 확대함을 의미한다. 그리고 특히 환경문제의 근본적 해결을 위해서 과학적이고 제도적인 해결과 병행하여 우리의 인간중심적인 가치관과 자연관이 변해야 함을 강조한다(조석영 19-22).

(2) 개체론에서 전체론으로

탈인간중심주의는 다시 개체론과 전체론으로 구분된다. 개체론적 환경윤리는 자연을 구성하는 개별 유기체인 동물이나 식물 또는 생명체에 도덕적 지위나 고유한 권리 또는 내재적인 가치를 인정하는 입장이며, 전체론적 환경윤리는 종이나 생명공동체 그리고 공기, 물, 흙까지도 포괄하는 상위체계 전체로서의 자연에 고유한 가치 또는 내재적 가치가 있다고 보는 입장이다. 개체론은 다시 감각중심주의sentientism와 생명중심주의biocentrism로 나누어질 수 있다.

감각중심주의

감각중심주의는 '감각을 지닌sentient' 모든 존재를 도덕적으로 배려해야 한다는 입장이다. 이에 따르면, 인간뿐만 아니라 감각을 지닌 동물들도 내재적 가치를 지닌다. 감각중심주의의 대표적인 형태는 '동물의 고통을 최소화시키자'는 주장으로 나타났다. 동물도 고통에 대한 감수성이 있으므로 가능한 한 동물들에게 고통을 주어서는 안 된다는 것이다. 이러한 입장의 선구로서는 영국의 공리주의, 쇼펜하우어Arthur Schopenhauer의 '동정심의 윤리', 슈바이처Albert Schweitzer의 생명경외 사상 등을 들 수 있는데, 이는 오늘날 동물보호 이념을 확산시키는데 기여하였다. "문제는 동물들이 이성을 가지고 있는가, 그들이 말을 할 수 있는가가 아니라, 그들이 고통을 느끼는가이다"(Bentham, Chap. XVII, Part I, note)라는 제레미 벤섬Jeremy Bentham의 선구적 문제의식을 시작으로, 감각을 지닌 동물들을 고통에서 해방시키는 일은 공리주의의 과제 중 하나가 되었다.

현대에 와서 동물과 다른 생명체의 도덕적 지위에 관한 논의는 조엘 파인버그 Joel Feinberg에 의해 이루어졌고(Feinberg 43-68), 피터 싱어Peter Singer도 '모든 이익 interests은 누구의 것이든 동등하게 고려되어야 한다'는 기본 전제로부터 '동물 해방'을 외쳤다(피터 싱어, 제1장).[11]

생명중심주의

생명중심주의는 감각중심주의보다 더욱 생태중심적인 관점을 취한다. 이에 따르면, 고통이나 감각의 문제를 넘어서서 한 생명체가 감각을 갖고 있건 그렇지 않건 간에 그 생명체를 도덕적으로 배려해야 하며, 모든 살아 있는 생명은 그 자체로 고유한 가치를 가진다. 생명중심주의 윤리의 전형을 보여 준 사람은 '생명에의 외경'을 외쳤던 슈바이처다. 그는 "나는 살려고 애쓰는 생명체들 속에서 살려고 애쓰는 생명체"(Schweitzer 130)라는 사실을 자각하는 것이 중요하다고 말하면서, 윤리란 바로 여기서 출발하는 것이라고 하였다. 그에게 있어 생명은 단순히 '가치중립적인' 것이 아니며, 그 자체 선으로서 무조건 존중받을 가치가 있는 것이었다.

슈바이처보다 더욱 체계적으로 생명중심주의 윤리를 발전시킨 사람은 폴 테일러Paul Taylor다. 그에 따르면, 모든 생명체는 인간의 필요와 관계없이 고유한 가치를 지니고 있다. 그것은 각 생명체가 '목적론적 삶의 중심teleological center of

---

11. 피터 싱어는 위의 벤섬의 문장을 인용하면서, 쾌락과 고통을 경험할 수 있는 각 동물의 이익도 각 인간의 이익과 똑같이 고려되어야 한다고 주장하였다. 그의 입장은 현대 공리주의 중에서도 이른바 '선호 공리주의preference utilitarianism'에 속하는데, 벤섬이 제시한 '쾌고 감수 능력'을 도덕적 배려의 기준으로 제시했다는 점에서 '감각중심주의'에 속한다고 볼 수 있다.

life'이기 때문이다.

'목적론적 삶의 중심'이란, 아무리 미물이라 할지라도 생명체는 자기의 생존을 유지하고, 성장하고, 종을 재생산하려는 목적을 추구하며, 이를 위해 끊임없이 변화하는 환경에 적응하려 애쓰는 존재라는 뜻이다. 여기서 생명체가 지니는 생명의 가치는 일종의 '내재적inherent' 가치로서, 이는 인간에 의해 부여되는 가치가 아니라 스스로 지니는 가치다. 테일러의 생명중심적 관점은 다음과 같은 네 가지 핵심적 신념으로 구성되어 있다. 첫째, 인간은 다른 생명체와 똑같은 이유로 지구공동체의 구성원이다. 둘째, 인간을 포함하여 모든 종은 상호 의존적 체계의 일부다. 셋째, 모든 생명체는 자기 고유의 방식으로 자기 고유의 선을 추구한다. 넷째, 인간이 다른 생명체보다 본래적으로 더 우월한 것은 아니다 (Taylor, Ch. 3).

이렇게 윤리적 고려의 범위가 점차 확대되어 가는 탈인간중심주의적 담론의 추세는 이제 전체론으로 연결된다.

전체론

전체론적 윤리holistic ethics는 인간은 개체가 아닌 개체들의 집합 혹은 관계에 대해 도덕적 책임을 지닌다고 보는 입장이다. 이 입장은 탈인간중심적이면서 동시에 도덕적 고려의 대상을 동식물이나 생명을 가진 개별 존재를 넘어 무생물, 종, 군집, 관계, 생태계 전체에로 확대하고 그것들에 대해 도덕적 지위를 부여하고자 한다.

전체론의 원조는 생태계 전체를 도덕적 고려의 대상으로 삼은 레오폴드다. 그는 지구상에 존재하는 개별 생명체들은 상호 의존적인 부분들로 이루어진 생태계의 구성원이기 때문에 어느 한 부분을 제거하면 전체가 무너진다고 지적하면서, 이러한 관점에 따라 생명공동체의 경계를 확장시켜 인간과 동식물뿐만 아니라 집합적으로 대지the land까지 포함시키는 대지윤리를 주장하였다. 우리는

J. 베어드 캘리코트(1941~)

그의 주장을 이미 제6장에서 살펴본 바 있다. 이러한 레오폴드의 입장은 오늘날 캘리코트J. Baird Callicott에게 계승되어 더욱 체계적인 이론으로 발전하였다.

오늘날 미국의 환경윤리학계에서 가장 주목받는 학자 중 하나인 캘리코트는 소로, 뮤어, 레오폴드의 맥을 잇는 인물이라 할 수 있지만, 전통적인 전체론의 입장을 고수했던 그의 초기 사상에 대해서는 비판적 견해도 없지 않았다. 대표적인 것이 톰 레건Tom Regan의 비판인데, 그 요지는 캘리코트의 입장이 '환경 파시즘environmental fascism' 또는 '생태 파시즘eco-fascism'을 함의한다는 것이다. 즉 캘리코트의 전체론적 입장에 따르면 환경파괴의 원흉은 다름 아닌 인간이 되므로, 결국 그의 입장은 생태계 보호를 위한 '대량적인 인간사냥'을 함의하는 게 아니냐는 비판이다(Regan 261-62). 캘리코트의 후기 입장, 즉 수정된 전체론에 대해서는 뒤에 다시 논하기로 한다.

심층생태주의

탈인간중심적 접근으로서 중요한 또 하나의 흐름은 심층생태주의deep ecology다. '생태주의'라는 표현을 만들었을 뿐만 아니라, 환경윤리를 하나의 학적 담론으로 이끈 인물은 노르웨이의 내스Arne Naess다. 그의 핵심적 주장은 '생명 평등주의'와 '큰 자아실현'이다. '생태계에 존재하는 모든 것들은 자기를 실현할 평등한 권리를 가진다'는 생명 평등주의의 실천은 큰 자아실현이라는 윤리적 강령을 통해 가능하다는 것이 그 요지다(Naess 95-100). 이는 '모든 생명이 근본적으로 하나다'라는 깨달음의 표현이며, 동양의 노장 사상과 불교 사상, 그리고 인도 사상에서 영향을 받았다. 심층생태주의가 환경윤리 담론에서 가지는 힘은, 우리가 오늘날의 환경위기를 극복하기 위해서는 개인적, 사회적 관행을 바꾸는 정도로는 부족하고 우리의 세계관이 근본적으로 바뀌어야 한다는 철학적 통찰에 근거하고 있다는 점이다.

인간중심주의의 부활

위에서 살펴본 바와 같이, 생태중심주의적 접근이나 전체론적 접근에 대해서는 환경 파시즘이라는 등의 비판이 제기되었으며, 이를 계기로 인간중심주의에 대한 새로운 해석이 등장했다. 인간중심주의 진영을 대표하는 인물은 브라이언 노턴Brian Norton이다. 그는 환경윤리가 반드시 탈인간중심주의적 성격을 가질 필요는 없다고 지적하면서, 일단 인간중심주의를 '강한strong' 인간중심주의와 '약한weak' 인간중심주의로 구분한 다음, 전자를 비판하고 후자의 입장을 옹호한다. 그는 강한 인간중심주의로는 환경보전의 과제를 해결할 수 없다고 본다. 왜냐하면 거기서는 자연이 인간의 선호를 만족시켜 주는 한에서만 가치를 가지므로 인간의 필요에 따라 언제든 개발될 가능성이 있기 때문이다. 반면에 약한 인간중심주의는 '감정적 선호felt preference'가 아닌 '심사숙고된 선호considered preference'에 의해 이성적으로 채택된 세계관에 입각해 있다. 또 이 세계관은 이성적 숙고를 거친 미학적, 도덕적 이상을 포함하고 있어서, 이에 따라 사는 사람은 자연을 착취하는 삶이 아니라 자연과 조화를 이루는 삶을 추구하게 된다. 이는 자연보전이라는 목표를 달성하는 데 있어 결과적으로 탈인간중심주의와 별로 차이가 없다. 따라서 우리는 굳이 부담스러운 탈인간중심적 가치론을 수용할 필요가 없는 것이다. 이처럼 노턴은 일종의 '실용주의적pragmatic' 논변을 전개하였다(Norton 163-65). 다음 글은 탈인간중심주의를 겨냥한 인간중심주의 진영의 반박 논지를 잘 말해 준다.

생태주의적 전체론은 인간 주체성의 문제를 묵살하고 있다. 이 점에서 전체론의 입장은 윤리적 차원에서는 지탱될 수가 없다. 이 입장은 생태계를 왜 지켜야 하는지에 대해서는 잘 설명해 주고 있지만, 그것을 누가 지키느냐의 문제에는 침묵할 수밖에 없고, 설령 대답을 한다 하더라도 비논리적인 대답만 할 수 있을 뿐이다. 생태계를 지키는 책임은 메뚜기라든지 에이즈 바이러스가 아닌 인간이 짊어질 수밖에 없고, 인간의 주체성을 전제로 하지 않을 수 없다. 따라서 인간이 메뚜기나 에이즈 바이러스와는 다른 존재 범주(의식하고 책임을 질 수 있는 주체로서의 존재)에 속한다는 것을 전제로 하지 않으면 안 된다. 그런데도 생태주의적 전체론은 모든 살아 있는 존재가 같은 존재 범주에 속한다고 전제한다. 그렇지 않으면 전체 존재가 개개의 존재에 우선한다는 기본 입장을 정당화할 수 없기 때문이다.

그리하여 생태적 전체론의 중심에는 본질적인 모순이 존재할 수밖에 없다. 그것은 비도덕적인 동시에 비논리적이다. 인간을 비주체의 수준으로 격하(심지어 제거)시킬 것을 내포하므로 비도덕적이며, 인간 스스로 자신의 지위를 격하시킴과 동시에 책임을 져야 한다는 것을 내포하기 때문에 비논리적이다. … 다시 말해서 인간은 아무것도 해서는 안 된다는 결론이다……. 그게 아니라면 주체로서 상황을 개선하기 위해 책임감 있게 행동해야 한다! (베르크 78-79)

그렇다면 환경윤리에서 인간중심주의를 취할 때의 인간이란 환경보존을 위해 책임 있게 행동할 것이 다른 어떤 존재가 아닌 바로 '인간'에게 요구된다는 점에서 인간중심주의라는 표현을 사용하는 것이라고 이해하는 편이 적절할지도 모른다. 이런 맥락에서 볼 때, 생태중심주의가 주장하는 것 또한 인간만이 아니라 모든 동물에 대해서도 윤리적 배려를 해야 한다는 것일 뿐, 인간과 동물을 똑같이 대우해야 한다는 것은 아닐 것이다. 즉 인간 이외의 모든 생명에 대해서도 가능한 한 그들을 존중하고 배려하자는 취지로 이해하는 편이 적절하다는 것이다.

탈인간중심주의의 재반론

한편 캘리코트는 위와 같은 노턴의 순화된 인간중심주의 논변에 대해 다시 반론을 전개한다. 자연의 본래적 가치를 인정하는 것이 자연보존 그 자체를 위해서도 매우 중요하다는 것이다. 그는 인간중심주의에만 근거한 자연보호정책은 아무래도 그 힘과 범위에 있어서 한계를 가질 수밖에 없다고 주장하면서 본래적 가치를 인정하는 것의 실천적 효력을 역설한다. 그리고 자연의 본래적 가치를 인권 개념에 비유한다. 인권 개념이 원래 실재하는 것이 아니라 근대 철학자들에 의해 창조된 허구적 개념임에도 불구하고, 또 그것이 천부적인 것인지, 신으로부터 주어진 것인지, 사회계약의 산물인지에 관한 논란이 아직도 분분함에도 불구하고, 현실 역사 속에서 실제로 힘을 발휘해 왔다는 것이다. 마찬가지로 어떤 속성이 자연의 본래적 가치를 정당화하거나 정초하는지, 어떤 자연물이 본래적 가치를 소유하고 어떤 자연물은 그렇지 않은지, 그리고 본래적 가치가 객관적으로 존재하는 속성인지 아니면 주관적으로 부여되지만 도구적 가치에 반대되는 것으로 소극적으로 정의되는 속성인지에 대한 논의들이 아직도 분분함에도 불구하고, 현실적으로 상당한 실용주의적 효과를 나타내고 있다는 것이다 (Callicott 2002, 3-25). 그의 주장은 다음과 같이 이어진다.

> 1948년 유엔에 의해 채택된 세계 인권선언이 정부의 사회정책과 실천에 커다란 영향을 미쳤듯이, 미래를 위해 유엔총회에서 채택된 자연의 본래적 가치에 대한 보편선언인 '지구헌장(Earth Charter)' 역시 정부의 환경정책과 실천에 커다란 영향을 줄 수 있다는 점을 부인하지 못할 것이다.(Callicott 2002, 16)

우리가 3절의 끝 부분에서 정언적 차원의 윤리가 가지는 의미를 검토할 때 이미 보았듯이, 본래적 가치 평가와 비본래적 가치 평가를 구분하는 일은 윤리적 담론에서 매우 중요한 의미를 가진다. 그렇기 때문에 우리가 본래적 가치라는 개념을 포기할 경우, 우리는 도덕적 삶에서 많은 것을 잃게 된다. 만일 우리가 본래적인 가치를 지닌 것은 아무것도 없다는 것에 동의하게 된다면, 이러한 종류의 본래적인 가치 평가는 어떤 것도 정당화될 수 없다. 그래서 자연의 본래적 가치를 주장하는 환경윤리학자들은 우리가 인간 세계에서 대상들을 대하는 것과 똑같이 인간 이외의 자연세계의 대상들에 대해서도 본래적인 가치 평가의 태도를 취할 수 있고 또 취해야 한다고 주장한다. 다시 말해서 때로는 자연세계의 대상에 대해 그것을 경외, 존중, 존경, 사랑의 적절한 대상으로 생각할 수 있어야 하고 또 그렇게 생각해야 한다는 것이다. "우리가 오늘날 직면하고 있는 환경 문제들은 근본적으로 과학적인 문제가 아니다. 환경위기는 인간 마음의 위기다"라는 말은 이들 환경윤리학자의 입장을 단적으로 표현해 준다(김완구 155-56).

한편 캘리코트는 1980년대 후반부터 기존 전체론의 약점을 극복하기 위해 진화론과 사회생물학에 기초하여 수정된 전체론을 전개하는 동시에, 흄의 전통을 이어받아 윤리에 있어서 느낌, 태도, 성향, 애정이라 부르는 인간의 도덕감moral sentiment을 중시하게 된다. 이처럼 수정된 전체론에 따르면, 생명공동체는 더 이상 도덕의 중심이 아니며, 생명공동체의 통합성, 안정성, 아름다움만이 더 이상 선의 기준도 아니다. 마치 동심원을 그려나가듯이 인간공동체가 가장 중심에 놓여 있고, 그 다음에 인간과 가축이나 재배식물로 구성된 '보금자리 공동체nested community'인 혼합공동체가 있으며, 그 너머에 생명공동체(야생 생태계와 종 공동체)가 존재하는 것이다. 이는 말하자면 친소관계에 따른 일종의 우선순위를 인정하는 셈이다(Callicott 1989, 58-59).

이어서 그는 ("생명공동체의 통합성, 안정성, 아름다움을 보전하라"와 같은) 윤리의 일차적 원리들이 서로 충돌할 경우 이들 가운데 우선성을 인정하는 이차적 원리를 제시한다. 첫 번째 이차적 원리는 자신과 친숙한 공동체에 대한 의무가 그렇지 않은 공동체에 대한 의무에 선행한다는 것이고, 두 번째 이차적 원리는 강한 이익관심에 의해 생기는 의무가 약한 이익관심에 의해 생기는 의무에 선행한다는 것이다. 예컨대 자기 자식에 대한 의무가 다른 아이들에 대한 의무에 선행한다는 것이다(Callicott 1999, 72-73).

요약하자면, 캘리코트는 기본적으로 전체론의 입장을 지키되 무차별적으로 생명공동체의 보전을 추구하는 것이 아니라 인간의 권리와 자연의 다른 존재들의 이익관심을 고려하는 수정된 전체론을 전개했다고 할 수 있다(노희정 39-62).

5) 맺음말

이제까지 본 장은 제3절에서 미국 환경윤리 담론의 전반적 흐름을 두 가지 대립적 관점(자연관), 즉 종교적 관점과 경제적 관점, 심미적 관점과 과학적 관점, 인간중심주의와 초월주의, 도구적 가치와 본래적 가치 사이의 착종과 조화라는 틀을 통해 조명해 보았다. 여기서 알 수 있는 것은 겉보기에 평행선을 달리는 것 같은 대립적 담론의 흐름 속에서도 현대 미국 환경윤리 논의에 추동력을 부여하는 강력한 이상주의적 전통이 있으며, 우리는 이를 소로, 뮤어, 레오폴드의 계보를 잇는 정신 속에서 찾아볼 수 있다는 점이다. 그리고 이는 20세기 중반 레이철 카슨에 이르러 대중적 호소력을 갖게 됨으로써 본격적인 환경운동으로 전개될 수 있었다는 사실을 앞의 제2절을 통해 살펴보았다. 이처럼 자연의 조화와 신비에 대해 경외감을 느낄 줄 아는 감수성, 그리고 자연 그 자체에 본래적이고 무조건적인 가치를 부여하는 정언적 환경윤리의 존재야말로 우리에게 아직도 희망이 남아 있음을 보여 주는 메시지라 할 것이다.

이어서 제4절에서는 레오폴드의 탈인간중심적, 전체론적 환경윤리가 등장한 이후의 미국 환경윤리 담론의 추세를 살펴보았다. 처음에 탈인간중심주의는 개체론인 감각중심주의와 생명중심주의를 거쳐 전체론으로 진행하였고, 이어서 전체론의 문제점을 비판하는 가운데 수정된 형태의 인간중심주의가 대두하였으며, 이에 대해 다시 수정된 전체론이 등장하는 과정을 살펴보았다. 그리고 이러한 일련의 논쟁 과정을 통해 초기의 거친 인간중심주의와 탈인간중심주의 및 전체론의 논지가 점차 순화되고 절충적이 되어 가는 것을 확인할 수 있었다. 그럼에도 미국 환경윤리 담론의 저변에는 자연의 본래적 가치를 인정하는 형이상학적, 심미적, 종교적 이상주의가 흐르고 있으며, 그것이 바로 오늘날까지 미국의 환경담론을 이끌어 온 원천이자 미래의 환경윤리를 이끌어갈 힘이라는 것을 알 수 있었다.

끝으로 한 가지 생각해 볼 점은 환경윤리의 실천에 대한 전망이다. 오늘날 이상 기온, 지구온난화, 오존층 파괴, 토양이나 수질 및 대기 오염, 지진과 해일 등 생태학적 위기를 알리는 징후들은 날이 갈수록 심해지고 있다. 이에 따라 환경위기에 보다 적극적으로 대응하자는 국제적 노력도 가시화되고 있다. 하지만 유감스럽게도 모두가 느끼고 있다시피 생태학적 위기는 점점 심해지고 있는 것이 우리의 현실이다. 그 이유는 무엇일까?

그 이유 중 하나는 그 위기의 인식이 단지 앎이나 이론 차원에 그치고 구체적 행위로 이어지지 않는다는 데 있다. 즉 우리가 이론적으로 생태학적 위기의 심각성이나 반생태적 행위의 비윤리성을 인식한다고 해도 그것이 개인의 행동에 직접적 구속력을 갖지는 못한다는 것이다. 이는 개별적 행위의 생태학적 결과, 특히 그로 인한 피해가 대부분 직접적으로 행위 당사자에게 돌아가기보다 불특정 다수에게 확장됨으로써 특별한 죄책감이 일어나지 않기 때문이다. 예를 들어, 불법적인 산업 폐기물 방출이나 녹지 훼손 등 나의 반생태적 행위는 나 개인에게는 즉각적으로 경제적 이익을 보장해 주지만, 그 환경파괴의 효과는 자연계의 상호 의존성을 따라 멀리 퍼져나가 만인의 몫으로 돌아간다. 이러한 나의 행위는 만물의 상호 연관성을 모르는 무지 때문일까? 아니다. 이는 만물의 상호 연관성을 모르기 때문이 아니라 오히려 정확하게 알고 있기 때문이다. 자기 행위가 자기 자신에게 가져오는 (직접적인) 이익과 (단지 간접적인) 손해를 정확히 저울질하기에 가능한 행위인 것이다. 이런 점을 감안할 때, 우리는 환경윤리 이론만을 통해서는 사람들이 생태학적 각성에 이르기 힘들다는 것을 짐작할 수 있다. 세상 만물의 상호 연관성을 안다는 것은 그 그물망 속에 놓인 나의 행위의 중요성을 깨닫거나 책임감을 느끼게 하기보다 오히려 개인의 무력감만을 느끼게 할 공산이 크다. 온 나라의 경제가 고도성장과 기술개발을 지향하고 모든 사람이 경쟁적으로 자기 이익을 추구하고 있는 와중에 한 개인이 수돗물과 전기를 절약하고 자가용을 타지 않는다고 해서 무엇이 얼마나 달라지겠는가?(한자경 195-96)

이로써 우리는, 아무리 만물의 상호 의존성을 강조하는 전체론이나 탈인간중심주의적 자연관을 내세운다 할지라도 그것이 현상세계의 질서를 서술하고 설명하는 경험과학의 수준에 머물러 있는 한, 우리가 직면한 환경위기를 극복하기 위한 근본적 통찰을 제공해 줄 수 없다는 것을 알 수 있다. 그러므로 위기 극복의 희망은 (카슨의 지적처럼) 우리 외부 세계에 대한 이해에서가 아니라, 오직 우리 내면 세계에 대한 이해, 즉 우리의 영적 성숙에서 찾아져야 할 것으로 보인다. 비록 '우리가 아직도 정복의 관점에서 크게 벗어나지 못하고 있고 또 우리 자신을 거대한 우주의 한 부분으로 여길 만큼 성숙하지도 못했지만, 이제는 회의적이고 오만한 눈길이 아니라 겸허하고 감사한 눈길로 자연을 바라볼 줄 알고, 그럼으로써 이제 자연이 아니라 바로 우리 자신을 정복하는 성숙한 면모를 보여주어야' 하는 것이다.

환경위기 해결의 단초, 즉 우리가 이기적인 탐욕과 이분법적 사고로부터 벗어나 자연과 화해하고 '잃어버린 나'를 되찾는 길은 다음과 같은 소로의 소박한 체험을 우리가 공유하는 데에서 가능할지도 모른다.

> 나는 갑자기 대자연 속에, 후드득후드득 떨어지는 빗속에, 또 집 주위의 모든 소리와 모든 경치 속에 너무나도 감미롭고 자애로운 우정이 존재하고 있음을 느꼈다. 그것은 나를 지탱해 주는 공기 그 자체처럼 무한하고도 설명할 수 없는 우호적인 감정이었다. … 나는 사람들이 황량하고 쓸쓸하다고 하는 장소에서도 나와 친근한 어떤 것이 존재함을 분명히 느꼈다. 나에게 혈연적으로 가장 가깝거나 가장 인간적인 것이 반드시 어떤 인간이거나 어떤 마을 사람이지는 않다는 것을, 그리고 이제부터 어

떤 장소도 나에게는 낯선 곳이 되지 않으리라는 것을 분명히 느꼈다.(『월든』 189)*

* 이 글은 본래 「죽음의 문명을 넘어: 현대 미국 환경윤리 담론의 특징과 과제」라는 제목으로 『미국학』 32집 2호(2009년 11월), pp. 47-74에 실렸던 것을 수정, 가필한 것임을 밝혀 둔다.

자연과 여성

에코페미니즘의 도전

장경순

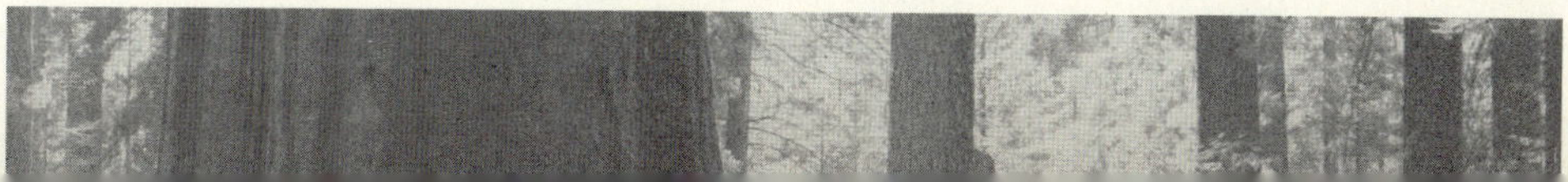

1) 에코페미니즘의 태동

에코페미니즘ecofeminism의 방향과 특성은 그것을 이해하고 적용하는 입장과 철학에 따라 다양하고 확장된 외연을 포함한다. 미국 문화와 사회에서 인간과 자연의 관계를 이해하고 그 관계를 개선하는 데 에코페미니즘은 역동적이고 실천적인 장으로서 역할을 해 왔다. 사실 에코페미니즘은 1974년에 프랑수아즈 도본느Françoise d'Eaubonne가 고안한 용어로서, 산업화와 더불어 환경파괴로 죽어가는 지구를 되살리는 데 여성이 앞장서도록 독려하는 의지가 담겨 있는 신조어다. 그러나 에코페미니즘은 미국에서 가장 활발히 전개되었고 다양한 유형으로 분리되어 복합적이고 다층적이며 여러 갈래로 나뉘어 사용되고 적용되고 있다.

미국에서의 에코페미니즘은 1970년대 후반과 1980년대의 반군대문화운동으로부터 시작되었다. 에코페미니즘에 관한 최초의 학술대회는 "여성과 환경"으로 1974년 캘리포니아 버클리 대학교에서 샌드라 마버그Sandra Marburg와 리사 왓슨Lisa Watson을 중심으로 열린 것이다(Spretnak 8). 이후 1980년에 미국의 애머스트Amherst에서 이네스트라 킹Ynestra King, 그레이스 페일리Grace Paley 등이 주축이 되어 개최한 "지상의 여성과 생명: 1980년대의 에코페미니즘 학술대회"가 에코페미니즘의 주요한 출발이다(Spretnak 8). 이 학회는 초기 에코페미니즘

학회로 미국 펜실베이니아 주의 스리마일 아일랜드Three Mile Island에서 1979년에 일어난 원자력 발전소의 사고에 대항하고자 열린 것으로 여기서 반핵, 환경문제, "페미니즘 이론, 예술, 건강, 군사주의, 인종차별주의, 도시생태" 등의 주제가 논의되었다(Sturgeon 26). 이는 남성 위주의 가부장적 제도의 기초 위에 쌓인 권력과 반생명적인 문화와 사회제도에 대한 도전의 시작이다. 즉 초기 에코페미니즘 지지자들에게는 반핵과 반군사주의 등이 중요 이슈였다.

메리 멜러Mary Mellor는 1970년대에 에코페미니즘이 출연함으로써 현대가 직면한 두 가지 위기를 한데 불러 모으고 있음을 지적한다. 첫 번째는 "서구 산업주의에 대한 환경보호단체의 비판, 경제적 제국주의에 대한 개발도상국들의 비판, 증가하는 반핵운동 등으로 반영된, 과학·기술·발전에 대한 신념의 상실이다. 두 번째는 여성의 정치적, 사회적 진보에 대한 자유여성주의자의 낙관주의가 잘못되었다는 것에 대한 인식이다"(Mellor 46). 에코페

스리마일 아일랜드 원자력 발전소(출처 *PA Pundits-International*)

미니스트들은 이 두 가지 위기의 저변에는 사실 남성중심적인 세계관과 가부장제의 문화가 놓여 있다고 인식하고 있고 인간중심주의만을 비판하는 기존의 생태주의로는 이를 극복할 수 없다고 생각하는 것이다. 따라서 심층생태주의나 사회적 생태주의 등과도 자주 논쟁을 벌이고 그 이론에 도전을 하게 된다. 노엘 스터전Noel Sturgeon이 간단하게 표현한 바와 같이 에코페미니즘은 "환경주의와 페미니즘을 연결하는 운동"으로 젠더, 인종, 계급에 관한 불공평과 권리 침해를 허용하여 환경의 착취와 파괴를 인가하는 이데올로기를 비판한다(Sturgeon 23-24).

2) 에코페미니즘의 분류

앞서 지적한 것처럼 미국에서 본격적으로 에코페미니즘이 태동하고 활성화된 것은 1970년대지만 그 이전에도 여성이 자연에 관심을 갖고 인간과 자연의 관계를 개선하려고 시도해 왔다. 특히 1960년대 말 이전에 여성을 남성과 같은 이성적 주체로 보는 진보적 페미니즘은 에코페미니즘에 영향을 미쳤다. "자유주의 페미니즘은 새로운 법률과 규칙을 제정함으로써 인간과 자연의 관계를 변화시키려는 개혁 환경보호주의의 목적"과 그 궤를 같이한다(Merchant 1990, 100). 자유주의 페미니즘은 인간을 자신의 이익을 극대화하려는 개별적인 이성적 행위자로 여기고 자본주의를 인류의 진보를 위해 가장 이상적인 경제 구조로 여기는 자유주의 이론에 그 기반을 둔다.

자유주의 페미니즘은 여성과 남성의 능력에 차이가 없으며 동등하게 교육을 받고 경제적 기회를 누린다면 여성의 잠재적 능력을 실현할 수 있을 것이라고 주장한다. 자유주의 페미니즘의 시각에서 보자면 환경문제는 너무 급속하게 천연자원을 개발하고 환경오염원을 규제하는 데 실패했기 때문에 일어난 것이므로 "더 나은 과학, 자원보존, 법률" 등이 자원문제를 해결하는 데 적절한 접근법이라고 믿는다(Merchant 1990, 100-1). 그러므로 여성들에게도 균등한 교육의 기회를 준다면 남성과 마찬가지로 과학자나 천연자원 관리자, 법률가 등이 되어 "환경을 개선하고 천연자원을 보존하며, 더 나은 인간 생활의 질을 위해 기여"하게 되고 그들의 생물학적 특성에 붙은 "사회적 오명"을 씻고 "환경보호라는 문화적 과업"을 남성과 함께 달성해 낼 수 있을 것이라고 주장한다(Merchant 1990, 101).

예를 들자면 1962년 여성 과학자인 레이철 카슨Rachel Carson은 『침묵의 봄 *Silent Spring*』에서 살충제의 피해를 알리며 환경파괴와 오염이 가져다줄 재앙을 인류에게 경고했다. 환경에 대한 인류의 시각을 혁명적으로 바꾼 이 책으로 인해 미국 정부는 정책과 법안을 바꾸었다. 진보적 에코페미니즘은 카슨이 보여주듯이 여성에게도 남성과 마찬가지로 기회가 주어진다면 환경보호 정책에 동참할 수 있는 능력이 있다는 논리를 기조에 두고 있다.

그러나 개혁 환경보호주의가 과학적이고 실용적으로 자연을 잘 관리하고 보존하는 것에 목표를 두는 것이 결국은 인간을 위한 일이고 인간중심주의를 벗어나지 못한 것처럼 이와 맥을 같이하는 자유주의 (에코)페미니즘도 그 한계점을 보이는 것이다. 또한 이네스트라 킹이 지적한 바와 같이 세계적으로 지배적인 문화이고 사리사욕을 채우는 데 관심을 두는 자본주의는 "문화를 동질화시키고 생태계 안의 자연적으로 복잡한 균형"을 무너뜨리며 "시장 확대에 의존"하고 있으므로 "훨씬 더 넓은 생명의 영역이 팔린 물건에 의해 영향을 받는다. 즉 자본주의자의 관점에서는 물건이 더 많이 팔릴수록 더 좋은 것이다"(King 108). 그러므로 합리주의에 기반을 둔 자본주의는 인간의 과학과 기술이 내재적으로 진보적이라고 주장하고 자연을 지배하는 것을 당연하게 여긴다. 이러한 가치관에 기반을 둔 자유주의 (에코)페미니즘도 인간중심주의라는 같은 한계를 드러낸다.

급진주의 페미니즘은 1960년대 말에서 1970년대에 전개된 것으로 자유주의 페미니즘과는 그 입장이 철저히 다르다. 급진주의 페미니즘은 한편으로는 생물학적 근거로 여성이 남성을 지배하는 것이 여성 억압의 근원이라는 비판을 하고 다른 한편으로는 여성이 남성과 모든 면에서 동등하다는 논리에서 벗어나 여성 고유의 특징을 인정하고 개발한다. 따라서 급진주의 페미니즘은 여성과 자연을 연결시키는 데 상반된 입장을 취하는 그룹으로 나뉜다. 즉 여성과 자연을 연결시키는 것이 여성 해방에 도움이 된다고 생각하는 입장과 여성을 남성에 종속시키는 가부장제를 강화시킬 수 있다고 생각하는 입장이다.

급진주의적 이성주의 페미니즘은 여성과 자연을 연결시키는 것에 반대한다. 여성과 자연을 연결시키는 것은 여성을 구속하는 것이고 여성들은 이러한 관점의 감옥에서 해방되어야 할 필요가 있다는 것이다. 급진주의적 이성주의 페미니즘은 "생태학을 페미니스트의 쟁점거리로 이용하는 것"을 개탄하고 그러한 것을 "성역할에 대한 고정관념을 강화시키는" 퇴행적 태도로 여긴다(King 110). 여성과 자연을 같은 지위로 보는 전통적인 가부장제적인 입장은 여성과 자연의 지위를 같이 낮은 위치로 격하시키며, 여성을 끊임없이 베풀고 양육하는 존재로 여기고 자연 또한 끝없이 풍요롭고 착취할 수 있는 대상으로 전락시킨다는 것이다. 또한 문화와 자연을 이분법적으로 나누고 자연에 더 가까운 여성을 하위에 두며 자연을 개발의 가치로 판단하여 대상화된 자연에 도전하므로 이러한 시각으로 자연과 여성의 관계를 보는 페미니스트들은 자연과 여성을 결부시키는 데에 비판적이다.

이와는 달리 쉐리 베스 오트너Sherry Beth Ortner 같은 학자는 기존의 남성적 이분법적 형이상학을 인정하며 해체한다. 즉 여성은 자연과 밀접한 관련이 있고 남성은 문화와 관련이 있다고 본다. 다만 이분법적 서구 형이상학에서 주장하는 여성/자연은 남성/문화보다 하위에 있다는 생각을 전복하여 여성과 자연의 지위를 회복하려 한다. 그러나 캐롤린 머천트Carolyn Merchant 같은 에코페미니스트들은 "여성과 남성의 관계가 자연과 문화의 관계와 같다면 여성을 자연과 결합시킴으로써 여성 해방을 위한 희망은 퇴보"되는 것이라고 비판한다(Merchant 1990, 102). 왜냐하면 "남성/여성, 정신/육체, 문화/자연이라는 이분법적 구성요소 중에서 여성, 육체, 자연을 강조하게 되면 그들이 전복하고자 했던 위계질서를 영구화 시킬" 위험에 처할 수 있다는 것이다(Merchant 1990, 102). 이는 여성적인 것이 더 우월하다고 주장함으로써 이분법을 강화하고 이전에 남성중심주의적 가부장제가 밟았던 전철을 되풀이하는 것이기 때문이라는 논리다.

한편, (급진주의) 문화 페미니스트들은 남성이 주도한 문화의 일부에 함몰되기보다 "남성 문화에 도전하고 독특하게 여성적인 것을 찬양"하고 "음악, 미술, 문학, 시, 마녀집회, 그리고 공동체 안에서 여성이 자연과 공감"하게 되기를 바란다(King 111). 그러나 킹은 문화 페미니즘이 남성에게 억압받은 백인 여성뿐만 아니라 유색인종 여성이 당면한 인종차별문제까지 고려하고 있는지 반문하며, 단지 여성을 자연과 일치시키며 선한 존재로 여기는 것 이상의 "역사, 권력, 여성, 자연"의 관계가 복잡한 것임을 인식할 필요가 있다고 촉구한다(King 111). 그럼에도 불구하고 킹은 문화 에코페미니즘이 지구중심적인 토착문화와 영성을 존중하고 "신앙과 실천을 절충하여 혼합한 페미니즘 영성운동"을 낳았으므로 어떤 다른 형태의 페미니즘보다 "인종적 다양성"을 인식하고 있음을 인정한다(King 112-13). 재닛 빌Janet Biehl 같은 학자들은 문화 에코페미니스트들이 영성을 강조하는 것을 지나치게 "신비주의"에 의존하는 것이라고 비판을 하는 것도 사실이지만 킹은 페미니스트 영성의 긍정적인 부분을 인정한 것이다(Sturgeon 38).

스터전 또한 여성과 자연의 연대성을 긍정적으로 받아들이며 영성에 관심을 두는 문화 에코페미니즘의 입장에 대해 설명을 한다.

> 페미니스트적 영성의 근원을 구축하는 데 관심이 있고 자연을 기반으로 하는 종교에서 이런 근원을 찾는 페미니스트들이 취하는 입장이다. 이교도, 마녀, 여신숭배, 미국 원주민 종교 등이 그것이다. 자연에 기반을 둔 이러한 종교들이 역사적으로 여성의 힘에 대한 강한 이미지를 포함하고 여신을 적어도 남신과 동등한 위치에 두었기 때문에 페미니스트적 영성을 찾는 많은 사람들은 '에코페미니스트'라는 명칭에 거부감이 없다.(Sturgeon 29)

문화 에코페미니스트들은 자연과 여성을 연결시키는 것에 불만을 보이지 않는다. 이는 남성과 차별화된 특성을 지닌 여성에 대한 평가를 그대로 존중하고, 문화와 자연을 나누는 이분법적인 서구의 사고방식에 반대하는 입장이다. 특히 인종적 다양성을 인식하고 여성의 경험과 영성을 존중하는 문화적 페미니즘은 지구상의 "모든 살아 있는 것들의 궁극적인 조화에 기초를 둔 영성운동"이며 "이 운동에는 어떤 특별한 교리가 없고, 단지 다른 나머지 생명체와 그들의 연결을 축하하는 육화되고 땅에 고착화되어 있는 살아 있는 존재로서 여성을 인식한다"(King 112).

문화 에코페미니즘의 입장에서는 "여성의 생식상의 특성(생리주기, 수유, 출산)으로 인해 자연적 리듬을 가지며, 계절적 · 주기적이고, 생사와 접촉한다는 점에서 여성이 생물학적으로 자연과 더 가깝다고 주장하는 것이다. 이 입장에 문제가 없는 에코페미니스트는 여성이 남성보다 자연과 교감을 더 잘 할 수 있다고 느끼며 자연과 동일시함으로써 자신과 자연에 도움이 된다고 생각한다"(Sturgeon 29). 앞서 언급한 바와 같이 생물학적으로 여성과 자연을 연결시키는 일은 "모든 여성의 타고난 권리"를 강조하는 "본질주의자"의 입장을 취해서 종종 비판을 받는데, 왜냐하면 이러한 입장은 기존의 가부장제에서 여성의 열등함을 주장할 때 이용될 수 있거나, 반대로 여성들이 생물학적으로 오히려 더 우월한 존재라고 주장되는 경우에 여성들이 타파하고자 노력했던 위계질서를 강화시키기 때문이다(Zimmerman 142).

그러나 문화 에코페미니즘에서 여성과 자연의 연결을 긍정적으로 보는 것은 여성이 열등하거나 우월하다는 위계질서의 관점이 아닌 남성과의 차이에 초점을 두는 것이다. 즉 여성의 사회적, 역사적, 생리적, 심리적인 면에서 독특한 여성의 현실을 파악하고 여성과 자연을 찬미의 대상으로 삼는다. 따라서 유사 이전의 모계사회를 돌아보고 고대의 여신을 숭앙하는 의식을 치르며 여성의 생식능력을 경외하여 영성이 사회나 개인을 변화시킬 수 있는 원동력이라고 생각한다. 남성적 특징이라고 여겨지는 과학이나 기술에 반대하여 직감을 존중하고 보살핌과 인간관계를 중시한다. 생태계를 파괴하는 남성적 기술발전에 대항하여 생식에 기여하는 자연과 여성이 서로 밀접한 관계를 유지하고 발전시켜 가야 한다고 주장하는 것이다.

사회주의 에코페미니즘에서는 문화 에코페미니즘이 여성과 자연의 관계를 생물학적으로 접근하는 경향을 비판한다. 따라서 "남성들의 활동보다 더 자연에 가까운 것으로 여겨지는 여성의 활동이 사실은 극도로 사회적인 것"이라고 주장하는데, 예를 들면 "출산은 자연적이지만(비록 진행되는 방식은 대단히 사회적이긴 하지만), 어머니가 아이를 보살피는 일은 완벽하게 사회적인 행위"라고 한다(King 116). 여성의 생식과 양육의 역할에 대해 생물학적 차원으로만 여기지 않고 역사적, 사회적 관점에서 재검토하고 그 중요성을 인지하는 것이다. 또한 "여성의 노동에 대한 역사적, 비교문화적, 그리고 유물론적 분석을 사용하여" 여성과 자연의 관계를 분석하는데 "농업 생산"이나 "가정 경제의 운영"을 남성보다 주도적으로 하는 여성들이 환경문제에 더 민감하게 반응하고 대처할 수 있으며 환경문제는 "여성의 노동"에도 심각하게 영향을 미친다고 주장한다(Sturgeon 28). 이는 자본주의 발생으로 생긴 환경문제와 소외된 여성의 노동에 대한 재검토다.

사실 사회주의 에코페미니즘에서는 문화 에코페미니즘이 간과한 자본주의의 폐해를 지적한다. 인간이 다른 인간을 지배하려는 구조가 인간이 자연을 지배하려는 구조를 생성했다고 믿는 사회적 생태주의와 그 기조를 같이하는 사회주의 에코페미니즘은 자본주의와 가부장제를 비판의 대상으로 삼아 그 이론의 철학적 토대를 구축한다. 즉 사회주의 에코페미니스트들은 "환경문제의 근원이 자본주의적인 가부장제"에 있다고 주장하는데, 이는 가부장제의 이데올로기에서는 "기술을 통한 인류의 발전을 위해 지구와 자연을 착취할 수 있다"고 하기 때문이다(Merchant 1990, 103). 사회주의 에코페미니즘에서는 자본주의 체제가 자연을 상품화하고 여성과 자연을 착취의 대상으로 전락시켰음을 비판한다.

> 역사적으로 자본주의의 발생은 사용 가치에 따라 생산이 되고 여성과 남성이 경제적 동반자였던 자급에 기반을 둔 농장과 도시 작업장을 서서히 무너뜨렸다. 그 결과 남성들이 자본주의 경제를 지배하게 되었고 여성들은 가정에서 무보수로 노동하게 되고 시장에서 행해지는 남성의 노동력에 종속되기에 이르렀다. 자연이 부과한 속박으로부터 인간이 점차적으로 해방되는 일환으로 여성과 자연이 남성에 의해 착취당하게 되었다. 그리하여 여성과 남성이 서로에게서 소외되고 여성과 남성 모두가 자연으로부터 소외되었다.(Merchant 1990, 103)

자본주의는 기술발전과 생산을 위해 자연을 이용하거나 착취하는 데 앞장섰으며, 남성이 지배하는 자본주의 경제는 여성과 자연에게서 생산능력을 빼앗았다. 또한 자본주의는 여성들의 생물학적 생식능력과 아이들을 양육하는 능력을 생산능력의 하위에 두었다. 그러므로 사회주의 에코페미니즘은 "여성, 노동자 계급, 자연을 동시에 해방시킬 수 있는 생태학적, 경제적, 그리고 사회적 해법"을 찾기 위해 노력한다(Merchant 1990, 103).

사회주의 에코페미니스트들은 인간과 자연의 문제, 남자와 여자의 갈등, 계급과 인종문제를 정치적, 경제적, 역사적, 사회적 환경 안에서 형성된 것으로 보고 있다. 그러므로 킹은 "자연을 지배하는 것이 사회 안에서 비롯되었으니 해결책도 사회 안에서 찾아야만 한다"(King 117)라고 주장한다. 그러므로 그들은 "사회 질서의 법률적, 정치적 재생산과 사회화"에 관심을 갖고 가부장적 기술주의가 낳은 환경문제를 해결하기 위해 환경운동에 적극 참여하고 사회의 변화를 유도한다(Merchant 1990, 103). 머천트는 남성적 현대 기술의 폐해와 그에 대항하는 여성의 환경운동에 대해 좀 더 구체적으로 설명한다.

> 여성들은 남성이 고안하고 생산한 기술들이 핵 방사선, 살충제, 유해 폐기물, 그리고 가정 내의 화학물질들이 여성의 생식 기관과 생태계에 미치는 영향에 대해 무시해 왔다고 주장한다. 그들은 학교나 가정 근처에 있는 유해 폐기물 처리장의 〔유해물이〕 토양과 물에 침투하여 유산, 선천성 기형, 백혈병의 원인을 제공한다고 폭로한다. 여성들은 아동들과 임신부들에게 잠정적으로 해가 될 수 있으므로 그들이 사는 근처에

있는 농작물이나 삼림에 살충제나 제초제를 살포하는 것에 반대한다.(Merchant 1990, 102)

사회적, 정치적으로 환경문제를 해결하려는 생태의식을 지닌 사회주의 에코페미니스트들은 환경운동을 실천하고 자연을 회복시키며, 자연을 지배의 대상이 아닌 능동적 주체로서 인간과 조화로운 관계를 발전시켜 가야 하는 존재로 여긴다.

3) 에코페미니즘의 지향점

그렇다면 이러한 에코페미니즘이 궁극적으로 나아갈 방향이 무엇인가? 반핵과 반군사주의 운동으로 시작한 에코페미니즘의 방향은 이론의 구축과 더불어 파괴되고 망가져 가는 세상을 치유하고 자연과 인간을 연결하고 공존하는 데에 실질적인 역할을 해야 한다고 생각한다. 그런 의미에서 자연처럼 파괴되고 상처받은 아메리카 원주민의 문화를 통찰하고, 아메리카 원주민 작가의 세계관과 작품을 분석하고 이해하는 것은 치유와 회복에 관한 에코페미니즘의 하나의 사례연구가 될 수 있다. 또한, 역으로 아메리카 원주민과 같은 소수 인종에게 자연의 의미가 무엇이며 인간과 자연의 관계를 통찰하고 이해하는 네 에코페미니즘은 유용하다.

미국 사회에서 백인의 우월성에 기초한 식민화와 문명화 과정에서 아메리카 원주민은 백인이 정복해야 할 야만적인 자연의 일부로 여겨져 많은 인디언 종족이 몰살되었고 현재에도 소수 인종으로 겨우 명맥을 유지하며 보호구역을 지닌 채 살아가고 있다. 아이러니컬하게도 자연을 있는 그대로 인정하고 존중하는 아메리카 원주민의 삶의 방식은 균형이 깨지고 파괴되어 가는 자연을 지키고 돌아볼 수 있는 하나의 해결책일 수 있다. 아메리카 원주민 작가 중 치커소

린다 호건(1947~)

Chickasaw 인디언 부족 출신인 린다 호건 Linda Hogan은 아메리카 원주민의 전통에 걸맞게 자연과 환경에 관심이 많아 주로 자연과 환경을 주제로 작품 활동을 하고 있다. 모든 생명이 서로 밀접하게 연결되어 있다는 생각을 바탕으로 호건은 자아/주체를 인정하려면 타자를 또 다른 주체로 인정하고 존중해 줄 때 비로소 진정한 주체가 성립한다고 생각한다. 호건은 인간의 토지 사용의 문제, 도시로 재배치된 인디언 부족의 삶, 백인의 착취, 자연친화적인 여성의 역할, 생명을 부여하고 양육하는 여성의 특성, 가족 간의 관계, 신화, 자연과 인간이 조화된 긍정적인 삶의 역동성 등을 작품에서 다루고 있다. 호건의 텍스트는 에코페미니즘이 다루는 주제와 공통점을 많이 포함하고 있어서 생태학적 문제에 봉착한 현대인에게 시사하는 바가 크다. 특히 호건의 작품 중 『태양 폭풍 *Solar Storms*』에서 호건은 자연을 정복의 대상으로 믿고 인간의 편리를 위해 자연을 인간의 마음대로 이용할 수 있다고 생각하는 유럽계 미국인의 전통을 비판하면서 자연친화적이며 자연을 있는 그대로 존중하는 아메리카 원주민의 전통을 대안으로 제시하고 있다.

『태양 폭풍』에는 정신적, 육체적으로 상처 입은 영혼을 지닌 여성 인물이 많이 등장한다. 이 장에서는 다양한 아메리카 원주민 부족이 등장하는 이 텍스트에서 아메리카 원주민 여성들이 어떻게 상처를 입고 상처를 주는지를 개인적, 문화적인 차원에서 살펴보고, 상처와 자연은 어떤 연관성이 있는지를 알아보겠다. 또한 어떻게 인간과 인간의 관계, 인간과 자연의 관계를 회복하고 발전시켜 나가며 상처를 치유하는가를 연구한다. 자신을 '상처 입은 치유자'로 간주하는 호건의 내러티브는 자연과 인간의 관계를 통해 치유의 과정을 노정한다. 또한 이 연구에서는 인간과 자연의 관계는 물론 5대에 걸친 모계적 가계의 인간관계를 통해서 상처와 치유를 받은 아메리카 원주민 여자 주인공이 생태학적 관계를 새롭게 인식하고 생태학적 의식을 키워 나가며 가부장적 사고를 지닌 백인들의 개발제일주의로부터 자연을 지키고 치유하기 위해 어떻게 행동하고 실천하는가를 분석한다. 이는 에코페미니즘의 궁극적인 목적 중의 하나로 필자가 언급한 치유와 회복의 내러티브를 탐색하는 여정이다.

4) 개인적, 문화적 상처

여성 고유의 경험인 출산에 큰 의미를 부여하고 여성과 자연을 연결시키는 에코페미니즘의 경향을 아리시카 라자크Arisika Razak의 글에서 찾아볼 수 있다. 라자크에 따르면, "어머니의 자궁은 아이들에게는 첫 번째 환경이다. 출산의 문화적 패러다임은 세상에서 첫 호흡을 하는 아이들을 맞아들이는 첫 번째 제도다. 그 아이의 가족은 아이의 첫 번째 사회다. 이러한 각각의 요소는 — 자궁, 출산문화, 그리고 가족 — 새로 태어난 그 사람에게 심오한 영향을 미친다"(Razak 166-67). 새 생명에게 첫 번째로 다가서는 여성을 둘러싼 환경은 그 무엇보다도 그 아이에게 커다란 영향력을 발휘하고 아이의 미래를 형성하는 데 대단히 중요한 역할을 한다. 이는 그 아이가 속해 있는 사회와 문화의 미래에도 영향력을 끼치는 것이다. 여성이 생식상의 특성으로 생물학적으로 자연과 더 가깝다는 문화 에코페미니스트들의 주장은 실상 어머니가 어머니로서의 긍정적 역할을 제대로 하지 않았을 때 자식에게 미치는 영향이 그 어느 누구보다 더 큰 것으로 보아 역설적으로 그 주장의 타당성을 증명하는 것으로 보인다. 사실 호건의 『태양 폭풍』에서 아버지는 거의 부재하고 그 역할도 상대적으로 미미하나 어머니의 역할은 중차대하여 긍정적이든 부정적이든 간에 자식에게 미치는 영향이 대단히 큰 것으로 드러난다. 특히 부정적인 경우 어머니가 자식에게 주는 상처는 거의 치명적이다.

잉태된 순간부터 어머니에게 의지해야만 되는 새 생명을 부여받은 자식은 선택의 여지 없이 어머니라는 주어진 최초의 환경에 노출되어 어머니의 절대적인 영향을 받게 된다. 이는 앞서 살펴본 바와 같이 여성의 출산이 생물학적 의미가 있는 동시에 여성의 양육이 사회적인 것으로 그 어느 역할도 가벼이 생각할 수 없다. 『태양 폭풍』에서 앤절라/에인절Angela/Angel은 파괴적인 어머니인 해나Hannah와 불가분의 관계를 맺고 있는데, 피할 수 없는 해나의 강한 영향력과 상처입기 쉬운 에인절의 모습이 생생하게 드러난다.

> 내 어머니가 그 흉터를 생기게 한 것을 나는 알고 있다. 그 흉터들은 내가 어머니에 관해 소유한 모든 것이다. 내게, 어머니는 공기와 같다. 난 어머니를 숨 쉬었다. 내가 원하든 원치 않든 간에 난 어머니를 숨 쉬어야만 했다. 그리고 비록 때로는 내가 어머니의 몸 안에 있을 때에 어머니에게서 났던 어머니의 심장박동 소리를 기억한다고 생각했지만, 공기처럼 어머니는 눈에 보이지 않았다. 그 시절에 먼 기억이 갈망하듯이 나를 힘껏 잡아 당겨서 난 슬픔보나 너 깊은 어떤 것을 느꼈다.(34)

어머니와 거의 한 몸과 같았던 시절에 어머니의 자궁 속에서 들었던 심장박동 소리를 막연히 기억하며 설명할 수 없는 깊은 애잔함을 느끼는 에인절은 어머니란 자신에게 생명을 부여한 존재로서 좋든 싫든 숨을 쉴 때 필요한 공기와 같은 존재라는 것을 깨닫게 된다. 그녀가 아주 어렸을 때 서로 헤어진 까닭에 어머니에 대한 직접적인 기억도 없고, 자신이 흉터를 어떻게 얻게 되었는지도 잘 모른다. 그러나 흉터는 어머니와 연결되고 흉터를 볼 때마다 부정적이고 파괴적인 자신의 어머니를 떠올리게 된다.

평생 동안 자신의 콤플렉스가 되는 얼굴의 커다란 흉터와 씻을 수 없는 마음의 상처를 남긴 어머니는 피할 수 없는 대상으로 에인절에게 지속적으로 영향력을 발휘한다. 에코페미니스트들이 주장하듯이 출산과 자녀 양육에 커다란 역할을 하는 어머니의 존재는 자식의 생명에 거의 절대적인 영향을 미친다. 한 존재에게 다른 존재가 미칠 수 있는 이보다 더 큰 영향이 있을까? 그런 어머니가 자식에게 파괴적인 행동을 한다면, 이는 한 생명을 육체적, 정신적으로 파괴하는 것과 같다. 역으로, 자식에게 생명을 부여하고 온전한 인간으로 성장하도록 돕는 일은 자신의 생명력을 활력 있게 만드는 일과 같다. 따라서 파괴적인 행위를 보이는 것은 자신이 얼마나 황폐해져 있는가를 나타내는 바로미터와 같은 것이다. 그러므로 어머니와 자식 간의 상호 연결성과 의존성을 무시하는 일은 결국 모두를 파멸로 이끄는 길이다.

어머니인 여성이 소통의 방법을 찾지 못하고 파괴적인 행위만 일삼을 때에 그 부정적인 영향력은 극대화된다. 예를 들어, 해나가 잔인하게 개를 죽인 일은 이후 자신의 딸을 유기하여 죽도록 방치하는 일과 가까스로 목숨을 건진 에인절을 학대하여 몸과 얼굴에 커다란 흉터를 만든 것과 일관성이 있다. 이는 생태의식이 없이 동물과 소통하지 못한 개인이 사람과도 소통하지 못하고 타인을 고립시키며 자기 자신도 고립시키는 죽음과 파괴의 길을 선택하는 패턴을 보여 주는 사례다. 자연을 파괴하고 자연과 원만한 관계를 맺지 못하는 인간은 근원적이고 일차적인 인간관계인 모녀관계도 건강하게 맺지 못하고 자기파멸적이며, 타인도 해쳐서 기생적이며 자포자기에 빠지는 삶을 이끌어 나간다. 피해자가 가해자가 되는 악순환의 파괴적인 고리에서 헤어나지 못하고 오히려 그 고리를 강화시킨다. 그러나 악순환의 늪에 빠져 있는 개인의 삶은 단지 개인적인 선택으로 인해 악의 화신 같은 행위를 반복하는 것일까?

사실, 근원을 깊숙이 들여다보면 단지 개인적인 일로 치부하기엔 에인절이 지닌 흉터의 원인은 생각보다 그 뿌리가 깊고 복잡하다. 에인절의 할머니이자 해나의 어머니인 로레타 윙Loretta Wing은 몸에서 청산가리 냄새가 나는 엘크 아일랜더Elk Islander 부족 출신이다. "그 부족은 너무나 굶주려서 늑대를 잡으려고 마을 사람들이 내다놓은 독이 든 사슴고기를 먹은 것이다. 굶주린 사람들이 미끼를 먹었다"(38). 청산가리 냄새는 엘크 아일랜더 부족을 구분하게 하는 냄새가 되었다. 생존하기 위해 독이 든 미끼라도 먹는 극단적인 삶을 살아가는 그들은 자신의 몸을 서서히 죽이는 것과 같았고 그들에게 미래는 암담하게 보인다. 생명을 앗아가는 청산가리 냄새를 자식에게 물려주듯이 가난을 대물림하며 또한 학대의 악순환의 고리를 끊지 못해 피해자와 가해자의 처지에 반복적으로 놓이게 된다. 또한 자연을 죽이는 일이 직접적으로 원주민 부족을 죽어가게 하는 일과 연관되어 있어 자연파괴의 심각성을 드러낸다. 이는 사회주의 에코페미니스트의 경향을 지닌 이네스트라 킹이 에코페미니즘의 목표와 "인종차별주의에 항거하는 운동 그리고 원주민의 생존이 내적으로 연결되어 있고 전 세계적인 진정한 생명 살리기 운동으로 이해되고 추구되어야 한다"라고 주장한 것이 유효함을 반증한다(King 107).

로레타의 부족이 파괴되는 것처럼 로레타 자신도 내적, 외적 요인에 의해 무너져 내려간다.

> *그녀가 여전히 소녀였을 때, 그녀는 잡혀가 그녀를 먹이고 때리고 강간한 남자들에게 이용당했다. 그것이 어느 날 그녀가 다른 이를 상처 주는 사람으로 변하게 된 이유다. 그것은 대물림되었다. 그렇듯이 우리는 그녀를 비판했다. 우리에겐 그녀와 같은 비난할 그 어떤 사람이 필요했다. 우린 그녀를 증오하길 원했다. 그러나 로레타가 원죄는 아니었다. 그건 마치 그녀 안에 있는 중요한 알맹이가 일어나서 걸어 나가 버리고 나머지만 남아 있는 것과 같았다. 그녀에게 사랑이란 남아 있지 않았다. 믿음도 없다. 한 조각의 양심도 없었다. 그녀에게 남아 있는 것은 아무것도 없었다.* (39, 이탤릭은 원문과 같음)

폭력적인 남성에게서 상처를 받아 육체적, 정신적으로 망가진 로레타는 주변 사람들에게 상처를 주는 존재로 변했지만 한 인간으로서 자신을 통제하거나 다스릴 능력이 없고 판단하는 능력도 상실한 것처럼 보인다.

잘못 대해진 환경이 얼마만큼 큰 재앙이 될 수 있는지는 상징적으로 해나와 로레타를 통해 보인다. 그들은 다소 우화적인 존재로 보이기도 한다. 인간이 파괴한 자연이 악이 되어 인간에게 되돌아와 무자비하게 인간을 파괴시킬 수 있는 것처럼 자연친화적인 미국 원주민 부족의 일원인 해나와 로레타도 남성에게 정신적, 육체적으로 폭행당한 이후 다른 이들에게 거의 악 그 자체로 비춰지며 정신적, 육체적 황폐함을 대물림하는 악순환을 반복한다. 개인의 삶에서 개인의 선택으로 보이는 것도 실은 그 집단의 문화적인 선택과도 긴밀하게 연결되어 있다. 특히 미국 원주민 보호구역 안에서 일어나는 폭력은 개인의 삶에 커다란 영향을 끼치고 개인이 부정적인 선택을 하며 살아가도록 한다. 호건은 한 인터뷰에서 "많은 수의 성적 학대와 신체적 학대, 어린이 구타가 인디언 보호구역에서 발생하고 있다. 일단 사람들이 희생자가 되면 스스로 정치에 관심을 갖고 사슬을 끊도록 힘껏 애써야 한다. 그리고 건강과 온전함을 되찾기 위해 다시 한 번 자신들에게 권한을 부여할 수 있도록 애써야 할 것이다"(Coltelli 81)라고 하면서 그 문제점을 지적하고 해결책을 제시한다.

상황을 바꿀 여력도 능력도 없이 매춘과 질병의 희생자가 된 로레타는 해나에게 그 악을 물려주는 가해자가 된다. 그들이 희생자이며 가해자이므로 그들이 "원죄"는 아니라고 호건은 지적한다(39). 이는 단순히 개인의 문제는 아닌 것이다. 말하기 좋아하는 사람들은 쉽게 비난거리를 찾고 눈에 보이는 대로 악을 저지른 로레타와 그것을 대물림한 해나를 비난하겠지만 알고 보면 그들도 희생자인 것이다. 크리Cree 족에 전해지는 옛날이야기 중에 "굶주림, 시기, 욕심이라는 얼어붙은 마음의 악에 관한 이야기"가 있는데, "어떻게 그 악이 사람들을 죽음과 병으로 내몰며 미치게 만드는가에 관한 것"이다(12-13). 애그니스Agness는 "그 이야기에서 영혼을 구할 수 있는 유일한 것은 그 사람의 심장을 녹이는 길을 찾는 것이다"라고 말하며 해나가 "지하세계로 향하는 바닥이 없는 길에 서" 있으며 "상처를 입어" 그녀는 "위험하고 그녀의 마음은 녹지 않았음"을 에인절에게 이야기한다(12-13). 해나의 상처는 단순히 개인적인 상처가 아니라 사회적, 문화적 상처로 그 부족의 상처이며, 그중 여성의 상처이며, 쉽게 치유될 성질의 것이 아니어서 얼어붙은 심장을 녹이는 길을 찾는 것은 수월하지 않다.

뼛속으로 파고들거나 언 나뭇가지를 부러뜨리는 겨울의 찬바람으로 묘사되는 해나는 분노를 쏟아 놓을 곳을 찾는 폭풍우 같다고 했다. 그런 해나에게도 가끔 훈풍이 감돌기도 하지만 그것도 잠시일 뿐 사람들이 살가운 태도로 접근하면 이내 다시 얼음장처럼 차가와져서 등을 돌린다. 이는 해나의 분노와 상처가 얼마나 깊은가를 단적으로 보여 준다. 사실 해나는 자신을 해치고 타인도 해치는 악순환의 고리를 끊을 치유의 능력이 없는 나약한 존재다. 상처 입은 영혼이 또 가해자가 되는 악순환의 고리를 끊기 위해서는 먼저 그 상처를 치유해야 한다. 상처 입은 가해자는 사실 피해자다. 개인의 고통은 악순환으로 인해 타인을 고통으로 빠뜨리고 악순환의 고리를 끊지 않는다면 계속해서 다른 희생자가 생긴다. 개인의 고통이 그 문화와 사회를 공유한 공동체의 고통이 되는 것이다. 악령이 들어서 악을 행한다고 쉽게 말할 수 있는 성질의 문제가 아닌 것이다. 그것은 "공허한 눈빛"을 지닌 해나의 몸에 밴 청산가리 독의 쓴 냄새처럼 여러 번 닦아도 옅어지지 않는 "피 속 깊이" 배고 "역사처럼 깊은" 것이어서 질긴 악순환을 끊기 쉽지 않은 뿌리 깊은 원인과 구조를 지니고 있다(40). 그 출발과 원인을 이해할 때 문제 해결의 실마리가 눈에 조금씩 들어오고 그 상처를 치유함으로써 대물림을 끊을 수 있는 출구를 마련하게 된다. 그 문을 열고 나서는 역할을 에인절이 하게 된다고 생각한다.

에인절이 그 역할을 하는 데는 다른 어머니들/할머니들의 조력이 큰 부분을 차지한다. 그들은 에인절이 부족의 역사를 이해하고 자연과 교감을 할 수 있는 계기를 만들어 주고, 에인절 자신이 자연과 얼마나 친화적인 사람인가를 깨닫게 해 주는 멘토 역할을 하고, 자연과 더불어 더욱 성장하게 해 주고, 무엇보다도 자신이 사랑받는 존재라는 것을 알려주고 지속적인 사랑을 보여 줌으로써 타인을 사랑할 수 있는 성숙한 인물로 성장하게 도와준다.

『태양 폭풍』에 등장하는 어머니상 중의 한 사람인 부시Bush는 에인절의 상처를 어루만지고 아물게 하는 역할을 한다. 즉 한 어머니에게서 입은 상처를 다른 어머니가 치유하는 셈이다. “자신의 흉터 진 얼굴과 황폐한 내적 자아에 대해 화가 난 채” 세상으로부터 도주하는 에인절은 “가족들 사이에서 그리고 대지 안에서 영혼이 치유되는 경험을 한 이후에 공동체로 건강한 귀환”을 하게 된다(Rainwater 95). 얼굴의 흉터는 어머니로부터 버림받고 세상과 단절된 삶을 살았던 에인절의 인생 단면을 상징적인 표시로 극대화하고 있다. 에인절은 자신의 흉터를 항상 의식하고 있고 자신감이 결여된 상태로 부평초처럼 세상을 떠돌고 있었다. 자신의 뿌리에 대해서 알게 되고 자신이 사랑받았고 사랑받는 존재라는 것을 깨닫게 됨으로써 그녀의 영혼이 치유되기 시작한다. 에인절이 인간의 사랑을 깨닫는 데 자연과 가족은 큰 역할을 한다. 이는 모든 생명이 연결되어 있다고 하는 에코페미니즘적 깨달음이다.

5) 에코페미니즘적 치유를 향하여

린나 호건은 자신이 성장기에 겪은 가난과 인종차별로 인한 상처를 흔히 인디언 부족에게 흔히 보이는 “술, 자살, 광기, 또 다른 형태의 자기혐오”로 귀결시키는 대신에 나름의 방식으로 만행이나 억압과 차별에 대항해서 싸워 왔다(“Two Lives” 240). 특히 “모든 형태의 폭력이나 땅과 생명의 파괴”를 잔인하고 잘못된 것으로 인식하고 자신을 끊임없이 교육시키며 고통과 슬픔을 점검하면서 문학을 아픔과 상처를 치유하는 통로로 사용했다(“Two Lives” 241). 그 가운데 호건은 에코페미니스트가 강조하는 영성의 중요성을 깨달았다. “영성은 [개인의] 내면적 자아”라는 어느 주술사의 말을 기억하며 시를 쓰거나 이야기를 들려주고 듣는

데에도 영적인 것이 있으며 "어머니가 되고 동물이나 나무를 돌보아 주는 사람"이 되는 것도 영적인 일이라고 생각한다("Two Lives" 247). 호건은 아동기, 가족, 관계, 문화, 사회정치 등을 통해 받은 상처를 영성을 지닌 자연친화적인 여성으로서 문학을 통해 개인적인 치유의 차원을 넘어서 문화적 차원의 치유가 필요함을 역설한다. 영성이 중요한 일부분인 미국 원주민 문화의 전통 안에서 자신의 문화를 온전히 이해하고 삶의 일부로 받아들이려는 시도 안에서 관계가 회복되고 공동체 안팎에서 받았던 상처는 치유되기 시작한다. 『거처*Dwellings*』라는 에세이 모음집에서 호건은 영적인 치유의 의식에 대한 경험을 나눈다.

> 〔하늘은〕 거대한 공동체와 겸손한 고독이 있는 곳이다. 우리는 홀로 앉아, 한 번에 한 가지씩 필요, 희망, 상실, 그리고 생존에 대해 우리의 가장 심오한 언어로 이야기한다.
>
> 이것을 기억하는 일이 이 의식의 목적이다. 이것은 치유와 회복의 일부분이다. 이것은 우리와 나머지 사이의 깨어진 관계를 회복시키는 일이다. 이러한 말은 다른 사람들, 동물들, 땅과 관계를 맺게 해 준다.
>
> 우리는 조각난 자아와 세상을 완전하게 만든다. 여유 있게 우리는 재생의 성스러운 행위 안에서 우리 삶의 조각들을 한데 모은다. 우리는 다른 이들과의 관계를 다시 맺는다. 이 의식은 전환점이다.(*Dwellings* 40)

호건은 치유가 소통에서 시작된다는 사실을 인식하고 있다. 소통의 시작은 자신을 드러내는 것에서 출발한다. 개인은 거대한 공동체의 일부이고 개인의 역사는 공동체 역사의 일부분이다. 개인을 치유하는 일은 공동체의 역사를 돌아보는 일에서 출발할 수 있다. 모든 것은 연결되어 있다.

거대한 공동체는 무엇을 포함하는가? 미국 원주민 공동체는 전통적으로 자연과 인간 모두를 품에 안은 우주로 볼 수 있다. 공동체의 자연과 인간은 전통적인 미국 원주민의 영적 의식을 통해 하나가 되고 서로 긴밀한 관계를 맺게 된다. 자연과 인간이 합일되는 충만함을 호건은 다음과 같이 표현한다.

> 의식의 끝 무렵, 마치 피부가 땅과 새들을 품은 것 같았다. 우리 안에 있는 자리들이 채워졌다. 천막집의 울타리 안처럼 동물들, 조상들이 인간의 몸으로, 피부와 피 속으로 옮겨온다. 땅은 우리 안에서 합쳐진다. 돌들은 그 사람 안에 거주하게 된다.
>
> 진정으로 혼자되는 일은 없다. 우리 자신들과 관계를 맺은 고독과 자양분이 되는 침묵이 있다. 그러나 그때에도 우리는 더 큰 무엇인가의 일부분이다.(*Dwellings* 41)

우주 만물이 거미줄처럼 서로 연결되어 있고 서로 영향을 주며 모두가 공동체의 일부분이며 함께 존재한다. 개인과 개체의 고독을 인정하지만 외톨이나 미아와 같은 혼자됨이나 외로움은 없는 충일함을 호건은 지적한다.

치유는 소통을 하려는 의지에서 시작된다. 개인 자신의 이야기를 시작하는 것이 소통의 시작이다. 언어로 표현된 개인의 이야기는 많은 것을 담고 있다. 특히 공동체의 일부인 개인의 역사에는 물론 공동체의 과거도 포함되어 있다. 모든 것은 서로 긴밀하게 연결되어 있다는 것을 호건은 인식하고 있다.

> 말하기는 의식의 첫 부분이고, 그 안에 내가 맡은 부분이다. 그것은 진정 언어로 길을 찾은 이야기다. 그리고 이야기는 치유의 가장 중요한 부분이고 더 오래된 미국에서 행해지는 모든 의식과 예식의 중심에 있다. 의식 자체는 우리를 그곳으로 오게 한 우리 자신의 기도와 이야기뿐만 아니라 말해지지 않은 역사의 기록, 신화적인 과거, 그리고 우리의 삶, 우리 가족들, 민족들, 그리고 모든 다른 피조물과 연결된 모든 다른 삶을 포함한다.(*Dwellings* 37)

『태양 폭풍』에서 에인절도 할머니들이 들려주는 자신의 과거에 대한 이야기를 들으면서 엉클어졌던 마음의 실마리를 풀고 가족은 물론 세상과의 관계를 회복하는 계기로 삼는다. 에인절은 자신의 과거에 대한 기억이 거의 없었으므로 자신이 세상에 "한 번도 존재한 적이 없었고 단지 껍질로 덮여 있는 빈 공간이 아닌가 생각"할 정도로 자신의 존재 자체에도 의구심을 갖는 자신감 없는 삶을 살아왔다(74). 그러므로 자신의 과거에 대한 이야기는 개인의 역사를 돌이키는 것과 더불어 근원적 존재에 대한 의미를 불어넣는 일이다. 상처 입은 떠돌이 같은 삶의 여정이 자신의 전부라고 생각해 온 에인절에게 자신의 순수했던 어린 시절 이야기를 듣는 것은 세상과 소통하는 일이며 에인절의 삶에 새로운 길을 여는 출구가 된다.

특히 자연과 친밀한 관계를 유지했던 에인절의 어린 시절 이야기를 애그니스로부터 듣게 되는 것은 의미 있는 일이다. "네가 어린아이였을 때 네가 단지 하고 싶어 했던 일은 식물들을 바라보는 것이었지. 넌 바람이 불면 나무가 움직이는 것을 지켜보았어. 넌 그들에게 귀 기울였고 그들은 너에게 세상일을 얘기해 주려고 몸을 기울였지"(43). 자연에 귀 기울이고 자연과 교감하는 에인절의 어린 시절의 모습은 자연은 물론 사람과도 소통하고 그 소통으로 인해 더 나아가 치유를 통해 성장해 가는 모습을 암시하고 있다. 그러한 소통과 교감의 중요성을 깨닫게 하는 데는 할머니인 애그니스가 에인절에게 그녀가 타고난 재능이며 본성을 알려 주고 키워주는 것이 일조를 한다. 에인절이 거친 세상풍파를 겪으며 나무와 대화하는 상호작용을 잊은 듯 보이지만, 관계를 회복함에 따라 자연 친화적인 모습을 다시 보이는 저력을 발휘한다. 이는 에코페미니스트인 킹이 "사회화가 아직 안 되고, 구분되지 않은 유아를 성인 — 사회화된 유기체 — 으로 양육하는 과정은 자연과 문화를 연결"하는 일이라고 언급한 것을 반증하는 예다 (King 116).

그리고 부시가 고이 간직해 두었던, 선반 위에 놓인 얼굴에 흉터가 없는 에인절의 사진은 에인절이 자신의 과거에 대한 이야기를 듣는 것과 같으며 자신이 사랑받은 존재였다는 사실을 확인하는 계기가 된다. 소통이 일어나는 것이다. 흉터 없는 에인절의 사진은 훼손되지 않았던 자연의 본래 모습과도 같은 것이었으나 에인절은 자신의 옛 모습을 기억하지 못한다. 웃고 있는 자신의 모습을 보면서 기억 속에서 사라져 버린 자신의 웃음조차도 기억하지 못한다. 웃음을 잃어버린 얼굴에 지울 수 없는 커다란 흉터를 원죄처럼 안고 사는 에인절에게는 사랑을 받았던 기억도 없다. 그러나 조건 없이 에인절을 사랑한 부시의 변함없는 따뜻함과 애정은 넓은 자연의 품처럼 항상 에인절을 기다렸고, 에인절의 얼굴에 있는 흉터로 대변되는 흉터보다 더 큰 상처를 치유하는 구심점이 된다. 에인절은 생모에게서 받지 못한 넓고 깊은 사랑을 혈연으로 연결되지는 않았지만 자신의 어머니나 다름없는 부시로부터 받아 온 것이다. 또한 예전의 흉터 없는 자신의 모습을 보게 되는 일은 마음의 상처를 치유할 수 있는 가능성을 예시하는 일종의 상징적인 표시로 제시된다.

흉터에 대한 부시의 생각은 미래지향적이며 긍정적이다. 자연 안에서 편안함을 느끼며 자연과 매우 가까워서 "개구리 섬, 야생의 아이들과 늑대들의 섬, 치유의 유액이 흐르는 섬에 제격인"(75) 부시는 에인절에게 영향을 가장 많이 끼친 인물 중의 하나로 삶에 대한 균형 있는 시각을 지니고 흉터 이면에 있는 치유의 힘을 믿는 여성이다. 자신의 얼굴에 있는 커다란 흉터로 인해 일종의 콤플렉스를 갖고 있는 에인절에게 부시는 "어떤 사람들에게 흉터는 그들이 기억하는 상처다. 그러나 나에게 흉터는 치유가 존재한다는 사실에 대한 증거다"(125)라는 에인절을 진심으로 감싸주고 위로할 수 있는 말을 한다. 사물의 긍정적인 면을 통찰할 수 있는 부시는 자연스런 영혼의 치유자다. 부시야말로 에인절을 진심으로 배려하고 곁에 있어 줌으로써 에인절이 마음의 문을 열고 공동체에 정착하게 하는 힘인 것이다.

캐런 워런Karen Warren에 따르면 에코페미니스트 영성주의자들은 파괴적이고 가부장적인 믿음과 행동체계와는 달리 서로를 배려해 주고 서로의 말이나 생각에 귀 기울이고 서로 나누며 주고받는 일을 한다. 타자를 내몰거나 우위를 점하려고 하지도 않고, 대단한 이데올로기를 강요하지도 않으며, 자신의 상처는 물론 타자의 상처를 감싸고 돌보며 이해해 주려는 움직임이다.

> 단지 서로 같이 있어 주는 것만으로도 — 고치거나 치료하거나 해결하거나 추천해 주거나 가르치거나 평가하는 것 없이 — 에코페미니스트 영성주의자들은 공유의 공간, 즉 "빈 컵"을 마련함으로써 그 안에서 상처가 치유될 수 있다고 본다. 이러한 치

유는 때로는 비폭력적인 "연민을 지닌 열정"을 포함한다. 그 연민은 지적 작용으로 의지에 따라 할 수 있는 것이 아니다. 그것은 나우웬(Nouwen)의 자기 자신과 다른 사람을 잊지 않고 함께 할 수 있는 "배려할 수 있는 용기가 있는" 영적인 재능이다. 이러한 치유는 불공정하고 권력을 행사하는 지배, 통제, 조작과 폭력에 근거한 건강하지 않고 삶을 거부하는 공동체로부터 멀어지고 지배적이지 않은 상호작용과 협력에 바탕을 둔 건강하고 삶을 긍정하는 계획된 공동체를 향해 가는 영적인 운동이다. (Warren 212)

에코페미니스트의 영성주의적 태도는 린다 호건의 입장과 같은 맥락에서 읽을 수 있으며, 특히 『태양 폭풍』의 인물들이 보여 주는 공동체 개념과 일맥상통하는 점이 있다. 모두들 개인적 또는 사회적인 이유로 상처를 입은 인물들이지만 서로를 위해 옆에 있어 줌으로써 서로의 상처를 치유하고, 나아가서 더 건강하고 자연친화적인 문화공동체를 구축한다.

앞서 논의한 바와 같이 가장 기본적인 인간관계의 단위인 어머니와 자식 간의 관계가 조화롭지 못할 때 많은 문제가 생긴다. 『태양 폭풍』에서 그들의 아픈 역사가 시작된 것이 어머니와 자식의 관계가 소원해져 자연의 질서가 깨지고 인간이 자연을 훼손하기 시작한 것이 서로 연관이 있음을 호건은 지적한다. "그건 아마도 우는 아이가 그들의 어머니와 강제로 떨어지게 되거나, 벌목하기 위한 천막이 세워지기 시작하고, 숲을 개간해 도시가 건설되고 그들이 목축하기 위해 나머지 나무를 죄다 베어 버렸을 때 시작되었는지도 모른다"(40). 결국 우주의 조화가 깨지고 문제가 생겨서, 인간과 인간의 관계가 악화되고 인간과 자연과의 관계가 악화된 것이다.

에인절은 서로 조화로운 관계를 맺는 법을 서서히 배우게 되고 그것은 자신은 물론 공동체를 치유하는 작은 발걸음이 된다. "때때로 그 옛날의 공포가 돌아오는 것을 느낀다. 껍질을 벗고 모든 것을 뒤에 남기고 달아나는 것, 그리하여 이 여인들이 내 몸 근처에 오지 못하게 해야겠다는 생각이 들었다. 그러나 그들은 이미 내 몸의 일부가 되어 있었고 나는 기꺼이 남게 되었다"(43-44). 외톨이로 떠돌다가 인간과 인간 사이에 진정한 관계를 회복하기 시작한 에인절은 이미 자신이 그 공동체와 그 가족의 일부가 된 것을 깨닫고 서서히 받아들이기 시작한다. 어머니와 같은 할머니들과 함께 그 공동체 안에서 같이 지내는 것에 금방 익숙해진 에인절은 한층 성숙한 태도로 독립적인 사람이 되어 연로한 할머니들의 짐이 되지 않으려고 노력한다.

인간관계의 중요성을 깨닫기 시작한 에인절은 인간 가족의 형태를 나무와 비교한다. 도라-루즈Dora-Rouge를 가모장으로 하는 5대에 걸친 가족의 모습을 나무에 비유하여 자연친화적인 그 집안의 분위기를 다음과 같이 설명한다. "지금 생각하면, 도라-루즈는 뿌리와 같다. 우리는 땅속에서 서로 연결되어 있는 미루나무나 자작나무 같은 나무 가족과 같다. 더 오래된 나무가 어린 것들을 먹여 살리고 싹을 돋게 하고 자라게 한다. 나는 지켜보고 듣는다"(48). 어머니를 중심으로 모든 것이 연결되어 있고 서로 영향을 미친다는 것을 삶으로 터득한다. 뿌리가 건강할 때 가지와 잎들이 건강하다. 어머니가 병이 들면 가족이 해체되고 모두가 상처를 입게 되는 구조를 이야기하는 것이다. 그러한 관점에서 보면 에코페미니스트들의 영성의 근원과 뿌리에 좀 더 접근할 수 있는 것도 사실이다.

에인절은 자신을 해치려 한 어머니와의 건강하지 못한 관계의 악순환을 깨고 선순환의 기틀을 잡는다. 다른 건강한 어머니상의 할머니들과 긍정적이고 생산적인 관계를 맺음으로써 에인절은 자신을 낳았지만 자기 자신의 생존을 위해 소모적인 존재로 에인절을 이용하려 들었던 해나를 용서하게 된다. 에인절은 해나의 "절망과 외로움이 〔자신의 존재의〕 시작"이라고 생각하게 된다(251). 즉 에인절은 자신의 존재이유가 바로 해나에게서 비롯되었고, 인생의 기쁨과 슬픔, 고통조차도 삶의 이유라는 것을 깨닫기 때문이다. 그리고 자신이 창조되는 과정에는 조그마한 것일지라도 사랑이라 할 수 있는 것이 개입되었다는 것을 알기 때문이다.

또한 해나의 비극은 개인적인 차원을 넘어선 "역사적이며 사회적, 환경적 사건들의 전체적인 복합체"(Arnold 287)라는 의식을 갖게 됨으로써 자신의 과거를 더 이해하고 따라서 자신의 어머니의 파행적인 행위도 더 이해하게 된다. 에인절은 어머니의 죽음을 맞이하여 큰 슬픔과 연민이 함께 몰려오는 것을 느낀다. 에인절과 해나의 삶의 시작은 "그들 땅의 역사와 복잡하게" 얽혀 있고 "어긋난 삶, 사라진 동물들, 베어지고 불탄 나무들"과 관련되어 있다(96). 그들은 침입자들에게 땅을 빼앗기고 세상에 제대로 적응하지 못한 인디언 부족의 자손들이다. 해나는 동물을 죽일 독이 든 미끼를 먹어 가며 "병과 매춘에 팔린" 자신의 어머니 로레타와 마찬가지로 자신을 "어두운 곳으로" 밀어 넣은 것들에서 벗어나지 못한다(119). 그러한 해나의 과거와 그 인디언 부족의 과거를 이해하면서 자신의 과거도 이해하게 된 에인절은 어머니를 용서하기에 이른다. "에인절이 죽어가는 자신의 어머니와 발전시키는 관계는 그녀가 겪은 어린 시절의 육체적, 정서적 상처를 치유하는 데 중요한 걸음이 된다"(Castor 163). 에인절은 자신을 학대한 어머니에 대한 공포와 분노를 극복하고 어머니를 용서하며, 할머니들에게서 받은 사랑을 자신의 배다른 동생인 어린 오로라Aurora에게 대물림하여 동생을 자신의 딸처럼 돌보는 이상적인 어머니상으로 점차 변화되어 간다.

6) 생태학적 인식의 발전

사람과 사람이 서로를 위해 곁에 있어 주는 것이 에코페미니즘에서 강조하는 치유의 첫걸음이자 중요한 걸음인 것은 사람과 자연의 관계에도 적용될 수 있다. 『태양 폭풍』에서 애그니스와 빙하 곰이 그 예다. 호건은 마지막 빙하 곰을 학대하며 곰을 돈벌이 수단으로 삼는 백인들을 고발한다. "마지막 남은 곰. 그들은 항상 뭐든지 마지막 남은 것을 좋아했다. 심지어는 마지막 종족까지. 아마도 그것이 완전히 사라지면, 그때 그들은 안전하다고 느끼나 보다"(46). 도라-루즈가 지켜 본 애그니스가 곰을 대하는 태도는 덫을 놓아 곰을 잡고 겨울잠도 못 자게 하며 곰을 학대하는 유럽계 침입자들인 백인들과는 사뭇 다르다. 몸과 마음에 상처 입은 곰을 돌보아 주고 이해하는 애그니스는 곰과 완전히 소통한다. 결국 애그니스는 학대로부터 곰을 구하기 위해 곰을 죽이고 죽어가는 곰은 애그니스에게 고마워하는 것을 도라-루즈가 목격한다. "〔곰의〕 눈은 고마움으로 가득 찼다. 난 그것을 보았다. 그녀는 그 큰 동물을 쓰다듬었다. 내 눈으로 그것을 보았다. 그러면 그 곰은 응답하여 애그니스에게 발을 올려놓고 그녀를 쓰다듬었다. 곰이 그녀를 만졌고 위로해 주었다"(46-47). 죽어가는 곰과 사람이 친구가 되어 서로를 위로해 주는 모습은 서로 동등한 관계를 유지하며 서로를 존중해 주고 온전한 소통이 이루어진 상태를 의미한다.

전통적인 미국 원주민들은 자연의 동물이 느끼는 고통을 함께 공유하고 나눈다. 에인절도 할머니들의 전통을 이어받는다. "난 그들의 울부짖음을 들었고 그들의 고통을 느꼈다. 그들의 그림자가 눈, 얼음, 구름을 지나가는 것을 보았다. 우리 인디언들은 항상 그들 덕에 살아왔고 어떤 점에서는 우리는 서로 친척이었고 지금도 그렇다"(118-19). 자연과 긴밀한 관계를 맺고 더불어 공존공영을 일상의 목표로 자연스럽게 살아가는 미국 원주민들은 동물들을 인정하고 같은 공동체에서 살아가는 일원으로 존중한다. 이러한 전통적 미국 원주민들의 삶의 태도는 에인절에게 긍정적으로 대물림된다.

모든 것이 연결되어 있다고 믿는 에코페미니즘의 유대감을 아메리카 원주민들, 특히 에인절 가족의 문화 속에서 찾아볼 수 있다. 여성들끼리의 강한 연대감을 통해 가족 내의 소속감을 느끼는 에인절은 자신을 물에 비유한다. "물은 물로 돌아간다. 나는 호수 안으로 떨어지는 물이고 이 여인들은 그 호수다"(55). 강한 연대의식과 친환경적인 문화 속에서 에인절은 자연스럽게 자연과 소통하는 법을 배운다. 아놀드는 『태양 폭풍』에 등장하는 5대에 걸친 여성들이 자연과 유기체처럼 소통하고 관계를 맺고 유지하고 있는 점을 지적한다. "그들은 호흡과 혈액의 순환을 통해 몸의 부분들이 소통하듯이 세계와 공유한 구체적 융합을 통해 소통을 한다. '서로 더 어려운 언어로도, 토지, 물, 동물들의 언어를 명확히 말하고'(*Solar Storms* 193 재인용), 여성들은 그들의 몸으로 야생의 언어를 듣고, 이해하고, 말한다"(Arnold 290). 이 여성들은 인간끼리의 의사소통 수준에서 멈추지 않고 더 나아가 자연 전체를 포용하여 자연과의 소통을 일상의 일로 삼고 자신들의 삶 속으로 자연스럽게 받아들인다. 수영을 배울 때 어려움을 겪는 에인절은 거북이가 된 척해 보라는 부시의 가르침을 따라 "바다를 가로질러 움직이는 섬에 있는 거북이와 같이, 윤기 있고 나이든 강한 거북이가" 되는 경험을 하면서 수영을 할 수 있게 된다(92). 여기서 우리는 기꺼이 자연과 일치하며 자연을 경험하려드는 에인절의 적극적이고 열린 마음을 읽을 수 있다.

사실 에인절이 자신의 할머니들에게 처음으로 다시 돌아왔을 때 고조모인 도라-루즈는 동물을 부르는 노래를 에인절에게 가르친다. "에인절은 서서히 인간 이외 존재의 언어를 배운다. 그녀는 기본적으로 속도를 늦추고 자신을 포함한 모든 살아 있는 존재의 목소리를 들음으로써 배워 나간다"(Tarter 134). 에인절의 할머니들은 인간과 동물을 차별하여 구분하는 것을 잘못된 일로 여기고 있으며 도라-루즈의 노래를 비롯하여 최근까지도 인간과 동물이 같은 언어를 쓰던 때가 있었음을 기억한다. 또한 부시가 동물들에 대해 말할 때, 그녀는 동물들이 움직이는 방식대로 따라하며 때때로 사람보다 동물을 더 좋아하는 것처럼 보인다. 에인절은 부시가 "동물의 총명한 영혼을 가졌고 인간세계와 동물세계 사이의 어디쯤에서 산다"고 생각한다(95). 경계선을 넘나드는 부시는 몸소 동물/자연과 소통하는 모습을 에인절에게 보여 주고 실천하는 역할 모델이다. 동물에 대한 편견도 인간에 대한 자만심도 없이 겸손하게 자연을 대하는 태도야말로 자연과 인간이 평화롭게 공존하며 상생하는 길임을 부시는 자신의 행동을 통해 에인절에게 직접적으로 가르쳐 주는 것이다.

"에인절이 합류한 공동체는 땅과 거기에 사는 피조물까지 포함하고, 그 모든 것은 인간과 동등하며 자신만의 목소리와 의도를 갖고 있다. 에인절의 임무는 그들의 언어와 이야기를 배우는 일이다"(Tarter 132). 할머니들과 도라-루즈의 고향으로 가는 여행길에서 에인절은 자신이 자연과 긴밀한 관계가 있다는 강력한 깨달음을 얻는다. "우리는 땅, 물, 동물들의 언어로 똑똑히 말한다. 심지어는 서로의 더 어려운 언어로도 말한다. 난 강과 습지에 들어갔고 그것들에 의해 변화되었다"(193). 에인절은 자연과 소통하고 더불어 사는 신성한 경험을 하며 "지상에서의 삶이 풍요로우나 물질적이지 않은" 할머니들의 인생행로의 "아름다움과 힘"을 배워 간다(Fisher-Wirth 64). 에인절은 자연의 언어로 자연과 교감하며 물속의 물고기를 보며 잡는 자신의 숨겨진 재능을 발견하기도 한다. 에인절은 인간의 생존을 위해 낚시나 사냥을 해야 할 필요가 있지만, 그러한 때에는 예를 갖추어 자연을 대해야 한다는 것을 배우게 된다.

전통적인 인디언의 사고방식과는 달리 라루LaRue는 동물이 고통을 느끼지 못한다고 생각하고 잔인하게 낚시를 한다. 그런 라루를 답답하게 여기는 에인절과 부시는 "물고기를 잘 대하고" 그들의 "삶과 죽음을 존중한다. 물고기가 잡히자마자 그들을 고통에서 벗어나게 한다"(85). 부시는 동물과 사람 사이에 깊은 연대감이 있다는 것을 믿고 "인간이 그 연대감을 존중하기를 잊어버릴 때, 오소리 무리가 사냥에서 행운을 앗아간다"라고 언급한다(82). 사냥이나 낚시에도 지켜야 할 법이 있고 예절이 있다. 사람은 낚시감이나 사냥감도 존중해야 한다. 그러나 라루는 그 법칙을 지키지 않기 때문에 사냥도 낚시도 잘 못하는 것이라고 부시와 에인절은 생각하는 것이다. 에인절은 부시를 비롯한 할머니들에게 우주에 존재하는 다른 자연물들과 격의 없이 소통하는 것을 배워 생태학적으로 깨어 있는 사고를 하게 되고 삶에서 몸소 실천한다.

인간이 동물을 존중하지 않고 마구잡이로 죽이며 동물에게도 영혼이 있다는 사실을 잊어버렸기 때문에 동물과 사람 사이에 더 이상 소통이 이루어지지 않는다고 지적한다. 그러나 에인절은 소통하려는 노력을 멈추지 않는다. 여전히 가능성은 있다. 자연을 무시하고 짓밟았던 가해자인 인간이 먼저 귀를 기울이고 세상의 소리를 들으려 할 때 자연과의 대화는 시작될 수 있고 상처 난 관계의 치유가 시작된다. "그러나 때때로 이 여행에서 난 세상의 목소리를, 우리 주변 도처에서 나는 소리를 들었다고 생각한다. 돌, 그들의 목적지를 향해 흐르는 물, 물고기를 갈고리 발톱으로 낚아챈 물수리, 심지어는 송사리, 어류 알들의 소리를. 난 땅을 움켜쥐고 있는 뿌리의 소리를 들었다"(181).

에인절은 도라-루즈의 관절염에 필요한 약초를 비롯해서 다른 약초에 대한 꿈을 꾸고 "모든 식물이 우리의 자매"라고 생각하며 식물과도 연대감을 느낀다(261). 식물을 병을 고치는 치료법에 쓰기도 하고 차로 쓰기도 하는데, 그때마다 에인절은 식물과 대화하며 식물에게 감사의 표시를 한다. 이는 자연에 대한 존중과 경의를 표시하는 겸손한 자세다. 또한 에인절이 치유의 식물을 꿈에서 비전으로 보는 것은 에인절의 화해와 치유의 능력에 대한 상징의 표시로도 읽힌다.

자연을 통해 치유의 능력을 키워 가는 에인절은 자연을 공동체의 일부로 받아들이고 자연이 인간을 보는 시각도 중요하게 여긴다. 어른들에 따르면 "우리의 삶은 새, 잠자리, 나무, 그리고 거미에 의해 목격된다. 동물들과 거미들뿐만 아니라 깊은 우주 속에 무리지어 있는 은하수, 곧 우리에게 내려오게 될 북쪽의 바람찬 얼음조차도 우리를 보고 있고 우리의 인격은 평가된다"는 것을 에인절은 인식한다(80). 우리를 둘러싼 만물이 우리를 지켜보고 있고 우리의 행적은 자연을 포함한 우주만물에 의해 목격된다고 믿는 것이다. 그러므로 자연을 동등한 입장에 놓게 되는 생태적 인식을 하고 파괴되는 자연을 지켜야 할 책임감을 점차 느끼게 됨으로써 자연을 개발의 시각으로 보는 정부와 백인들과 대립하는 입장에 선다. 레인워터Rainwater에 따르면 『태양 폭풍』에서 호건은 백인들이 "인디언을 잘못 취급하는 것"과 "역설적으로 백인 사회의 자기파괴적인 행위"를 강조하고 있고 "백인 사회는 백인과 인디언이 같이 살아야 할 곳인 지구를 손상시키고" 있음을 지적하고 있다(Rainwater 98).

백인들의 그러한 파괴행위는 오래된 것으로 원생지wilderness를 존중하는 미국 원주민 문화 자체를 거부하는 것과 연결되어 있다. 백인 "이주자들은 원생지가 악마로 가득 찬 곳이고 그들의 교회와 신만이 그 악마들을 쫓아낼 수 있다고 믿었다. 그들은 밤에 노래하는 동물의 소리를 두려워했다. 그들은 야생을 잊고 있었던 것이다. 그것은 이미 그들 세계로부터 사라진 것이었다"(86). 그에 반해서 원주민들에게 "지옥은 개간된 숲과 죽임을 당한 동물들"이고, 도라-루즈에 따르면 백인들의 세계는 "원생지를 잃어버린 세계이고, 더 이상 그것을 새롭게 창조해 낼 힘"이 없다(86). 도라-루즈와 부시는 자연과 더불어 살지 못해 자신을 파멸로 몰아가는 백인 이주자들의 문화에 대해 한편으로는 안타까운 마음을 표시하고, 다른 한편으로는 비판적인 시각으로 문제점을 지적한다. 도라-루즈는 그들이 이 지상을 지옥으로 변화시킨 존재라는 것을 날카롭게 인식하고 있다.

에인절은 백인들의 댐 건설로 생긴 심각한 환경문제를 목격하게 된다. "내 문제보다 더 큰 문제들이 있다는 것을 안다. 기록적으로 낮은 호수면뿐만 아니라 남쪽 해안가에는 죽은 물고기들이 배를 드러낸 채 떠 있는 것이 발견되었고 몇몇 중독된 수달들은 진창에서 더러워진 채 발견되었다"(70). 또한 도라-루즈의 고향에서는 댐 건설로 노인들이 이주를 하도록 강요받았다. "사람들에게 필요한 약초는 물론이고 순록이나 거위도 영향을 받았다"(58). 댐 건설로 자연과 사람들이 살던 곳을 내어주고 갈 곳을 잃게 되는 상황이 벌어진다. "정부 대리인은 사람들이 땅에 대한 어떤 권리도 없다고 주장했다. 어떤 계약도 맺은 적이 없으니 어떤 보상도 제공되지 않는다는 것이다"(57). 그러나 보상이 제공되었을지라도 어느 누구도 자신의 삶의 터전을 팔지는 않았을 것이라고 아메리카 원주민들은 말한다. "만약 댐 사업이 계속된다면 거기 살던 사람들의 삶은 멈춰 버리고 퇴거와 배반의 또 다른 행위 안에서 하나의 삶이 멈추게 될 것이다"(58). "허가 없이 길은 이미 닦였다. 땅이 물에 잠기기 전에 무엇을 파내야 하는지를 결정하기 위해 광물 탐색이 벌어졌다"(58). 수력발전을 위한 댐 건설로 아메리카 원주민들의 삶은 변화될 것이다. 땅도 변하고 그 어느 것도 그대로 남아 있는 것이 없게 된다.

수력발전을 위한 계획서는 그럴듯하게 보였으나 모두 과장이 너무 심한 것으로 이해했고 미국 원주민 어느 누구도 정부나 회사 관리자들의 말을 믿지 않았다. 댐 건설 관계자들은 태초부터 인간의 생명을 유지해 주었던 생명의 물이나 땅에 대한 고려는 전혀 하지 않는 사람들이다. 물은 자신만의 말과 욕망을 지니고 있다는 사실을 에인절은 알고 있다. 그러나 물과 직접 대화를 하는 도라-루즈를 제외하고 "어느 누구도 물이 무엇을 원하는지에 대해서 물어보는 사람이 없음을" 에인절은 안타까워하고 있다(279). 자연과 인간이 공유하고 신뢰하는 상호 관계에 대해서 댐 건설 관계자들은 관심이 없다.

> 그들은 인간과 동물 사이에 존재하는 신성한 조약을 기억하지 않았다. 우리의 말은 그들의 숫자와 측량과 장부 옆에서 무기력했다. 건설업자들에게는 댐 건설이 쉽고 명쾌한 일이었다. 그들은 그 일을 단지 평면적이고 이차원적인 서류의 세계에서만 보았다.(279)

건설업자들은 댐 건설을 반대하는 미국 원주민들을 "과거의 유물"로 치부하고 그들을 21세기로 이끌어 주고자 한다고 주장한다(280). 그러나 백인들의 이러한 비판의 말은 인디언들이 무지하다고 여기는 데에서 비롯되었다고 에인절은 생각한다. 인디언들이 수천 년 동안 쌓아 온 지식과 지혜를 모두 무시하고 역사에서 지워 버리려고 한다고 에인절은 언급한다. "여기에 처음 오는 백인들에게 우리는 역사도 없고 그들이 보기에 아무것도 아닌 것에 둘러싸여 사는 사람들이다. 그들의 역사는 우리를 제거해 버렸고 우리와 함께 진실도 제거해 버렸다"(280). 자신들만의 살아가는 방식의 가치에 대해 새롭게 인식하며 역사의식을 키우는 에인절은 자신이 알게 되는 "그녀 부족의 역사는 학교에서 가르쳐 준 백인중심이며 서구중심인 역사와 다른 것이다. 자신의 역사를 돌아보지 않았던 〔에인절은〕 자기 자신에게 관심을 갖기 시작하면서 자신의 부족의 역사에 합류하고 지역 역사를 쓰기 시작하는 것이다"(Rainwater 102). 에인절은 "기록된 유럽중심의 역사 이외에도 인디언의 '기억', 즉 영적인 영역과 물질적인 영역을 구분하는 것보다 그 사이의 관계를 강조하는 형이상학적으로 확장된 실재에 대한 시각이 있음"을 알게 된다(Rainwater 101-2). 또한 자신이 현재 자신의 역사를 창조하는 데 기여하고 있음을 깨닫고, 자신의 과거를 알게 됨으로써 개인적인 치유를 시작한 것과 같이 부족의 역사를 아는 것은 문화적 치유를 시작하는 것이다. 이는 역사의식이 충만한 에코페미니스트의 태도와 일치한다.

에인절은 실천적 에코페미니스트와 같이 그러한 역사적 의식을 품고서 백인 개발자들의 댐 건설에 반대하는 시위에 동참하게 되지만 인디언 사이에서 의견이 나뉘었다. 어떤 이들은 댐 건설이 그들에게 일자리를 제공해 줄 것이라고 했고 어떤 이들은 정부에 맞서는 것에 대한 두려움을 나타냈다. 게다가 투쟁하는 쪽에 선 인디언들도 강경한 폭력적인 방식과 협상 평화의 자세를 보이는 두 쪽으로 나뉘어 에인절을 혼란스럽게 한다. 그러나 적과도 평화를 위해 협상의 자세를 보이는 부시의 태도는 한결같아 부시가 지향하고 실천하는 철학과도 일치한다. 자연의 순리대로 자연과 더불어 평화롭게 살고자 하는 에코페미니스트의 자세와 그 궤를 같이하는 부시의 실천적 삶의 태도와 철학은 가치관과 지향점이 다른 타자와 극단적으로 등을 돌려 폭력을 낳는 결과를 원치 않는 것이다. 린다 호건이 끊어진 관계, 침탈, 착취, 불평등, 인종차별주의 등의 상처를 문학을 통해 관계의 회복과 인식의 전환으로 개인적 치유를 회복하고 "원주민과 앵글로 문화 사이에 다리"를 놓음으로 문화적 치유를 추구하는 것을 부시라는 인물을 통해 볼 수 있다(Fiandt 583).

부시를 포함한 여러 할머니들을 통해 용서하는 법을 배우고 치유와 회복을 경험하였지만, 에인절은 댐 건설에 대항해 투쟁하는 과정에서 여전히 분노와 공포를 다스리는 법을 배우고 있다. 에인절이 분노와 공포에 싸여 폭력으로 대항하려고 하는 것을 의식하고 이를 지켜보는 부시는 에인절을 말린다. 에인절은 부시가 지닌 고요한 힘을 의식하고 부시의 태도가 옳다는 것을 인정한다. 에인절은 분노와 공포로 인해 자신이 군인들을 향해 돌을 던졌을 때 그 작은 돌멩이가 가져올 크나큰 폭력의 파장을 상상할 수 있었기 때문이다.

에인절은 사실 현재 대치하고 있는 군인들도 언젠가는 늙고 죽어 작은 묘비가 있는 땅에 묻히게 될 것이라는 사실을 생각하며 관조적인 태도를 보인다. "결국 모든 것은 부서지고 다시 완전하게 될 것이다. … 부러진 것은 치유되고 금이 간 것은 고쳐지고 떨어진 조각은 제자리를 찾게 될 것이다"(325, 344). 투쟁의 결과 댐 건설을 무효로 하고 때 늦은 승리를 얻어냈지만 잃은 것은 많다. 그러나 에인절은 현재 상처와 고통이 깊고, 깨어지고 파편으로 부서진 상태라도 결국은 제자리를 찾게 되고 미래에 대한 새로운 꿈과 치유를 꿈꾸고 "모든 살아 있는 존재에 대한 신성함"을 다시 기억하게 될 것이라고 생각한다(334).

7) 맺으며

유기체로서의 우주와 지구를 이해하는 일은 아메리카 원주민 문화와 린다 호건의 생태학적 인식의 토대를 이해하는 일이다. 스타호크는 "지구 그 자체가 영이 육화한 존재이고, 우주는 살아 있는 생명체임을 우리가 이해할 때, 모든 것이 서로 연결되어 있다는 것을 우리는 또한 이해하게 된다"라고 주장한다(Starhawk 73). 인간과 인간의 관계가 인간과 자연의 관계와 연결되어 있고 모든 생명체는 상호 연결되어 있고 상호 의존적이다. 그레타 가드Greta Gaard가 역설하듯이 "에코페미니즘의 기본적인 원칙은 모든 생명체의 상호 연관성"이며 이 상호 연관성을 이해하게 되면 에코페미니즘은 정치적인 것과 영성을 동시에 공존하게 한다(Gaard 308). 에코페미니즘은 "자연세계와 인간세계 그리고 영의 세계 사이의 긴밀한 연결을 회복하는 문화를 창조"하므로 에코페미니즘 예술가들은 치유와 회복을 위한 창조적인 "다양한 해결책을" 생각해 낸다(Orenstein 287). 이는 "폐허가 된 땅에 생명을 불어넣고" 지구 재생의 길을 안내하는 일이다(Orenstein 287). 에코페미니스트들은 영성을 관념적인 것으로만 보지 않고 모든 것을 서로 연결시키는 힘으로 본다. 영성은 "덜 관념적인" 것으로 "여성적인 것이지만 물질세계와 분리된 것은 아니고 모든 것, 모든 인간 안에 존재하는 생명력이다. 즉 그것은 연결 원리다"(Mies and Shiva 17). 린다 호건은 "영성과 정치적 참여 사이에서 선택할 필요가 없다. 왜냐하면 각각은 서로에게 상보적이기 때문이다. 그들은 한 마리 새의 두 날개와 같다. 그 새는 모든 것을 연결시키는 지식이다"(Allen 169).

특히 세상에 존재하는 모든 것은 서로 긴밀하게 연결되어 있다고 믿는 린다 호건의 생태학적 인식이 뿌리 깊게 내재되어 있는 텍스트인 『태양 폭풍』에서 인간과 자연의 상호 의존적인 관계를 탐구하는 일은 미국 문화나 사회에서 아메리카 원주민 문화를 통해 생태학적 인식의 흐름을 점검하는 일이며 우리가 직면한 생태학적 문제의 실마리를 구할 수 있는 하나의 방법이다. 『태양 폭풍』에서 호건은 여성과 자연의 긴밀한 관계를 다층적인 내러티브로 섬세하게 전달한다. 인간관계에서 여성의 역할, 특히 어머니의 역할의 중요성을 자연과의 관계를 통해 깊이 천착한다. 자연과의 긴밀한 관계와 영성을 강조하는 아메리카 원주민 문화를 점검하면서 개인과 문화적인 상처를 이해할 수 있도록 하고 상처를 치유하여 아물게 하는 방법을 모색한다. 나아가 자연을 정복의 대상으로 믿고 인간의 편리를 위해 자연을 인간의 마음대로 이용할 수 있다고 생각하는 유럽계 미국인의 전통을 비판하면서 자연친화적이며 자연을 있는 그대로 존중하는 아메리카 원주민의 전통을 대안으로 제시하고 있다.

아메리카 원주민의 전통 문화에서는 자연과 소통을 하게 된다. 자연은 언제든지 소통의 준비를 하고 있는 것 같다. 다만 인간이 겸손한 마음으로 자연에 다가설 때에 소통이 시작되고 진정한 관계가 설립되고 유지될 수 있다. 자연의 영성을 인식하고 있는 그대로 인정하고 존중할 때 자연과 인간의 오래된 관계는 회복되고 발전하게 된다. 이로 인해 상처 받은 인간의 관계도 회복되고 치유된다. 호건에게 치유는 "봉합선이 없게 상처를 지워 버리거나 조화로운 균형을 회복하는 것이 아니다. 그것은 파괴와 창조의 상호 의지 안에 기초를 둔 역동적 과정이다. 개인, 공동체, 땅, 지구, 우주의 치유는 인간이 아름답고 완전한 것뿐만 아니라 상처입고 파괴된 것도 이해하기 위해 의식적인 선택을 해야 한다고 요청하고 있다"(Arnold 294). 치유는 완성이나 완결이 아니라 진행형이고 열린 마음자세다. 만약 우리가 억압적인 체제에서 받은 상처를 치유하려면, 그리고 만약 우리의 존재가 다른 존재에게 치유의 존재가 되고자 한다면, 우리는 타인에게서 "인간적임"을 발견할 수 있고, 서로를 아껴주는 능력을 향상할 필요가 있다(Warren 203). 에인절에게 누구보다 더 어머니 모습으로 영향을 준 부시는 "겨울은 모든 것이 시들고 스스로 다시 자라나는 점에서 상처를 치유하는 것과 같다"라고 말했다(117). 호건은 부시를 통해 자연이 지닌 치유력과 인간에게 내재된 치유의 능력을 전달하고 있다. 자연의 순환의 원은 메마르고 생명력이 없어 보이는 순간에도 푸른 생명의 길을 향해 움직이고 있다. 미국에서는 정치적 운동으로 시작되었으나 인간의 존재와 영성에 깊숙이 관여하는 에코페미니즘은 자연과 인간이 지닌 이러한 치유의 능력을 다층적으로 제시하고 생태의식을 깨우고 있다.*

---

* 이 글은 본래 「에코페미니즘의 도전: 린다 호건의 『태양 폭풍』에 나타난 생태학적 관계와 치유」라는 제목으로 『미국학』 32집 2호(2009년 11월), pp. 179-213에 실렸던 것을 수정, 가필한 것임을 밝혀 둔다.

9

갈색 풍경의 생태학

도시자연문학의 등장

신두호

1) 생태비평의 도시 진입과 과제

생태비평이 미국에서 1990년대 중반 이후 문학연구방법으로서 주목받는 담론을 형성한 이래로 주제의 다양화, 장르의 확대, 이에 따른 연구대상 작가군의 확대, 그리고 기존 문학이론과의 접목, 학제적 연구의 활성화 등 다양한 방향으로 그 관심의 영역을 확대시켜 왔다. 앞장에서 다룬 에코페미니즘 문학은 이러한 생태비평의 내연과 외연을 확장하는 대표적인 예다. 하지만, 생태비평의 생태중심적 관점은 생태비평의 핵심 담론으로서 여전히 지속성을 잃지 않고 있다. 자연은 그 자체로 가치를 지니고 있으며 인간은 자연의 일부에 불과하다는 생태중심적 관점은 생태의식을 독자에게 고취시켜 인간과 자연의 관계를 탈인간중심적 관점에서 새롭게 보도록 유도하는 데 목적이 있다. 인간과 자연의 관계에 대한 탈인간중심적 인식은 훼손되지 않은 자연과의 직접적인 접촉을 통해서만 얻어질 수 있다는 믿음을 견지하는 심층생태학에 의해 크게 영향을 받았으며, 문명에서 벗어나 자연 속에서 자연과의 직접적인 교감을 중시하는 생태중심적 관점은 특히 미국에서 큰 호응을 얻었다. 그 이유는 무엇보다도 오랜 기간에 걸쳐 문명에 의해 변형된 유럽의 자연과는 달리, 미국의 자연은 문명에 의해 변형되지 않은 야생상태의 장엄함을 간직하고 있으며, 이 야생자연은 국가 정체성 형성에 밀접하게 연관되어 있기 때문이다. 이 책의 제3장에서 자세히 다루고 있는 것처럼, 미국의 자연은 유럽의 유구한 문명에 대응하여 문화적 열등감을 극복할 수 있는 신생국 미국의 자긍심을 대표하게 되었으며, 야생자연에서 장엄함과 숭고미를 발견하는 (혹은 부여하는) 페니모어 쿠퍼James Fenimore Cooper와 존 뮤어John Muir의 문학이나 토머스 콜Thomas Cole로 대표되는 19세기 미국의 풍경화는 그 좋은 예다.[1]

자연을 다루는 대부분의 미국 작가들은 야생자연에 대한 찬미와 더불어 자연과의 심층생태론적 교감을 중요한 주제로 다루고 있으며, 문학과 자연환경의 관계를 다루는 생태비평 역시 생태중심적 관점을 작품에 대한 가장 중요한 판단기준으로 삼고 있다. 생태비평의 생태중심적 관점은 1990년대 초 생태비평을 중요한 문학연구방법으로서 초석을 다진 초기 생태비평가들에 의해 방향이 설정되었다. 예를 들어, 생태비평의 최초 입문서이자 이정표 역할을 한 『생태비평 독본*The Ecocriticism Reader*』(1996)의 서론에서 쉐를 글로펠티Cheryll Glotfelty는 생태비평을 "문학과 자연환경의 관계에 대한 연구"라고 정의한 후 곧바로 생태비평의 가장 중요한 특징으로 "문학연구에 대한 지구중심적 관점"(xviii)을 들고 있다.

---

1. 돈 쉬즈Don Scheese는 19세기 미국 풍경화에 대해 다음과 같이 언급한다. "19세기에 상당수의 중상류층 미국인들은 자국 예술이 생경하고 열등하다는 생각에서 숭고미를 전달해 주는 대상을 자국에서 찾았고 장대한 자연환경에 걸맞은 독창적인 예술작품을 미국이 만들어 낼 수 있다는 점을 유럽에 증명해 보이려는 확고한 생각이 있었다"(Scheese 1-2).

글렌 러브Glen Love는 도시 작가들이 진정한 생태적 깨달음을 얻기 위한 유일한 길은 "서부의 자연경관을 대면할 때 뱀이 허물 벗듯 자신의 뉴욕이나 로스앤젤레스의 도시 가죽을 한 꺼풀 벗어내는 것"(209)이라면서 인간 문명으로부터 탈피함으로써 자연에 몰입할 필연성을 강조하고 있다. 이들의 생태중심적 관점의 중요성에 대한 강조와 인간중심적 관점의 비판을 핵심으로 하는 방향 제시는 이후 생태비평의 성격에 커다란 영향을 끼쳤다.

하지만 2000년대에 들어서 이와 같은 생태비평의 생태중심적 자연관에의 경도에 대해 내부로부터의 본격적인 자성의 목소리와 외부로부터의 비판이 제기된다.[2] 자성과 비판의 핵심은 무엇보다도 생태비평이 심층생태론적 자연관을 가장 중요한 비평적 판단근거로 삼아 옴으로써 정작 우리 일상생활에서 마주치는 인간 사회의 제반 환경문제·환경파괴와 사회문제의 연관성에 대해 눈감아 왔다는 점이다. 이와 같은 생태비평의 새로운 경향은 환경정의의 관점에서 자연과 여성, 빈부·인종과 자연환경의 연관성, 세계화와 환경, 지구온난화 같은 다양한 사회·문화적 이슈를 반영하는 주제를 다루고 있다. 앞장에서 다룬 에코페미니즘은 여성과 자연의 밀접한 연관성을 전제로 한다는 점에서 생태중심주의를 반영하고 있지만, 동시에 자연의 파괴와 여성에 대한 억압·착취는 공통적으로 가부장제의 억압기제가 작동한 결과라는 인식과, 따라서 생태계 보존과 여성해방은 함께 해결해야 할 과제라는 점을 분명히 함으로써 생태비평의 새로운 경향을 함께 반영하고 있다.

사회문제에 관심을 갖는 생태비평의 새로운 경향에서 특히 주목을 끄는 것은

---

2. 생태비평의 일방적인 생태중심적 자연 관점에 대한 비판은 시간의 흐름에 따른 환경문제의 심각화와 같은 외부 환경의 변화에 의해 어느 정도 영향을 받기는 했지만 시간 순서에 의해 확연히 구별되거나 순차적으로 일어난 것만은 아니다. 초기 생태비평의 가장 중요한 이정표 역할을 했던 글로펠티가 편집한 *The Ecocriticism Reader*(1996)가 나왔을 때 버커츠Sven Birkerts가 이 책에 대한 서평에서 지적한 우려는 이와 같은 사실을 잘 보여 준다. "자연 및 그 보전은 대부분의 생태비평가들에게 압도적인 주제다. 이러한 경향은 생태비평이란 새로운 사조를 실질적으로 단순하게 만들고 '깨지기 쉽게' 함으로써 허약하게 만들 수 있다"(Birkerts 6).

인간 삶의 터전, 특히 도시의 자연과 환경에 대한 관심이다. 이 새로운 경향은 그동안 심층생태주의에 근거한 기존의 생태비평이 야생자연에만 집중함으로써 정작 우리 일상생활에서 마주치는 인간사회의 제반 환경에 대해 눈감아 왔다는 점을 지적한다. 마이클 베네트Michael Bennett는 심층생태주의 자연관에 기대어 야생자연을 선호해 온 기존의 생태비평 태도를 "야생자연에 대한 맹목적 숭배wilderness fetishism"라 비판하고 생태비평이 '상아탑의 골방'으로부터 주류 문화비평으로 발전하기 위해서는 현실적인 사회의 제반 문제를 환경문제와 연계하여 다루는 '사회 생태비평'적 시각이 필요하다고 주장한다. 베네트는 심층생태주의자들이 야생자연과의 직접적인 교류를 통해서만 얻어진다고 굳건하게 피력하는 심층생태주의 기본원리[3]가 야생자연에만 존재하는 것이 아니라, 도시환경에서도 찾아질 수 있음에도, 생태비평이 "야생자연에 대한 맹목적 숭배"에 경도되어 있기 때문에 이와 같은 사실을 깨닫지 못한다고 지적한다. 후기구조주의 통찰에 근거한 베네트의 주장에는 우리가 문명과 별개로 인식하는 야생자연도 도시환경만큼이나 복잡한 사회정치적, 경제적, 철학적 담론에 의해 형성되어 있으며, 인간이 자신의 환경과 어떤 관계를 맺고 살 것인지에 대한 결정에도 이미 사회·문화적 요소가 내재되어 있다는 것이다. 따라서 많은 생태비평가들이 기대는 심층생태주의 관점은 사회생태론적 통찰을 배제할 경우 그 자체만으로는 항상 "불완전"하여 대부분의 도시 거주민에게는 "설득력이 부족하고" "쓸모없으며" 비도시 거주민에게 역시 적합하지 않다(301)고 판단한다.

『환경적 상상력*Environmental Imagination*』(1996)에서 생태중심적 관점만을 다루었던 로렌스 뷰얼Lawrence Buell도 『위기에 처한 세계를 위한 문학*Writing for an*

---

3. 빌 드발Bill Devall과 조지 세션즈George Sessions는 심층생태론의 네 가지 핵심 원리로 장소에 대한 느낌 기르기, 영웅을 자연정복자가 아닌 자연장소를 온전히 경험하는 사람으로 재정립하기, 겸양지덕 배양하기, 산과 강, 물고기와 곰이 어떻게 지속적으로 자신들을 구현화하는지 깨닫기를 들고 있다(Devall and Sessions 111).

Endangered World』(2001)에서는 생태비평의 관심이 생태중심적 관점에서 인간의 삶의 영역인 인공자연에 대한 문제적 시각에 초점을 맞춘 사회생태론적 관점으로 이동해야 할 당위성을 강조한다. 뷰얼은 "모든 환경론자들이 벌이는 노력의 성공은 최종적으로는 … 태도, 느낌, 이미지, 서술과 같은 '마음의 상태'에 달려 있다"(Buell 2001, 1)라는 심층생태론적 믿음을 전제로 한다. 하지만 생태중심적 관점만을 강조할 경우, 특히 열악한 환경에 노출된 사람들에게 무엇보다도 최우선 관심사인 "공공위생"이나 "환경적 형평성" 같은 현실적인 문제의 중요성이 폄하될 수 있기 때문에 생태비평은 전통적으로 다루어 온 자연의 "녹색 경관green landscapes"뿐만 아니라 "산업화의 경관"(Buell 2001, 7)인 도시의 "갈색 경관brown landscapes"까지도 다룰 필요성이 있다고 강조한다.

대부분의 현대인들이 심각한 환경문제를 안고 있는 도시 지역에 거주하고 있으며, 생태비평이 보다 많은 독자들에게 환경문제 의식과 자연의 소중함을 일깨우는 생태환경의식을 불어넣어 주는 것을 중요한 목적으로 공표하고 있다는 점을 고려할 때, 생태비평의 이러한 도시환경문제로의 관심 이동은 시의적절하고 올바른 방향이라고 생각된다. 생태비평가인 조너선 베이트Jonathan Bate가 "한 종으로서 인간의 생존은 심층생태론이 추구하는 이상을 상상 속에서 펼칠 수 있는 인간의 능력에 달려 있을 수도 있지만, 심층생태론의 꿈은 이 지구상에서 절대로 실현될 수 없다"(Bate 38)라고 단언하듯이, 현대인들은 실제로 원시생활로 돌아가지 않고서는 생태중심주의 원리에만 의존하여 살아갈 수는 없다. 대부분의 현대 산업사회에서 전체 인구의 절반이 훨씬 넘는, 미국의 경우 국민의 80퍼센트 이상이 도시와 근교에 몰려 살고 있으며, 이들은 매일 같이 실질적인 환경문제와 마주하고 있다는 사실에 주목할 필요가 있다. 이러한 현실에서 분명 이상적이고 낭만적 성격을 띠는 탈인간중심적 자연관만을 강조하는 것은 공허할 뿐더러 생태비평이 목표로 삼는 자연에 대한 새로운 인식 고취 또한 효과가 의문시된다. 이런 점에서 생태비평가인 랜스 뉴먼Lance Newman의 다음과 같은 지적은 적절하다.

> 생태비평이 시의적절한 적극적인 비평이라는 주장을 내세우기 위해서는 비평적 관행을 더욱 확대시킬 필요가 있[다]. … 환경위기는 야생자연, 시골, 도시근교, 도심을 막론하고 모든 자연지형을 다 같이 위협하고 있다. 남부 보스턴은 월든 호수만큼이나 자연적(그리고 야생적)이다. 이들 두 곳 모두 똑같이 지구온난화로 위협받고 있다.(Newman 71)

『환경비평의 미래*The Future of Environmental Criticism*』(2005)에서 뷰얼이 녹색 자연에 대한 생태비평 초기의 관심을 생태비평 '제1의 물결'로, '갈색' 자연에 대한 관심을 '제2의 물결'로 표현하면서 이와 같은 관심 변화는 필연적이며 "생태비평 제2의 물결"이 이미 도도하게 진행되고 있다고 지적하듯이, 외형적으로 볼 때 생태비평이 인간 문명과 도시 자연에 보인 관심은 2000년대 들어와 학술대회주제나 발표문, 생태비평 저작에 잘 반영되고 있다. 2년에 한 번씩 개최되는 미국 '문학과 환경학회ASLE-US'의 2003년도 컨퍼런스는 도시환경문제가 생태비평의 주요 관심사가 되었다는 점을 가장 상징적으로 보여 주었다. '문학과 환경학회' 학술대회 개최지로는 처음으로 미국의 동부, 그것도 동부의 대표적인 도시인 보스턴에서 열렸으며, 컨퍼런스 주제도 '도시환경Urban Environment'으로 내세워 250여 건의 발표 중 상당수가 이 주제에 집중되었다. 대표적인 도시근교 자연작가인 존 핸슨 미첼John Hanson Mitchell이 초대되어 도시자연문학에 대한 강연을 하였으며, 참석자들은 학회 기간 동안 도시 생태계가 잘 보전되고 있는 다운타운 지역과 흑인 빈민지역에서 생태적으로 건강한 주거지로 탈바꿈한 보스턴 남부 두들리Dudley 지역을 답사함으로써 도시환경을 직접 체험할 기회를 갖게 되었다. 이 컨퍼런스를 알리는 '문학과 환경학회' 뉴스레터에서 당시 회장이었던 테럴 딕슨Terrell Dixon은 "도시자연이 환경문학 연구 주제로 자리 잡고 또한 보다 포괄적인 환경론을 세우는 방법으로써 문학과 환경학회의 주변부에서 중심부로 자리매김 했다"라고 선언하고 있듯이, 도시의 자연과 환경이 생태문학 연구의 새로운 관심대상이 되었다.[4]

생태비평의 녹색 자연으로부터의 갈색 자연으로의 관심 이동은 문학 연구가 현실인식을 바탕으로 사회적 책임을 감당하고 그동안 생태비평이 소홀해 왔거나 도외시해 왔던 현실적이고 실질적인 환경문제를 다룸으로써 낭만적이고 현실 도피적이라는 비판에서 비켜설 수 있다는 점에서 분명 고무적인 변화임에 틀림없다. 하지만, 생태비평의 도시 자연과 환경에 대한 논의에는 동시에 두 가지 문제점이 수반된다. 첫째, 미국 생태비평에서 가장 중요한 개념으로 다루어 왔던 '야생자연wilderness'에 대한 개념이 여전히 문명과 대립적인 관점에서 다루어진다는 점이다. 그동안 생태비평이 인간 문명세계로부터 멀리 떨어져 있는 야생자연에 집착해 옴으로써, 도시의 자연·환경 요소가 생태비평의 관심 영역에서 벗어나 있었던 이유와 마찬가지로, 최근의 사회생태비평이 관심을 돌리고 있는 도시의 자연·환경 논의에서 녹색 자연은 거의 배제된 채 자연은 '경관landscape' 혹은 '환경environment'이란 의미로서 받아들여진다. 반면, '야생자연'이란 용어는 심층생태론적 '야생자연'이 아닌 도시의 유색 빈민계층 거주지와 거주민들로 상징되는 비문명적이고 길들여지지 않은 그리고 폭력이 내포된 부정적인 의미로 전환된다. 이와 같은 사회생태론적 관점에서의 전통적인 야생자연의 배제와 개념전환은 무엇보다도 자연과 문명을 여전히 이분법에 근거하여 서로 대립적인 요소로 간주하고 있다는 데 기인한다. 둘째, '야생자연' 대 '문명' 혹은 '자연' 대 '도시환경'이라는 이분법적 구도 속에 생태비평이 관심을 보이는 문학 장르 역시 '야생자연을 다루는 자연 수필' 대 '도시환경을 다루는 소설'이라는 구도가 형성됨으로써, 기존의 야생자연을 중심 소재로 다

4. 하지만 생태비평의 관심이 실질적으로 얼마나 '녹색' 자연에서 '갈색' 자연으로 이동해 왔는지는 논의의 여지가 있다. 이에 대한 자세한 논의는 신두호 2008 참조.

루던 자연문학 장르에 대한 관심이 퇴색되었으며, 또한 도회지의 (자연)환경에 대한 생태비평의 관심에도 불구하고 야생자연을 다루는 자연문학에 의해 가려져 왔던 도회지의 자연과 환경을 다루는 도회지 자연문학은 여전히 생태비평의 관심영역 밖에 존재한다는 점이다.

본 연구는 먼저 생태비평의 사회생태론적 관점 수용이 기존의 (야생)자연 개념과 태도에 어떤 변화를 가져왔으며, 생태비평의 지속적인 편애를 받아 왔던 자연문학 장르는 어떤 변화를 겪게 되었는지를 살펴본다. 이를 통해 생태중심적 (야생)자연뿐만 아니라 사회생태론적 (야생)자연이 왜곡되고 편협한 개념으로 사용되고 있다는 점을 지적해 낸다. 즉, '시골/(야생)자연' 대 '도시/문명'이라는 기존의 이분법적 대립구도는 인위적인 것으로 야생자연은 일정 부분 미국의 문화적 이데올로기에 의해 형성된 개념으로 문화와 자연은 대립되는 영역으로서의 상호 배제관계에 있는 것이 아니라, 인간문명이 야생자연에 흔적을 남겨 왔을 뿐더러, 자연 역시 도시문명 안에서도 찾아질 수 있다. 이와 더불어 인간에 의해 변형된 도시의 자연과 환경 역시 자연문학의 중요한 관심영역이어야 할 당위성을 그동안 생태비평에서 관심을 보이지 않았던 도시자연문학 작품을 통해 예증한다. 본 연구에서는 대표적인 도시자연문학 작가인 찰스 시버트Charles Siebert, 리사 코투리어Lisa Couturier, 마이클 록랜드Michael Rockland의 작품 중 각각 뉴욕시의 (자연)환경을 다루는 『위커비*Wickerby: An Urban Pastoral*』(1998), 『뱀의 소망*The Hopes of Snakes*』(2005), 『눈신발로 하수도 따라가기*Snowshoeing through Sewers*』(1994)를 다룬다.

2) 녹색 자연에서 갈색 자연으로, 그리고 자연문학 장르의 운명

생태비평의 사회생태론적 관점의 수용은 근본적으로 자연 개념과 자연문학 장르에 대한 변화를 수반한다. 사회생태론적 관점에 대한 관심과 더불어 생태비평에서 자연은 더 이상 '야생자연'만이 아닌 '경관landscape' 혹은 '환경environment'까지도 포함하는 확장된 의미를 갖게 된다. 하지만 일부 생태비평은 그동안 생태비평에서 배제되어 온 사회문화적 요소의 중요성을 부각시키고 강조하는 과정에서 아이러니하게도 심층생태비평의 이분법과는 성격이 다르지만 '야생자연' 대 '문화'라는 이분법에 기대는 결과를 초래한다. 이러한 결과는 첫째로 생태비평 논의에서 인간의 거주환경에 집착함으로써 야생자연 요소가 자연 개념에서 흔히 배제되는 양상으로 나타난다. 예를 들어, 뷰얼은 『위기에 처한 세계를 위한 문학』에서 심층생태론적 야생자연에 대한 논의를 배제한 채 첫 장을 전적으로 도시의 독성 담론 문제에 할애하고 있으며, 책 전반에 걸쳐 찰스 디킨즈Charles Dickens, 리처드 라이트Richard Wright, 시어도어 드라이저Theodore Dreiser를 비롯한 도시를 무대로 한 '도시사실주의' 작가들을 중심으로 19세기와 20세기 영국 및 미국의 도시환경문제를 문화적이고 시대적인 관점에서 집중적으로 논하고 있다. 뷰얼은 『환경비평의 미래』(2005)에서 더 나아가 '생태비평ecocriticism'이란 용어를 '환경비평environmental criticism'으로 대체하자고 주장한다. 그 이유는 한편으로는 생태비평이란 용어에서 '생태eco'는 '인공'환경이 아닌 야생지의 '자연'환경, 보다 좁게는 생태중심주의와 자연과학으로서의 생태학 영역을 함의하기 때문이고, 또 다른 이유는 문학연구에서 환경으로의 관심 이동은 방법론이나 패러다임에 의해서라기보다는 이슈에 의해 주도되었기 때문에 '환경비평'이 '생태비평'보다 적합한 용어이기 때문이다(11-12).

사회생태론적 입장을 수용하는 생태비평에서 야생자연에 대한 개념 변화는 필연적이다. 왜냐하면 사회생태론적 입장에서 볼 때 심층생태론적 '야생자연'이라는 용어는 젠더나 인종, 원주민 문제와 같은 사회적 불평등이 전혀 고려되지 않은 탈정치적 개념이기 때문이다. 『삶에 관한 시카고 갱단 이론*The Chicago Gangster Theory of Life*』에서 대표적인 사회생태론자인 앤드루 로스Andrew Ross는 '야생자연'을 "그 장소에 살던 원주민들이 오래전에 소개消開되어 더 이상 사람이 거주하지 않으며 그 자연경관의 숭고함으로 인해 자연 탐방객들 사이에 존재하는 사회적 신분 차이의 모든 유산이 제거되는 장소이며, 이 숭고함으로 인해 탐방객들이 중재되지 않은 대자연 속에서 자신에게 가해진 제한과 타당치 않은 사회적 신분을 뛰어넘을 수 있는 곳"(Ross 103)으로 파악한다.

하지만 자연환경문제를 "문화적 그리고 역사적 관점에 집착하게 되면 다양한 '살아 있는 자연'으로서의 생물학적 실체는 무시된다"(Knott 4)는 존 노트John R. Knott의 지적처럼, 사회생태론적 비평의 자연환경에 대한 사회정치적 담론에는 정작 자연이란 존재가 논의 뒤에 가려질 위험성이 있다. 도시의 제반 환경문제와 연관된 현실적인 사회문제에만 지나치게 집중하게 되면, 생태의식을 고취하고 환경문제를 인식하는 데 여전히 중요한 인간-자연의 연결의식이나 자연의 소중함에 대한 인식이 묻혀 버릴 수 있기 때문이다. 게리 스나이더Gary Snyder는 야생자연이 어느 의미에선 "문화적 구성"이라는 점을 인정하면서도, 비평가들이 "야생자연이 다양한 거대 생태계로 이루어진 실제 장소라는 점과 따라서 자연이 다른 종류의 서식지에서는 생존할 수 없는 생명체들의 살아 있는 장소라는 인식을 결핍"(Snyder 1993, 388)하고 있다는 지적은 주목할 필요가 있다.[5]

---

5. 사회생태론적 관점을 반영하는 대부분의 생태비평가들이 스나이더가 지적하듯이 야생자연의 아름다움과 소중함, 자연을 통한 인식의 변화에 대한 믿음을 전적으로 결핍하거나 폐기한 것은 아니다. 이들은 자연에 대한 전통적인 믿음을 포기하지 않으면서도 다만 일방적인 심층생태비평 태도에서 벗어나 인간환경문제에 논의의 초점을 맞추기 때문에 일견 전통적인 의미의 자연에 대한 인식이 결여된 것으로 비춰질 수도 있지만, 근본적으로 사회환경문제가 자연환경문제보다도 전적으로 우선 고려사항이 되어야 한다는 북친 식의 사회생태주의와는 다르다. 따라서 사회생태비평적 관점과 논의에서 필요한 것은 심층생태론적 인식과 사회생태론적 인식의 통합적인 태도다. 예를 들어, 베네트는 '사회생태비평'이 '심층생태비평'을 대체하는 것이 아니라,

사회생태비평적 논의에서 '야생자연' 대 '문명'의 이분법적 구도가 드러나는 두 번째 양상은 '야생자연'에 대한 새로운 의미규정에 드러난다. 야생자연이 문명과 동떨어진 원시상태의 오염되지 않은 자연을 의미하며 이러한 야생자연은 생태의식을 고취하는 데 중요한 역할을 하고 있다는 믿음을 견지하는 심층생태비평가들과는 달리, 사회생태론자 및 사회생태론적 관점을 작품에 담는 작가들에게는 '야생자연'이란 용어가 도심의 지저분하고 정비되지 않고 폭력과 무질서가 상존하는 지역을 지칭하는 부정적인 의미로 전환된다. 사회생태론적 시각은 야생자연을 미국이 세계에 기여하는 선물이라는 로더릭 내쉬Roderick Nash 식의 미국의 정체성과 자긍심을 담고 있는 개념과는 달리, 에덴과 같은 신성한 공간과 대치되는 개념으로 파악한 유대교 전통이나 이성에 토대한 문명이나 사회질서에 반대되는 개념으로 파악한 그리스·로마 전통과 같은 초기 서구문명에 나타난 부정적 이미지에 기대어 도시 빈민지역의 열악한 환경 및 폭력과 정신적 황폐함을 표상하는 용어로 전환시킨다. '야생자연'에 대한 전통적인 부정적 이미지에는 야생자연은 사악하고 잔인한 장소로서 그곳에 존재하는 것들은 짐승이든 사람이든 야수로서 악령이 깃들어 있는 반면, 문명화된 세계는 이성이 지배하고 질서 잡힌 신의 은총이 가득하기 때문에 야생자연보다 우월한 곳으로 그

인간-자연의 비인간중심적 관계에 대한 깨달음은 여전히 인문학적 생태의식의 핵심이며 자연문학이 이러한 생태의식을 일으키는 데 중요한 역할을 해 왔으며 앞으로도 그러할 것으로 믿기 때문에 이 두 관점이 상호 보완적으로 연계되어야 한다고 강조한다. "두 관점은 대지와 대지에 거주하는 인간이 비착취적 관계를 맺고 살아가는 사회에 대한 비전 안에서 통합되어야 한다"(Bennett 311). 생태비평에서 이와 같은 심층생태론적 시각과 사회생태론적 시각의 통합적 관점의 필요성은 뷰얼에 의해서도 강조된다. 뷰얼은 『위기에 처한 세계를 위한 문학』에서 생태중심사고의 허약성을 인정하고 생태비평이 실질적인 환경문제에 관심을 가질 것을 강조하지만, 뷰얼 역시 우리 삶에서 마주치는 현실적인 환경문제에 대한 관심이 생태중심적 사고를 대체하는 것은 아니다. 열악한 환경에서 살고 있는 사람들에게 "건강, 안전, 생계유지는 환경과 관련하여 가장 우선적인 관심사"가 되는 것은 이해되지만, 실질적인 환경문제에 대한 관심 그 자체가 목적이 아니라, 환경문제에 대한 관심으로 인해 사람들은 결국 "생태적 상상력을 갖게 되고 헌신"하게 되는 것이라고 말함으로써 뷰얼은 생태중심적 시각 역시 여전히 중요한 요소임을 분명히 한다(Buell 2001, 6).

려진다. 이와 같은 야생자연에 대한 전통적 이미지는 우리의 의식 속에 뿌리 깊게 남아 있다. 앤드루 라이트Andrew Light는 야생자연에 대한 이와 같은 관점에서 주목할 점은 야생자연이 실질적인 장소라기보다는 사람들의 인식 수준에서 작동하는 메타포라는 점이다. "인식론적 수준에서 야생지는 그곳에 살고 있는 모든 생명체 내에 존재하는 것으로 잘못 인식된 야생성을 지칭한다. 진정으로 중요한 점은 물리적 자연환경이 아니라, 거주자들의 정신적 상태에 존재하는 물리적 자연환경에 대한 추론에 근거한 주장이다"(Light 138).

야생자연에 대한 이와 같은 인식론적 접근은 이미 잘 알려진 대로 유럽이 식민지를 개척하면서 자신들의 침략을 정당화하기 위해 식민지와 원주민들을 사악하고 야만스런 교화의 대상으로 묘사한 행위와 남성이 여성에 대한 지배를 합리화하기 위해 여성과 야생자연 혹은 야생성을 연계시켜 왔다는 행위에 잘 드러나 있다.[6] 이와 더불어 야생자연에 대한 부정적인 인식론적 접근은, "오늘날 우리는 애초의 인지론적 의미를 사용하면서 도회지를 일종의 고전적인 야생성으로 다시 기술하는 방식으로 돌아오고 있다"(Light 140-41)는 라이트의 지적대로, 현대의 도시공간, 특히 유색인종의 집단거주지인 도시 빈민지역 및 거주자에 대한 인식에 그대로 적용된다.

존 와이드만John Wideman의 소설 『필라델피아 화재*Philadelphia Fire*』(1990)는 야생자연에 대한 사회생태론적 시각을 잘 드러내 보여 준다. 이 소설은 자연으로 돌아가자는 '무브Move'로 알려진 아프리카 컬트를 수행하는 한 집단이 소유한 서부 필라델피아의 거주지를 도시정비사업의 일환으로 강제 철거하는 과정에서 경찰의 총기 발사와 방화 작전으로 인해 11명이 희생되고 60여 채의 건물

---

6. 예를 들어, 플럼우드Val Plumwood는 「야생자연 회의론과 이원론Wilderness Skepticism and Dualism」에서 영국이 호주에 식민지를 개척할 당시 질서 잡힌 문명사회를 건설하기 위해 어떻게 호주 원주민들을 미개인으로 간주하여 교화시키거나 제거했는지, 그리고 야생짐승, 특히 타스마니아 호랑이를 어떻게 철저히 제거했는지 잘 보여 준다("Wilderness Skepticism and Dualism" 참조).

이 소실된 1985년의 실제 사건을 재구성하고 있다. 인위적인 것을 배격하고 자연상태를 추구했던 이 집단의 거주지는 주변 이웃과 시 당국에는 "악취 풍기는 잡풀이 무성한 무주공산"(Wideman 162)으로 혐오스러운 장소이자 위험한 정글의 야생지로서 그곳 거주자들은 도시의 건강과 생명을 파괴하는 바이러스 같은 위협적인 존재로 인식되고 있다는 점이 다음과 같은 표현을 통해 잘 드러난다.

> 씨앗에서 성장한 잡풀로 그 도시는 숨이 막히고 있다. 잡풀로 살찌운 탐욕스러운 검은 해충이 종대로 그의 혈관을 따라 행진한다. 이성의 신전 성문을 갉아먹으면서. 생명수는 시들고, 수척해지고, 구부정해지고, 꼭대기는 죽어가며, 이 도시를 익사시키는 죽은 나뭇잎에는 병세로 흠뻑 젖어 있다.(Wideman 175)

생태비평이 야생자연보다는 대부분의 인간이 거주하는 도시의 환경, 특히 환경과 관련된 사회문제로 관심의 초점을 이동시킴에 따라 자연 및 야생자연 개념에 대한 변화와 더불어 자연문학에 대한 생태비평의 관심도 변화를 겪는다. 변화의 핵심은 생태비평에서 이 장르에 대한 관심이 줄어들었다는 점이다. 생태중심적 관점에서 미국의 야생자연을 다루어 온 문학 장르는 단연 자연문학이었으며, 따라서 생태중심적 관점을 핵심적인 분석 틀로 삼아 온 생태비평은 이 장르를 가장 선호해 왔다. 더 나아가 이 장르의 작품이 소재로서 미국의 자긍심의 원천인 야생자연을 다룬다는 점과 중심주제인 인간과 자연의 관계가 미국의 정신을 반영하고 있다는 점은 자연을 다루는 문학작품 중 이 장르의 작품이 일반인에게 가장 많이 애독되어 왔으며, 생태비평의 주요 분석과 논의 대상이 되어 온 또 다른 이유였다. 자연문학은 독립적인 자유주체로서의 자아를 그리는 동시에 자연환경을 그 자체로 객관적인 시각으로 자세히 살핀다. 구대륙에서의 자아는 자신이 속한 문화와 사회·정치·경제적 제반 요소에 의해 정의되는 반면, 이러한 요소에서 자유로웠던 신대륙에서는 광활한 자연 속에서 자아가 독립적이고 자유로운 주체로서 인식되었다. 자연 역시 사회문화적 관계 속에서 인식되던 구대륙과는 달리, 신대륙에서는 자아와 자연의 관계에 관심을 집중하게 된다. 이런 점에서 피터 프리첼Peter Fritzell은 "자연문학은 미국의 역사와 문화에서 자아ego와 생태eco, 즉 정신과 생물 간의, 때로는 이로 인해 문제가 야기되기도 하지만, 특별히 깊고도 구체적인 관계를 포착하고 반영한다"(Fritzell 1990, 153)고 지적한다.

생태비평이 야생자연으로부터 도시환경으로 관심을 이동시킴에 따라 이러한 자연문학 장르에 대한 관심은 줄어드는 것은 필연적이다. 자연문학은 복잡한 도시환경을 다룰 수 없는 장르라는 인식이 지배적이기 때문이다.

> 자연문학 장르와 전원풍에 초점을 맞춘 주류 생태비평 경향을 거부하고 대신 도시 생태학을 다루는 문화비평이 점점 세를 얻고 있다. 이 문화비평은 정치적 선택과 사회경제적 구조, 도시환경을 결정하는 과밀 생태계 사이의 복잡한 상호 연관성을 자연문학 장르로서는 다룰 수 없다고 주장한다.(Bennett 296)

따라서 생태비평 논의에서 카슨의 『침묵의 봄』과 같은 독성담론을 다룬 자연문학을 제외하고는 이 장르에 대한 논의는 현저히 줄어들게 되고 문학 장르의 축은 주로 도시의 환경정의 주제를 다루는 소설로 이동한다.

『자연문학을 넘어서: 생태비평 확장하기*Beyond Nature Writing: Expanding the Boundaries of Ecocriticism*』(2001)는 이러한 경향을 잘 반영하고 있다. 편집자인 칼라 암브루스터Karla Armbruster와 캐슬린 월리스Kathleen Wallace는 책 제목에 명시되어 있듯이, 생태비평은 기존의 자연문학에 대한 편협성에서 벗어나 다양한 환경문제를 다룰 필요성을 강조하며 생태비평가들은 "거의 무제한에 가까운 텍스트의 다양성을 보여 주기 위해 이 분야[생태비평]의 진정한 영역과 가능성을 제시하는 데"(Armbruster and Wallace 3) 노력을 기울일 것을 역설한다. 확대된 새로운 환경 주제를 다루는 이 책에 수록된 글들은 대부분 그동안 생태비평에서 논의되지 않았던 영국과 미국의 정전소설에 분석의 초점을 집중시키고 있으며, "텍스트의 다양성"에는 새로운 주제와 형식을 보여 주는 자연문학 장르는 포함되지 않고 있다.

『환경생태론적 상상력』에서 심층생태론적 관점에서 소로의 전통을 따르는 자연문학만을 집중적으로 분석했던 뷰얼은 '생태'가 아닌 '환경'을 중심 주제로 다룬 후속 저서인 『위기에 처한 세계를 위한 문학』에서는 자연문학을 철저히 배제하고 독성담론을 제공하는 테리 템페스트 윌리엄스Terry Tempest Williams와 돈 드릴로Don DeLillo의 작품을 포함한 환경을 주요 소재로 삼고 있는 소설 작품을 집중적으로 다루고 있다. 19세기 산업혁명으로 공룡도시가 된 런던의 온갖 문제점을 적나라하게 다룬 찰스 디킨즈Charles Dickens와 20세기 초반 다윈식의 적자생존 논리에 지배당한 도시 하층민들의 운명론적인 삶을 비감성적으로 그린 업턴 싱클레어Upton Sinclair와 드라이저Theodore Dreiser, 도심 흑인 빈민을 그린 리처드 라이트Richard Wright와 같은 도시환경을 다룬 소설가들과 근대화로 인한 남부의 자연환경 파괴와 도시화를 다룬 윌리엄 포크너William Faulkner, 해양이라는 공유지를 둘러싼 현대의 환경문제를 제기하는 허먼 멜빌Herman Melville의 소설이 뷰얼의 새로운 생태비평의 관심대상이 된다.

생태비평의 관심이 '생태'에서 '환경'으로 이동함에 따른 자연문학에서 소설로의 분석 및 연구대상으로서의 문학 장르의 변화는 두 장르가 갖는 속성에 기인한다. 자연문학의 큰 흐름이 자연사에 뿌리를 두고 있다는 사실에서 알 수 있듯이, 자연문학은 자연에서의 자아성찰이라는 주제와 더불어 전통적으로 자연에 대한 과학적이고 객관적인 관찰을 통한 묘사를 중시한다. 『침묵의 봄』이 좋은 예시가 되듯, 농약과 같은 독성물질에 의한 환경 변화라는 주제는 일반 독자들이 쉽게 접근하기 어려운 전문적인 영역으로서, 전문지식에 기댄 과학적인 데이터 제시에 의해서 환경위해를 인식시키는 파급효과가 더욱 크기 때문에 소설이 아닌 자연문학의 형식을 빌리는 것이 타당하다. 패트릭 머피Patrick Murphy는 비유적이고 심미적인 요소를 중시하는 시에 비해 수필은 '사실성', '객관적 묘사', '관찰'이라는 세 가지 요소를 특징으로 하기 때문에 생태비평이 지금까지 가장 편애해 왔다고 지적한다(Patrick Murphy 21). 반면, 자연문학에 비해 소설은 객관적 사실성보다는 감정에 호소함으로써 독자에게 쉽게 다가가고 폭넓은 공감을 불러일으킬 수 있다는 점에서 우리 삶에서 겪는 환경문제에 대한 인식을 각성시키는 데 더욱 효과적인 장르로 인식된다. 우리가 일상생활에서 겪거나 간과하는 온갖 환경과 관련된 문제들은 전문적이거나 사실적인 데이터만을 필요로 하는 것이 아니라, 오히려 우리 각자의 인식의 각성을 요구하는 것이고 환경전문가가 아닌 우리와 같은 환경에 처한 일반 소시민에 의한 이야기를 통해서 전달될 때 훨씬 쉽게 공감하고 '나'의 이야기로 받아들일 수 있기 때문이다.

사회생태론적 관점에서 환경문제를 다루는 생태비평이 더 이상 심층생태론적 야생자연과 이러한 자연을 다루는 기존의 자연문학에 무관심한 이유는 이와 같은 자연문학과 소설이 갖는 장르적 속성과 더불어 야생자연은 문명과 대치되는 개념으로 자연문학은 야생자연만을 다루는 장르라는 편견에도 기인한다. 미국의 대표적인 자연문학가들이 한결같이 심층생태적 관점에서 문명으로부터의 도피처로서 야생자연을 찬미해 왔으며, 따라서 쉬즈Don Scheese와 같은 생태비평가가 미국 자연관의 특징을 목가주의 전통에 두는 것은 자연문학의 야생자연에 대한 경도를 반영한다. 『자연문학 : 미국에서의 목가적 욕구*Nature Writing: The Pastoral Impulse in America*』(1996)에서 쉬즈는 자연에서의 소박하고 단순한 개인적인 자유로운 삶을 만끽했던 호시절에 대한 낭만적인 이상화와, 도시의 복잡함 및 혼돈스러움과는 대비되는 단순 소박한 자연의 조화를 동경하는 목가주의 전통 안에서, 미국의 대표적인 자연문학 작품을 모범적으로 분석하여 보여 준다.

다른 한편으로는, 생태비평이 사회문화비평 방향으로 관심과 논의의 폭을 확대하면서 일부 생태비평가들은 기존 자연문학의 소재와 관점의 편협성을 자각하면서 자연문학 역시 이러한 확대된 주제를 담아야 할 필요성을 역설함으로써 자연문학 장르의 명맥을 이어가고자 한다. 하지만 이들 논의는 전통적으로 문화비평에서 즐겨 다루어 온 인종 및 젠더 문제, 다문화적 시각에 제한되거나, 도시

샌프란시스코 한 주택 철제문 입구의 화단과 벤치

문제를 다룰 것을 역설하면서도 정작 도시자연과 환경을 다루는 현대 도시자연문학은 논의에서 배제하고 있다. 예를 들어, 2002년에 대표적인 자연문학 선집인 『자연문학: 영문학 전통*Nature Writing: The Tradition in English*』의 개정판을 12년 만에 내면서 편집자인 로버트 핀치Robert Finch와 존 엘더John Elder는 이 장르가 백인 남성 작가의 전유물이라는 기존의 비판을 수용하고 이를 보완하기 위해 여성 작가, 유색 인종 작가, 영국과 미국 이외의 영연방 작가의 작품을 새롭게 수록하고 야생자연이 아닌 정원·텃밭 가꾸기와 농사, 동물을 다루는 자연문학 작품을 새롭게 추가 수록한다. 하지만 자연문학은 지나친 자기몰두와 학문적 전문화에서 벗어나 "생생하고 역동적인 외부 자연세계에 주목함으로써" 우리 지구에 대한 자연과학적, 인간적, 정신적 의미를 통합적으로 조망해 준다는 점에서 "자연문학의 경관은 중요한 의미에서 변한 것이 없다"(Finch and Elder 19)라는 주장에서 드러나듯, 자연문학은 여전히 전통적인 의미의 자연을 다루어야 한다는 믿음

샌프란시스코 다운타운 중심지 마켓스트리트 빌딩 숲 사이 3층 건물 옥상 정원

에 따라 도시 자연과 환경을 다루는 현대 도시자연문학은 여전히 관심의 대상에서 벗어나 있다.

2000년대 들어 '생태'보다는 '환경'을 강조하는 대표적인 생태비평가인 뷰얼은 자연문학의 '환경' 주제를 다루는 역할에 대해 일보 진전된 입장을 보인다. "자연문학은 (인간의 자연지배에 대한 이데올로기적 당위성이라는) 지속적인 문제에 대해서만 일정하게 반응"하는 형식이 아니라, "자본주의 생태사회적 질서의 탄생과 발전에 대한 반응의 역동적 전통"으로 "자연문학 작가들이 어떻게 자연을 바라보고 이해하는지는 전적으로 자신들이 변화시키고 싶어 하는 사회를 스스로 어떻게 바라보고 이해하는가에 달려 있다"(Buell 2005, 18-19)라고 보는 뉴먼Lance Newman과 입장을 같이하면서, 일반적인 믿음과는 달리 자연문학이 "정치적으로 단순히 획일적이지도, '자연적임'의 영역에 밀봉된 것도, '사실주의자'의 입장만을 취하는 것이 아니고, 변화의 현상에 둔감하거나 무심한 것이 아니다"(Buell

2005, 41)라고 적절히 지적한다. 그는 이러한 사회적 맥락이 전통적인 자연문학에 잘 드러나 있다는 점을 카슨과 소로를 통해 자세히 검증하지만, 정작 도시의 자연과 환경을 다루는 현대의 자연문학은 "녹색 디자인의 실질적인 효과에만 염두에 두고" 도시 전체에 대한 생태학적이고 환경론적인 조망보다는 "도심에서 전혀 기대치 않았던 자연의 우연한 발견"과 같은 간헐적이고 미시 수준에서 자연을 다룰 뿐(Buell 2005, 86-87)이라고 피력함으로써 도시자연문학에 대한 단편적이고 제한적인 인식을 드러낸다.

위에서 살펴본 생태비평가들의 견해와는 달리 녹색 자연은 인간 문명과는 동떨어진 야생자연에서만 존재하는 것은 아니라 도시에서도 발견될 수 있으며, 심층생태비평이 견지해 온 야생자연만이 생태의식을 불어넣어 주는 것이 아니라, 우리 삶의 터전인 인간에 의해 변형된 갈색 자연에서도 자연의 소중함과 환경문제에 대한 관심을 유도해 낼 수 있다. 또한 이러한 도시에서의 자연환경에 대한 관심은 여전히 자연문학의 중요한 주제가 되어야 하고 따라서 도시자연문학에 대한 생태비평의 관심이 필요한 이유가 여기에 있다. 이와 같은 녹색 자연에 대한 개념 및 자연문학의 주제에 대한 새로운 인식의 전환을 위해서는 무엇보다도 '자연' 대 '문명'이라는 이분법에 근거하여 심층생태비평이 고수해 왔던 야생자연에 대한 신화를 벗기는 작업이 선행되어야 하며, 이러한 탈신화를 바탕으로 자연문학 역시 도시자연 환경에 적합한 장르라는 점이 지적되어야 한다.

3) 야생지 개념과 자연문학 장르 재고

생태비평에서 '자연' 대 '문화'라는 대립구도 해소는 무엇보다도 생태론의 근간을 차지해 온 야생지 개념에 대한 재고에서 출발해야 한다. 지금까지 미국 자연문학과 생태비평에서 야생지는 자연과 동의어로 사용되어 왔다. "야생(지)에 자연세계가 보전되어 있다"라는 소로의 간결한 표현에 압축되어 있듯이, 생태론의 최대 화두인 생태계 보전은 바로 야생지 보전에 달려 있으며, 이 야생지란 대부분의 미국인에게 문명에 의해 오염되지 않은 원시적인 모습을 갖춘 땅을 의미한다.[7] 20세기 후반 들어 자연문학에 대한 관심 및 생태비평의 급격한 부상과 더불어 빈번하게 등장한 야생지 개념에 대해 문화적이고 정치적 측면에서 간헐적으로 문제가 제기되어 왔다.[8] 하지만 본격적인 의미에서의 야생지 개념에 대한 문제 제기는 이 개념이 자연을 문명의 대립 개념으로 보고 자연환경의 형성과 변화 과정에 영향을 끼쳐 왔던 인간의 역할 및 인간이 여전히 자연과 더불어 살아가고 있다는 사실을 간과해 온 점에 두고 있다. 이와 같이 문명과의 대립개념으로서의 야생지에 대한 전통적인 의미에 본격적인 문제를 제기하고 나선 사람은 윌리엄 크로논William Cronon이다.

「야생지의 문제, 혹은 엉뚱한 자연으로 돌아가기The Trouble of Wilderness; or Getting Back to the Wrong Nature」(1996)에서 크로논은 야생지란 그 자체가 인간의 손길이 닿지 않은 지구상에 얼마 남지 않은 원시상태의 자연을 의미하는 것이 아니라, "인간 문명의 결과물", 즉 인간이 특정 시기에 자신들의 필요에 의해 만들어 낸 개념이라고 주장한다.[9] 그에 따르면, 야생지가 현대의 생태주의에서 한

---

7. 인간문명과 동떨어진 원시적인 장소로서의 야생지 개념은 1964년 제정된 '야생지 보호법Wilderness Act'에 정의된 개념에도 잘 반영되어 있다. "인간과 인공이 경관을 지배하는 영역과 대조적인 야생지는 대지와 대지의 자연 생명체가 인간에 의해 간섭받지 않은 곳, 인간이 찾아가지만 머물지는 않는 영역으로 인지된다. 야생지는 더 나아가 지속적인 개조나 인간의 거주가 배제된 원시적 특성과 영향력이 유지되는 개발되지 않은 연방정부 땅의 영역으로 정의된다." 야생지 보호법 전문은 http://www.fs.fed.us/r6/wenatchee/cle-elum-wilderness/wilderness-act.pdf 참조.

8. 야생지 개념이 다분히 미국적, 그것도 백인중심적 개념이기 때문에, 북미 원주민들에겐 자신들의 삶의 터전이자 홈이었던 장소가 인간의 문명과 대립되는 야생지로 불리는 것은 분명 낯설었다. 또한, 노트Knott의 지적처럼, 식량생산과 연료를 구하기 위해 토지에 대한 집약적 이용이 불가피한 후진국에선 자연보전이란 사치에 불과할 수 있으며 이들에겐 국립공원 및 야생지 보전 정신 및 법에 상징적으로 드러나 있는 야생지 개념은 다분히 미국적 태도의 반영으로 보고 있다(Knott 2).

결같이 전제하는 '문명의 발길이 닿지 않은 순수한 상태의 자연'이라는 의미로 굳어지게 된 것은 자연에 대한 "낭만주의적 숭고미Romantic Sublime" 개념과 "개척지 이데올로기"에 의해서다.[10] 프레더릭 잭슨 터너Frederick Jackson Turner가 1890년대에 이르러 미국의 프런티어는 사실상 사라졌으며 이와 더불어 미국의 정체성도 함께 소멸되었다고 적고 있듯이, 크로논에 따르면 야생지에 대한 관심은 바로 이 소멸해 가는 프런티어에 대한 향수nostalgia이며 야생지를 방문하는 것은 사라져 가는 "미국적인" 정체성을 경험해 보고자 하는 소망의 표현이다. 영원히 사라져 가는 프런티어에 대한 이와 같은 미국적인 신화는 문명의 발자국이 덜 닿은 프런티어와 같은 야생지를 보호하고자 하는 환경보전운동의 씨앗이 되었다. "야생지를 보존하는 것은 미국의 가장 신성한 건국신화를 보존하는 것이다." 자연에서 숭고함을 찾는 낭만주의적 이상과 더불어 사라진 프런티어에 대한 미국적인 신화의 소생으로서의 야생지는 이것이 자연의 실체라기보다는 인간에 의해 만들어진 문화적 개념이라는 점을 증거해 준다.

크로논은 이와 같이 미국적인 환경 속에서 형성된 야생지 개념은 현재의 환경과 관련된 문제 해결에 도움이 되기보다는 오히려 그 개념 자체가 적지 않은 문제의 소지를 지니고 있다고 진단한다. 그가 지적하는 가장 근본적인 문제점은 야생지 개념에는 자연이 인간(문화, 문명)과 완전히 별개이자 대립적인 존재라는 관계가 설정되어 있다는 것이다. 이러한 이원론적인 구도에서 자연은 신성하고

---

9. 『대지의 변화상*Changes in the Land: Indians, Colonists, and the Ecology of New England*』(1983)에서 크로논은 인적미답의 야생지로 인식되고 있는 대부분의 장소가 사실은 백인이 정착하기 전에 이미 북미 인디언들이 거주하며 변형시킨 곳이며, 일반적인 믿음과는 달리 인디언들 역시 자연친화적인 태도만 가졌던 것이 아니라 자연을 변형시키고 파괴하기도 했다는 점을 지적한다. 따라서 생태역사는 "환경과 문화 간의 역동적이고 변화하는 관계"(13)를 상정함으로써 시작된다고 크로논은 강조한다.

10. 낭만주의에서는 거대하고 장엄한 자연에서 신의 존재를 찾고 인간은 이러한 자연을 대하면서 인간으로서 한계를 느끼고 그 한계를 수용한다. 낭만주의의 계보를 잇는 미국의 초월주의 역시 이러한 자연관을 계승하고 있으며, 미국 자연문학의 두 거두인 소로와 뮤어John Muir에게서 낭만주의적 자연관이 가장 잘 드러난다.

자유롭고 진실한 반면, 인간문명은 이와는 대조적으로 오염과 온갖 질병을 야기하고, 인간을 구속하고, 인위적인 가식으로 가득 찬 세계로 그려진다. 이러한 대립구도 속에서 문명에서의 삶은 자연과 절연된 상태의 병적인 삶이고, 사람들은 정신건강 회복을 위해 문명세계로부터 멀리 떨어져 있는 도피처로서의 "자연"을 찾아 나서며, 야생지를 보전하는 것은 바로 이러한 문명으로부터 지구를 구하는 것이라는 논리가 성립한다.

이와 같은 신성한 곳으로서의 자연과 파괴적이고 병든 인간문명으로부터의 도피처로서의 자연 개념은 또 다른 두 가지 문제점을 드러낸다. 첫째, 어떤 형태로든 자연을 이용하는 것은 자연을 남용하고 파괴하는 행위라고 단정하게 된다는 점이고, 둘째, 먼 야생지만을 자연으로 소중히 여기고 보호하고자 하는 행위에서 우리 주변 자연에 대한 관심은 사라지고 가장 심각한 환경문제가 대부분 우리 주변에서 일어나고 있지만 이에 대해서도 크게 관심을 두지 않게 된다는 점이다. "문명세계에서 멀리 떨어져 있는 야생지를 이상화하는 것은 우리가 좋든 싫든 '홈'이라 부르는 실제로 생활하고 있는 자연환경을 아무렇지도 않게 바람직하지 않은 것으로 간주하는 것을 의미한다. 심각한 환경문제는 거의 전부가 이 '홈'에서 시작되고 있는데도 말이다"(Cronon 1998, 490).

따라서 인위적으로 형성된 개념일뿐더러 이와 같은 문제점을 안고 있는 기존의 야생지 개념에 집착하기보다는 환경문제 해결에 도움이 될 수 있는 현실적이고 실천적인 자연관을 새로 정립하는 것이 필요하다. 크로논은 자연에 대한 새로운 인식을 위해 두 가지 점을 주장한다. 첫째는, 자연을 무조건 이용하지 말아야 한다는 주장보다는 이제는 어떻게 하면 책임 있게 자연을 이용할 것인지에 대에 자연스럽게 말할 수 있는 새로운 생태윤리가 필요하다는 점이고, 둘째는 이상향의 먼 야생지에 대한 무한한 동경과 추구보다는 우리가 살고 있는 주변, 좁게는 우리의 안마당에서 자연을 발견하고, 이 안마당 자연이 덜 야생적이고, 덜 웅장하고 소소하더라도 이러한 자연에 대한 관심을 기울이는 것과 문명에 의해 변형된 도시환경문제에 대해서도 관심을 기울여야 한다는 점이다. 결국 자연과 문명이 서로 배척적인 대립관계에 서는 것이 아니라, 이 두 개념은 상호 연관되어 있으며 보다 건강한 우리 삶의 터전인 (자연)환경을 보전하고 조성하기 위해 상보적인 역할이 필요하다는 것이다.

크로논이 야생지를 비록 인위적인 개념으로 보기는 하지만, 야생지의 실체나 가치를 전적으로 부인한 것은 아니다. 중요한 것은 야생지와 같은 녹색 자연이 인간문명에서 멀리 떨어져있는 자연만이 아니라 우리의 삶의 터전에서도 발견되고 이러한 자연에서 전통적인 야생지 가치관을 인식할 것을 강조한다.[11] 즉, 크로논은 야생지와 연관된 전통적인 가치관 — 자연은 인간의 도구로서만 존재하지 않고 내재적 가치를 지니고 있고, 인간은 자연과 별개의 우월한 존재가 아닌 자연에 의존하며 살아가는 존재이며, 이러한 인식은 자연에 대한 인간의 겸손함을 유발한다 — 을 기본적으로 받아들이며, 특히 이 가치관을 먼 야생자연이 아닌 우리의 삶의 터전에서의 새로운 자연에 대한 인식태도와 접목시키는 것을 과제로 삼는다. "어떻게 하면 우리가 야생지와 연관시키고 있는 긍정적인 가치를 취해서 홈에 가까이 가져올 수 있을까?"(Cronon 1998, 492). 야생지 개념에 대한 크로논의 비판이 지나치게 문화비평적 사유에 기울어 있지만, 생태비평의 야생지에 기댄 심층생태주의 사유에만 근거하여 편협하고 현실과는 동떨어진 기존의 관점에서 벗어나 자연에 대한 인간중심주의 혹은 탈인간중심주의에 근본적인 재인식을 요구하면서 동시에, 우리 삶의 터전 및 가까운 주변에서 자연의 소중함을 체험하고 우리가 문명에 의지해 살아가면서 매일 목격하고 경험하고 부딪치는 자연환경에 관심을 촉구하는 점은 설득적이다.

---

11. 크로논의 이와 같은 자연에 대한 새로운 개념 정립에서 간과하지 말아야 할 점은 그가 야생지를 인간이 인위적으로 만들어 낸 개념으로 보고는 있지만, 실제로 존재하는 자연 실체로서의 야생지 또한 인정하고 중요시하고 있다는 점이다. 즉, 크로논에게 야생지란 한편으로는 실제로 존재하는 자연장소이며 동시에 인간이 만들어 낸 개념으로서 그가 비판하는 것은 실제 장소로서의 야생지가 아니라 인간의 필요에 의해 만들어진 개념으로서의 야생지인 것이다.

문명과 대립적인 개념으로서의 야생지 같은 녹색 자연만을 소위 '자연'의 개념으로 간주해 온 기존의 편협한 자연관에 이의를 제기하며, 자연은 이제 우리 삶의 터전인 인간에 의해 변형되고 문화적 요소와 공존하는 자연, 즉 갈색 자연으로 이해되어야 하며 이러한 갈색 자연을 통한 환경문제에 대한 관심의 중요성과 이러한 도시의 자연환경에 대한 관심이 자연문학 장르가 새롭게 관심을 가져야할 중요한 주제가 되어야 함을 강조한 사람은 자연문학 작가인 제니 프라이스 Jenny Price다. 프라이스는 「로스앤젤레스에서 자연을 보는 열세 가지 방법 Thirteen Ways of Seeing Nature in L.A.」에서 로스앤젤레스에 거주하는 자연작가로서 이 두 가지 주제를 전개한다.

우선 프라이스는 크로논과 마찬가지로 문명과 동떨어진 야생적인 것만을 자연으로 보던 기존의 개념에 이의를 제기한다. "우리는 자연을 야생자연에 대한 개념으로 소중히 여기지만, 정작 우리 주변의 실제 자연에 대해서는 무관심하고 알지 못한다. 우리는 첨단기술의 산업화된 도회지 삶으로부터 도피처로서의 야생자연을 찾지만, 도피하고자 하는 바로 그 삶을 지탱시켜 주기 위해 우리가 야생자연을 무참히 남용하고 변형시킨다는 점을 알면서도 이 사실에 애써 눈감고 있다"(Part 1, par. 28). 자연을 이와 같이 문명과 대조적인 야생성을 지닌 것으로 보는 관점이 우리의 인식에 확고히 자리 잡아 자연을 다른 식으로 보는 것이 거의 불가능할 정도이지만, 프라이스에게는 자연은 이보다 훨씬 더 폭넓고 다양하게 정의될 수 있으며 야생자연은 그중 단지 하나의 관점에 불과하다. 이 글의 제목이 보여 주듯이 그는 야생자연 외에 열두 가지 방식으로 로스앤젤레스의 자연에 접근하고 있다.

영화나 미디어를 통해 로스앤젤레스는 야생자연과는 정반대의 이미지로 각인되어 있지만, 좀 더 주의해서 보면 야생자연은 로스앤젤레스에서도 발견된다. 크로논이 우리의 삶의 터전에서 자연의 소중함과 인간과 자연의 상호 연관성을 깨닫는 생태의식을 강조한 반면, 프라이스는 로스앤젤레스에서 발견되는 야생자연 자체보다는 원래의 자연이 도시 건설과 확장에 의해 변형되고 파괴되는 양상 및 자연자원이 어떤 과정을 거쳐 우리의 일상생활에 이용되고 있는지 사회생태론적 시각에서 살펴봄으로써 인간이 자연을 이용하되 파괴하지 않는 자연의 지속가능성을 강조한다. 예를 들어, 도심까지 내려온 코요테 기사를 보고 "우리가 자연을 변형시키면, 자연은 이에 대해 우리에게 응수하며" 이를 통해 우리는 "자연은 결코 수동적이지 않고" 모든 장소는 특정한 생태계를 구성하고 있다는 점을 깨닫는 것이 필요하다고 지적한다. 또한 지난 150여 년 동안 로스앤젤레스에 물을 공급해 왔으나 지금은 이 도심을 관통하는 도로들과 육중한 시멘트 건물들 아래로 묻혀 그 물줄기가 끊어지고 일부 구간은 원래의 강의 모습이 시멘트 하수도로 바뀌어 버린 로스앤젤레스 강을 탐사하면서, 더 이상 시민들에게 강으로 인식되지 않는 이 강을 통해 자연을 잘못 취급함으로써 발생하는 온갖 환경문제를 상징적으로 보여 준다. 또한 이 강은 유색인종과 가난한 멕시코 이주민들이 주로 거주하는 지역에서는 복개도 되지 않은 채 악취를 풍기는 더러운 시궁창으로 남겨짐으로써 가난한 유색인종은 환경적으로도 차별적 대우를 받는다는 '환경정의'의 문제점도 부각시킨다.

이러한 인간문명에 의해 변형되고 왜곡된 로스앤젤레스의 자연과 이로 인해 발생하는 온갖 환경문제가 야생자연만을 다루던 기존의 자연작가들과는 달리, 프라이스에게는 자연문학의 적합한 주제다. 그는 자연문학 작가인 자신이 로스앤젤레스에 거주하며 왜 이곳이 자연문학 작품을 쓰기에 가장 적합한 장소인지를 새로운 시각으로 전개한다. 프라이스는 야생자연을 노래해 온 미국 전통 자연문학가들과 마찬가지로 야생자연의 아름다움을 즐기지만, 그들과는 달리 야생자연은 그에게는 근본적 관심의 대상이 아니라 단지 감상하는 데 어울리는 자신과는 별 관계없는 "타 문화"이며, 본인은 "폐수를 처리하고 재사용하는 것에 대해 보다 자세히 아는 것"이 더욱 중요하다고 여긴다. 자연문학 작가로서 순수한 자연에 대한 감성적 인식보다는 실질적인 환경문제에 관심을 갖는 프라이스는 자연문학 장르가 지난 20여 년이 넘도록 일반 독자들에게 외면을 받아 왔다면서, 그 이유를 소로 이래로 자연문학 작가들이 야생자연에 대해 끊임없는 찬가만 늘어 왔다는 사실에서 찾는다. "자연을 도시와 동떨어진 야생의 동식물만으로 간주하는 것은 '미국식 위대한 환상 스토리'에 불과하다. 자연문학가는 우리가 살고 있는 장소에서 일상의 삶에 대해서 훨씬 많은 이야기를 할 필요가 있다"(Part 1, par. 4). 우리가 무슨 차를 몰고 어떤 집에 살고 있으며, 우리가 마시는 물은 어떻게 얻어지며, 야외활동 시 착용하는 고어텍스 제품은 어디에서 누구에 의해 만들어지는지와 같은 우리의 일상생활과 연관된 질문은 자연이 무엇이고 우리에게 어떤 의미를 주는가와 같은 소박한 생각보다는, 우리는 자연을 어떻게 간주하고, 자연을 어떻게 이용하고 변형시키고 있으며, 우리의 의식주 활동이 글로벌 차원의 자원 고갈 및 노동 착취와 어떻게 연결되어 있는지와 같은 인간의 삶과 연관된 자연과 환경의 문제에 대해 생각하는 것이 더욱 중요하다고 본다. 이러한 문제를 생각하게 해 줄 수 있는 곳은 야생자연이 아니라 대부분의 사람들이 삶을 영위하고 있는 도회지의 환경이며, 이런 점에서 프라이스에게 자연문학이 관심을 가져야 할 곳은 야생자연이 아니라 도회지의 환경이다.

따라서 프라이스에게는 자연문학 작가로서 이러한 자연과 환경에 대해 생각하고 이를 소재로 작품을 쓰는 데 로스앤젤레스만큼 '환상적'이고 '완벽한' 곳은 없다고 단언한다. 그 이유는 "이곳에서는 인간이 자연을 이용하는 훨씬 광범위한 양상을 볼 수 있고, 이로 인해 초래되는 많은 문제를 안고 살아가야" 하며, 기이하게도 이러한 많은 문제들로 인해 낙담하기보다는 문제 해결을 위해 우선적인 조치를 취해야 할 장소로서, 그리고 이로 인해 "자연을 찾고 자연에 대해 글을 쓰는 데 꾸밈없는 솔직한 장소honest place로 느껴지기"(Part 2, par. 21) 때문이다.

4) 도시자연문학 읽기

'자연' 대 '문명'은 별개로 존재하는 것이 아니라 서로 중첩되고 서로를 포함한다는 새로운 인식을 바탕으로 녹색 자연은 더 이상 인간문명과 동떨어진 야생자연에서만 존재하는 것이 아니라 도시에서도 찾아지며, 도회지 삶의 터전에서 발견되는 녹색 자연 및 인간에 의해 변형된 갈색 자연에서도 자연의 소중함 및 환경문제에 대한 관심을 유도해 낼 수 있으며, 프라이스의 주장대로 도시의 이러한 자연환경에 대한 관심은 여전히 자연문학의 중요한 주제가 되어야 한다는 점은 최근의 도시자연문학 작가들 — 예를 들어, 시버트, 코투리어, 록랜드 — 의 작품에 잘 구현되어 있다. 한편으로는 이들의 작품 활동이 도시에서의 온갖 환경문제 및 자연과 절연된 황폐한 삶에 대한 반작용으로 자연의 소중함에 대한 각성이 보다 심도 있고 넓게 확산된 1990년대와 2000년대에 이루어졌다는 점과, 또 다른 한편으로는 앞서 지적했던 것처럼 자연과 문명의 이분법적 인식과 자연문학 장르의 야생자연에 대한 주제 집착에 근거한 기존 생태비평의 관행으로 인해 이들 도시자연문학 작가들은 생태비평적 관심에서 벗어나 있었지만, 이들은 다 같이 미국의 대표적인 도시인 뉴욕을 중심무대로 이 거대도시의 자연과 환경을 새로운 시각으로 그려내고 있다.

(1) '야생자연' 환상 깨기 : 찰스 시버트의 『위커비』

"이 아주 재미있는 회고록은 소로식 이상을 비틀면서 도시의 삶을 찬미하고 있다. … 자연문학의 고전인 『월든』과 『팅커 크릭으로의 순례』와 비교하지 않을 수 없으며, 이들과 견주어도 시버트의 작품은 빠지지 않으며 건재하다." 『필라델피아 인콰리어*Philadelphia Inquirer*』의 이 서평은 『위커비*Wickerby: An Urban Pastoral*』(1998)의 위상을 잘 보여 준다. 자연문학으로서 이 작품이 지니는 가치는 『월든』과 같이 인간과 자연의 관계를 새로운 생태중심적 인식으로 이끌어 준다거나 『팅커 크릭으로의 순례』와 같이 해박한 지식을 동원하여 사소한 자연현상을 종교적이고 비의적으로 승화시켜 주는 데 있는 것이 아니라, 오히려 자연과 문명의 대립구도 틀에서 자연만을 찬미하던 이러한 미국 자연문학의 전통을 깨뜨리고 있다는 점에서 찾아진다.

시인으로서 자연문학 장르의 데뷔작인 이 작품은 시버트가 갑자기 찾아든 뉴욕에서의 도시생활의 권태로움을 벗어나기 위해 애완견과 함께 퀘벡의 자연산림지대에 외따로 있는 '위커비'라 이름 붙인 작고 허름한 통나무집에서 5개월을 보낸 뒤 다시 뉴욕의 삶으로 돌아온 후, 이때의 야생자연에서의 경험을 도시 삶과 대비를 통해 미국 자연문학이 즐겨 다루어 온 주제, 예를 들어, 자연의 개념, 야생자연에서의 삶, 도시의 자연, 도시에서의 삶과 같은 주제에 대한 통념을 전복시킨다. 위커비에서의 경험을 통해 시버트가 근본적으로 확인한 것은 자연과 인간문명이 상호 배제적 관계에서 별개로 존재한다는 기존의 개념이 허구적이라는 점이다. 위커비에서 돌아와 자신의 뉴욕 아파트에서 도심 고층빌딩 숲을 바라보면서 그는 이 빌딩들과 위커비 주변의 키 큰 나무를 떠올리며, 이 둘이 동일하지는 않을지라도 둘 다 결국 거주 조건을 하늘 높이 올리고자 하는 열망의 자연스러운 결과라는 점에서는 다를 것이 없다는 생각을 하고는, 자연이란 인간과 동떨어져 별개로 존재하는 실체가 아니라고 선언한다.

> 우리 인간은 다른 자연 생명체보다 덜 자연스러울 것도 없는데, 단지 우리의 생각이 그렇게 여겨지도록 하여 자연이라 불리는 장소를 만들어 내서는, 인간은 그 자연에서 추방되었다고 스스로 판단하며 허물어져 가는 통나무집 문을 통해서든, 사라져 가는 노마드에 관한 영화를 통해서든 … 다시 그 자연에 받아들여지기 위해 끊임없이 노력할 수는 있다.
>
> 〔하지만〕 자연이라는 것은 존재하지 않는다.(60)

퀘벡의 산림지대 한복판에 세워진 허름한 위커비는 오래전에 설치된 전화선과 전등을 켜기 위한 전기시설을 제외하면 소위 야생자연과 다를 바 없는 자연환경이다. 시버트는 이러한 자연환경에서 자연에 대한 소중함과 인간-자연의 조화에 대한 강조나 인간문명에 대한 비판이 주조를 이루는 '야생지 윤리'와는 전혀 달리, 이곳 자연의 한복판에서 두려움과 공포, 이질감을 경험한다. 이 통나무집으로 들어온 첫날밤부터 그는 주변의 정적과 어둠에서 수많은 눈들이 자신을 노려보고 있다는 생각으로 오랫동안 잊고 있었던 약육강식이 지배하는 "대담무쌍한 숲"을 떠올리고는 이 숲이 주는 공포감을 느낀다. 그는 이 숲에 사는 동물들을 자신을 해칠 존재로 여기게 되고 첫날부터 위커비 주변에서 인간의 접근에도 전혀 도망갈 기색 없이 대담무쌍하게 다가오던 다람쥐를 돌로 쳐 죽이고 싶은 충동을 느낀다(86). 이러한 두려움 속에 그는 매일 밤 침상 옆에 도끼를 둔 채로 정체를 알 수 없는 짐승 소리에 긴장 속에 몇 시간씩 잠을 이루지 못한다. 이러한 곳에서 혼자 일정 기간 보내게 되면, "심장과 의식, 모든 것들이 응축되고 굳어져서 혼자 지내는 모든 자연스럽지 못한 상황 주변으로 단단한 방어막을 치게 된다는 점을 알게 된다"(5). 결국 야생자연에서 이런 "부자연스러운" 5개월을 보낸 후 시버트는 자신의 거주지인 뉴욕, 그것도 갱들이 활보하고 총기 소리가 심심치 않게 들리고 비만 오면 도로는 구멍이 파여 제 역할을 못하는 낙후된 브루클린의 허름한 아파트로 돌아온다. 이곳으로 돌아온 뒤로 그는 오히려 도시의 온갖 소음 속에서도 편안하고 깊은 잠을 이루게 된다.

그가 위커비에서 도시로 돌아온 뒤 새롭게 깨달은 또 다른 사실은, 크로논의 주장처럼, 도시에서도 야생자연에서처럼 소위 자연을 목격할 수 있다는 점이다. "참 이상하다. 내가 위커비에서 보았던 모든 것들이 여기에서도 볼 수 있으니 말이다. 단지 이곳에서는 가장자리에서 찾아진다는 점이 다를 뿐이다. 풀은 인도의 깨진 틈 사이로 자라고 있고, 나무는 공터에서 공기를 모으며, 새들은 보금자리를 전대하고 … 별들은 도시 불빛에 잠시 양보한다"(214). 인간과 자연의 재연결을 통한 생태적 감수성 회복이라는 대부분의 심층생태학적 주장처럼, 시버트는 도심에서 발견되는 자연을 통해서도 생태적 감수성을 얻을 수 있으며, 또한 도시에서의 자연에 대한 이러한 새로운 인식을 통해 그동안 별개의 존재로 인식해 온 도시와 자연을 연결시키고 있다.

그가 도시에서 발견하는 자연은 '야생자연'만이 아니라, 인간에 의해 변형되고 조건 지워진 '제2의 자연'을 포함한다. 따라서 시버트에게는 "인간의 일시적인 필요성에 맞는 부품을 만들어 내기 위해 대지에서 구한 뒤 다양한 형태의 거푸집에 찍어 만들어 낸"(179) 기계까지도 자연의 일부가 될 수 있으며, 이 기계를 우리가 사용함으로써 기계는 우리의 일부가 되고 이로 인해 인간과 자연은 연결된다고 본다. 결국 시버트가 『위커비』에서 자신의 직접적인 체험을 통해 보여주는 것은 기존 야생자연이 지나치게 단순한 낭만적 감성에 기초한 허구적 개념이며, 자연은 도시에서도 발견되는 야생자연뿐만 아니라 도시 삶의 조건인 인간의 환경까지도 포함하는 포괄적인 개념으로 재정립되어, 자연과 문명, 자연과 인간이 상호 대립적인 관계가 아니라 상호 연계된 관계라는 점이다.

(2) 도시 야생자연 송가Ode: 리사 코투리어의 『뱀의 소망』

"뉴욕 시와 그 근교에도 동물들이 살고 있으며 이들은 어느 곳이 되었든 보다 더 야생적인 지역에 살고 있는 동물들 못지않은 존중과 배려를 받을 가치가 있다"(xii). 『뱀의 소망*The Hopes of Snakes & Other Tales from the Urban Landscape*』(2005) 서문에서 뉴욕 시는 '숲forest'으로, 이 도시에서 발견되는 동물은 '치료자healers'로 묘사하는 코투리어Lisa Couturier는 이 책에서 먼 야생자연이 아닌 바로 도시 한복판에서 심층생태주의 원리를 추구하고 있다. 비록 첫 작품이지만 여성과 자연, 야생자연과 두려움이라는 주제를 자연문학 형식에 훌륭하게 담아냄으로써 "코투리어는 『팅커 크릭으로의 순례』에서 애니 딜라드와 『피난처*The Refuge*』에서 테리 템페스트 윌리엄즈Terry Tempest Williams가 훌륭하게 이루어 낸 영역에 들어섰다"라는 평이 보여 주듯이 미국의 대표적인 두 여성 자연문학 작가의 전통을 이어가지만, "불굴의 야생지 탐험가 못지않게 아기를 둔 도회지 여성도 야생과 실행 가능한 관계를 맺을 수 있다는 점을 그녀 스스로 설득력 있게 보여 주며, 야생자연을 길들이기보다는 집안에 있는 야생성을 드러내 보여 준다"[12]는 지적처럼 그녀에게 보다 더 중요한 관심은 이들과는 달리 도시에서 발견되는 자연이다.

워싱턴 디시 근교에서 성장하고 이후 보스턴을 거쳐 뉴욕 시에서 15년간 환경 저널리스트로서 생활해 온 코투리어는 이 작품에서 먼 야생지와 마찬가지로 도시에서도 야생자연이 발견되며 이러한 도시의 야생자연은 도시인들에게 중요한 의미를 갖는다는 점을 잘 보여 준다. 성인이 되어 세계 각지의 오지를 탐사하기도 했지만, "나의 삶, 도시 야생자연에 대한 나의 깊은 관심, 야생성에 대한 나의 생각은 미국에서 가장 도시화된 이 지역의 경관에서 시작되었다"라고 밝히듯이, 전형적인 도시인으로서 코투리어에게 야생자연과 야생성은 오지의 자연이 아닌 처음부터 도시의 자연과 연관된 것이었다. 『위커비』에서 시버트가 토로하듯이, 오지 탐사의 경험으로부터 코투리어는 먼 야생자연은 순수함과 아름다움만을 간직한 선망의 대상이라기보다는, 오히려 처질한 자연의 생존법칙이 적나라하게 벌어지는 곳이자 미지의 두려움을 수반하는 곳으로 특히 여성에게는 위험하고 위협적인 장소다(55-57). 또한 일반적인 믿음과는 달리 지금은 독수리와 같은 야생동물들이 야생자연보다는 도회지에서 더 많이 둥지를 틀고, 코요테나 사슴, 붉은 여우 같은 야생동물들도 도시지역에서 심심치 않게 목격되고 있다는 사실에서 알 수 있듯이, 먼 야생자연과 도시는 더 이상 확연하게 대조적으로 구분된 영역이 아니다. 따라서 유엔의 예측대로 2010년에 미국 인구의 80퍼센트가 도시 지역에서 생활하게 된다면, "도시와 도시 근교 경관은 우리와 함께 살아가는 야생동식물에 대한 열정을 지속시키는 주된 장소로서 재정립" 될

12. *Publishers Weekly* (June 1, 2005).

필요가 있다(69).

쥐나 까마귀, 비둘기와 같은 동물들은 도시에서 흔하게 목격되지만 뱀, 독수리, 비버, 코요테와 다양한 조류 등 흔히 야생자연에서 주로 생활하는 것으로 알려진 동물들 역시 쉽게 목격되지 않을 뿐이지 도시에서도 살아간다. "매일 같이 자연경관에 인간들이 수백만 가지의 요구를 해대고 있는 가운데 이곳〔뉴욕 시〕에도 동물들이 살아가고 있다. 한때는 그들의 영역이었지만 이제는〔인간에 의해〕빼앗긴 영토에서 날아다니고, 물속을 헤엄치고, 미끄러지듯 가고, 기어 다니면서 동물들이 살아가지만 이들은 대부분 목격되지 않고 있다"(xii). 이들 동물들과 더불어 도시의 공원과 녹색지대, 집안 정원에 살고 있는 각종 식물과 꽃들이 도시인들의 시야에 쉽게 발견되지 않는 것은 한편으로는 '야생자연' 대 '도시문명'이라는 이분법에 의한 기존의 구분이 말해 주듯 도시는 야생자연에서 발견되는 동식물과는 전혀 별개의 영역으로 간주되고 있다는 사실에 기인하며, 또 다른 한편으로는 현대의 도시인들이 자연에 등을 돌린 채 살아가고 있다는 데 기인한다. 따라서 "도시에서 자연을 발견한다는 것은 무엇보다도 자연에 대해 의도적으로 관심을 갖고 찾아야 한다는 것을 의미한다. … 단지 당신 주변과 머리 위에 무엇이 있는지 좀 더 시간을 갖고 지켜보기만 하면 된다"("Interview," par. 16).

이러한 동식물을 도시에서 발견하는 일이 도시인들에게 중요한 이유는 이 동식물을 통해 도시의 삶 속에서 단절된 자연과의 관계를 회복할 수 있기 때문이다. "도시인들은 동물들에 대한 기억을 가지고 있고 동물들과 연결되기를 원한다. 이들은 단지 도시로 이주해 오면서 동물들과 접할 수 있는 기회를 많이 갖지 못했던 것뿐이다"("Interview," par. 5). 도시의 동식물들이 자연과 단절된 삶을 살고 있는 도시인들에게 자연과 재접속시켜 주는 매개로서의 가치와 더불어, 도시의 동식물들은 우리가 보전해 주지 못한 자연 서식지 파괴의 산물이라는 점을 상기시킴으로써 도시에서의 환경의식을 고취시켜 준다.

> 도시와 근교의 자연경관이 텅 빈 곳이라거나 시골지역에 있는 자연에 동식물이 더 많이 산다고 믿는 경향이 있다. 물론 개발되지 않은 개방된 자연공간을 보전하는 것이 아주 긴요하며 그러한 공간은 야생 동식물에게 중요하다. 하지만, 이와 더불어 도시에 살고 있는 비버의 의미를 제대로 인식하는 것 역시 중요하다. 도시 비버는 보다 야생적인 자연으로부터의 선물이며, 동시에 우리가 그런 야생지를 온전히 보존하지 못했다는 것을 비버가 상기시켜 준다.(63)

먼 야생자연을 맹목적으로 미화함으로써 파괴된 도시의 자연환경 및 자연과 단절된 도시의 일상생활을 혐오하고 이러한 환경으로부터의 일탈을 은연중 부추기는 대부분의 자연문학과는 달리 코투리어는 이 작품에서 도시 한복판에서도 야생자연을 발견할 수 있다는 점과 더불어 파괴되고 상처 입은 자연 그 모습대로 애정을 갖는다. 뉴욕 시의 대표적인 환경파괴 지역인 맨해튼 동쪽을 감싸고 흐르는 오염된 이스트 리버East River와 뉴욕 시의 쓰레기 매립지인 스테튼 아일런드의 아더 킬Arthur Kill을 다루면서 코투리어는 이 두 지역 역시 자신에게는 사랑스러운 곳이라면서, 이곳에서는 끊임없이 원래대로 되돌리려는 자연의 회복력을 쉽게 목격할 수 있고 이 회복력이 이곳에서 느끼는 "매직"이라고 감탄한다. "비록 심하게 온갖 상처를 입었지만, 이들 쉽사리 굴복하지 않는 물길은 새로운 생명을 배태하기 위해 끊임없이 애쓰고 있다. 뉴욕 시민들이 이곳에 준 상처를 내가 당연한 것으로 받아들일 수는 없지만, 완전히 파괴되지 않고 아직 남아 있는 것을 소중하게 여기고 다루어야 할 필요가 분명히 있다"(8).

도시인들로 하여금 자연과의 재접속을 통한 희망을 이야기하고 파괴된 도시환경의 현실을 제대로 볼 수 있도록 도와주는 것이 코투리어에게는 도시자연문학의 당위성이자 의무다. "독자들에게 희망의 약과 현실직시의 약을 동시에 처방해 주는 방식으로 동물의 이야기를 해야 할 문학적 의무가 내게는 있다"("Interview," par. 13). 하지만 도시자연문학이 거대 도시 내에서 살아가는 야생동식물에 대한 이야기를 함으로써 사람들은 자칫 자신들이 자연환경을 지속적으로 파괴해도 동식물들은 계속 살아남을 수 있다는 편안한 생각을 가질 수도 있기 때문에 도시자연문학은 이 점을 주의해야 한다고 조언을 잊지 않는다.

(3) 도시 갈색 자연 답사기 : 마이클 록랜드의 『눈신발로 하수도 따라가기』

코투리어가 답사 노트와 필기구를 챙겨들고 뉴욕 시의 야생자연과 훼손된 자연환경을 찾아 나서서 찬찬히 기록한다면, 록랜드는 뉴욕 시와 뉴저지, 필라델피아의 도시자연환경을 오지 탐험가의 도전정신과 방법으로 탐사한다. 럿거츠 대학에서 미국학을 가르치는 학자이지만, 그의 자연환경 탐사는 학자적 방법이 아니라, 뉴욕 도심을 가로질러 걷고, 질주하는 차들을 피해가며 뉴저지 주를 국도를 따라 동서로 그리고 남북으로 곡예하듯이 자전거로 횡단·종단하고, 거센 물살에 몸을 맡기고 카누를 저어 맨해튼을 일주하고, 이제는 거대한 하수구로 변해 버리거나 대도시의 콘크리트 건물과 도로 아래로 사라져 버린 운하를 따라 카누를 젓는 모험적 탐험을 취한다. 『눈신발로 하수도 따라가기 *Snowshoeing through Sewers: Adventures in New York City, New Jersey, and Philadelphia*』(1994)는 동부의 대도시를 위와 같은 원시적인 방법으로 모험한 기록이다.

한때는 대부분의 미국인들처럼 록랜드는 진정한 모험이란 "부모형제, 아내와 자식, 친구로부터 떠나서 다시는 못 볼 각오를 하는 것"(5)이라 믿었으며, 실제로 그 자신이 오지 탐험을 즐기기도 했다. 하지만, 이제는 적막강산에서가 아니라 인공과 자연이 함께 공존하는 곳에서 더 큰 의미를 발견한다. "내가 야외에서 가장 흥미를 느끼는 때는 적막한 야생지에 있을 때가 아니라 … 도시 보행도로의 갈라진 틈으로 몸을 내밀고 있는 식물을 우연히 목격할 때다(5). 그가 먼 야생자연보다도 도시환경에 관심을 돌리는 이유는 도시환경에서 인간과 자연의 관계를 더 잘 인식할 수 있기 때문이며, 그 방법으로서 수동적인 관찰이 아닌 직접 자연을 힘들게 체험하는 것이다. 소로는 오염되지 않은 메리맥 강을 탐험했지만,

모험을 유쾌한 자연경관에만 국한시킬 이유는 없다. 오늘날 우리에게 가장 흥미로운 '강'은 지하 하수도를 따라 흐르는 인공 강일 수도 있다. … 현 20세기 후반에는 잡초와 쓰레기로 덮여 있는 도시의 한 공간이나 고속도로 변에 있는 언덕이 먼 야생지보다도 인간과 자연의 관계를 숙고하기에는 더 나은 장소일지도 모른다. 이곳들은 우리가 매일같이 마주치는 곳이기 때문에, 우리가 모험하기를 원한다면, 바로 이 인공자연, 우리 자신의 거주지에서 못할 이유가 무엇인가? 나의 거주지는 비버나 말벌의 거주지와 마찬가지로 자연의 일부다.(6-7)

록랜드는 도심과 근교의 자연탐험을 통해 코투리어처럼 많은 야생동식물을 발견하고 이러한 발견이 생태학적 인식을 형성하는 데 중요하다는 점을 이야기하지만, "이 책은 심하게 남용된 나의 대지에 보내는 연애편지"(7)라고 적시하듯이, 그가 자신의 모험을 통해 이 책에서 진정으로 보여 주고자 하는 것은 오염되고 파괴된 도시자연환경이며, 프라이스가 토로한 것처럼, 바로 이 점에서 그는 자연문학 작가로서 의무감을 느낀다. "처녀지 경관이 단지 고와 보일 수는 있지만, 아름답게 느끼기 위해서는 그 경관에 인간의 예술적 작업이 개입되어야 한다"(149)는 그의 말처럼, 도시인들은 매일같이 마주하는 환경이기에 미처 자신들의 서식처가 얼마만큼 심각하게 오염되고 파괴되어 있는지 둔감하며 이러한 사실을 깨닫도록 해 주는 것이 바로 도시자연 작가가 맡아야 할 책무라고 인식한다. "동쪽으로는 억지로 발을 돌리지만, 서쪽으로는 자유로운 마음으로 즐겁게 간다"는 소로와 그의 추종자들이 야생지를 찾아 문명으로부터 탈출을 꿈꾸었던 경향과는 정반대로, 자연문학 작가의 책무감으로 록랜드는 "소로, 당신이 근자에 우리를 위해 해 준 것이 무엇이요?"라고 소로 식의 태도에 회의를 보이면서 자신은 도시환경으로의 도전적 탐사를 통해 "그 어느 누구도 이전에 해 보지 못한 것을 해내길 간절히 원했기 때문에" 그는 "의도적으로 미국 역사와 삶의 조류를 거슬러 올라간다"(169).

5) 화이트의 뉴욕 버드나무

뉴욕 시의 외형적 모습과 심상을 가장 정확하게 정갈하고 인상적으로 그린 작품으로 칭송 받아온 『여기 뉴욕이 있습니다*Here is New York*』(1949)에서 화이트E. B. White는 1948년 여름 머물던 맨해튼의 한 호텔 방에서 내려다본 정경에 대한 묘사로 시작하여 뉴욕 거리를 산책하며 뉴욕의 모습을 생생하게 그려 보이면서 그 뒤에 담긴 이 도시의 매력과 정신을 간결하지만 통찰력 있게 분석한다. 40여 페이지에 불과한 이 짧은 글에는 주로 뉴욕의 외형적인 모습과 시민들의 삶의 모습이 주된 내용으로 뉴욕의 자연환경은 그 자체로는 거의 언급되지 않지만, 이 글은 이 거대도시에서 자연이 도시와 도시인의 삶에 얼마나 밀접하게 서로 연계되어 있는지를 알리는 메시지로 마무리하고 있다. 이 책의 마지막 문단은 뉴욕의 한 골목에 서 있는 오래된 버드나무에 관한 것으로 이 나무는 그동안 많은 아이들이 올라타고 놀았던 놀이터였으며, 식물이 제대로 살아남기에는 열악한 도시환경에서 오랫동안 힘들게 버텨 왔다. 지금은 여러 개의 철사 줄에 의지해 간신히 생명을 유지하고 있지만 이 나무는 자신과 친숙한 사람들에 의해 여전히 사랑받고 있다. 화이트는 이 나무가 "많은 어려움 가운데서 생명을 유지하고, 역경을 헤치면서 성장하고, 시멘트 한가운데 있으면서도 수액을 빨아올리며, 꾸준히 태양을 향해 뻗친다"는 점에서 이 나무는 뉴욕을 상징하며, 따라서 "이 특별한 것, 바로 이 나무는 반드시 살려야 하고," 만일 이 나무가 사라진다면, "모든 것이 사라질 것이다. 바라보지 않는다는 것은 죽음과 다를 것이 없는 이 심술궂고 장난스럽고 멋진 기념비, 이 도시는 사라질 것이다"(56)라는 경고로 글을 맺는다.

화이트의 늙은 버드나무는 나무 그 자체로 중요한 의미를 갖는 것이 아니라, 인간 삶과의 연관성 안에서 의미를 갖는다. 즉, 이 나무는 온갖 인공물로 둘러싸인 도시의 삶에서 그 나무와 함께했던 사람들에게 소중한 추억을 상기시켜 주고 역경 가운데서도 꿋꿋하게 지탱해 내는 의지를 도시민에게 상징적으로 보여 주기 때문이다. 보기에 따라서는 화이트의 이와 같은 자연에 대한 관점은 자연을 오직 인간 삶에 유의미한 관점에서 판단하는 인간중심적 자연관으로 재단할 수도 있지만, 도시 삶에서의 자연 및 환경은 인간의 삶과 떼어내서 생각할 수 없다는 점에서 대부분 도회지에서 살아가는 현대인에게 먼 야생자연보다도 더 정감 있는 존재이며 따라서 우리 삶에 자연이 얼마나 소중하고 깊이 관여되어 있는지, 그리고 자연이 생존하기에 우리의 도시환경이 얼마나 열악한지를 직접적이고 구체적으로 전달해 준다. 화이트가 뉴욕을 관찰했던 반세기 이상이 지난 뒤에 같은 도시를 관찰하고 글로 기록한 위커비, 코투리어, 록랜드 같은 현대 도시 자연문학 작가들의 자연관은 바로 화이트가 도심에 서 있는 늙은 버드나무를 통해 전달하고자 했던 메시지를 정확하게 담고 있으며 이런 점에서 이들 작품이 현대 도시인들에게 전달해 주는 자연의 메시지는 먼 야생자연의 메시지보다 더욱 중요한 가치를 담고 있을 수 있다.*

---

* 이 글은 본래 「녹갈색 경관의 생태학: 도시환경에서의 야생지 개념 및 자연문학 장르 재고」라는 제목으로 『미국학』 32집 2호(2009년 11월), pp. 75-114에 실렸던 것을 수정, 가필한 것임을 밝혀 둔다.

참고문헌

강규한. 「『월든』 다시 읽기: 문학생태학의 새로운 모형」. 『영어영문학』 49.3 (2003): 565-82.

고정희. 『바로크 정원이야기』. 서울: 나무도시, 2008.

국립공원 관리공단 홈페이지〈http://main.knps.or.kr〉.

그레고리 앨보 외. 『자연과 타협하기』. 허남혁 등 역. 서울: 필맥, 2007.

김기윤. 「환경, 생태사의 이론과 방법론: 환경의 비교사적 연구: 제국의 눈, 식민지의 눈」. 『한국서양사학회 학술대회 자료집』. 한국서양사학회, 2008: 11-25.

김상윤, 윤여창, 이선경. 「미국 국립공원내 환경교육 시스템의 실제: 워싱턴주 국립공원 지역의 해설 프로그램 사례를 중심으로」. 『환경교육』 11.1 (1998): 217-36.

김완구. 「환경의 본래적 가치에 대한 비판과 옹호 논의」. 『환경철학』 6 (2007): 125-62.

김용권. 「미국인의 자연관」. 『미국학논집』 13 (1981): 133-59.

김우창. 『마음의 생태학』. 서울: 아카넷, 2005.

김은성. 「미국의 자연관과 정치관 간의 상관성의 변화」. 『영어영문학』 53.1 (2007): 73-97.

김태준 편저. 『문학지리 한국인의 심상공간』. 서울: 논형, 2005.

김현. 「우리나라 국립공원에 세계자연보전연맹(IUCN) 보호지역 관리 범주 적용에 관한 연구」. 석사학위논문. 서울대학교, 2008.

노희정. 「생태계의 본래적 가치와 환경 파시즘」. 『환경철학』 2 (2003): 39-64.

레이첼 카슨. 『침묵의 봄』. 김은령 역. 서울: 에코리브르, 2002.

류근배. 「미국의 환경교육」. 『환경교육』 1 (1990): 221-32.

리처드 블리엣. 『사육과 육식』. 임옥희 역. 서울: 알마, 2008.

린다 리어. 『레이첼 카슨 평전: 시인의 마음으로 자연의 경이를 증언한 과학자』. 김홍옥 역. 서울: 샨티, 2004.

_____ 편. 『잃어버린 숲: 레이첼 카슨 유고집』. 김선영 역. 서울: 그물코, 2004.

미국 국립공원청 홈페이지〈http://www.nps.gov/pub_aff/refdesk/NPS_Overview.pdf〉.

박재묵. 「미국 환경 운동의 전개 과정」. 『사회와 역사』 56 (1999): 215-47.

베르나르 앙리 레비. 『아메리칸 버티고』. 김병욱 역. 서울: 황금부엉이, 2006.

신두호. 「녹색과 갈색의 경계지대: 미국 도시근교자연문학과 생태비평의 영역확장」. 『영어영문학』 54.1 (2008): 31-60.

_____. 「"이용하되 낭비는 말라": 환경생태사상 개척자로서의 쿠퍼의 『개척자들』」. 『문학과 환경』 7.1 (2008 상반기): 65-93.

신문수. 「미국의 자연기: 장르의 위상·특징·계보」. 『문학과 환경』 4.2 (2005 하반기): 7-35.

_____. 「소로우의 『월든』에 나타난 생태주의적 사유」. 『영어영문학』 48.1 (2002): 169-90.

알도 레오폴드. 『모래 군의 열두 달』. 송명규 역. 서울: 따님, 2006.

알렉스 맥길리브레이. 『세계를 뒤흔든 침묵의 봄』. 이충호 역. 서울: 그린비, 2004.

오경택. 「미국 환경 운동단체들의 발전 및 정치적 활동」. 『국제정치논총』 39.1 (1999): 417-34.

오귀스탱 베르크. 『대지에서 인간으로 산다는 것』. 김주경 역. 서울: 미다스북, 2001.

윤영일. 「국립공원의 문제와 그 해결을 위한 국제적 동태에 대한 연구」. 『한국조경학회지』 24.2 (1996): 52-61.

윤혜진. 「알도 레오폴드 '대지윤리'의 철학적 기초」. 『범한철학』 46 (2007): 193-218.

이도원. 『떠도는 생태학』. 서울: 범양사출판부, 1998.

이민부, 한주엽. 「『국립공원의 개념-훼손-보존』모형의 환경교육적 접근」. 『환경교육』 8 (1995): 151-65.

이보형 편. 『미국 역사의 재발견』. 서울: 소나무, 1991.

이상오, 정태진. 「미국 초월주의자들의 자연관」. 『논문집』 5 (원광대학교, 1983): 19-48.

이재영. 「한·미 대학생의 환경 인식 및 태도에 대한 비교 연구」. 『환경교육』 13.1 (2000): 87-95.

임우진. 「17세기 미국의 자연에 대한 종교적 읽기」. 『문학과 환경』 4 (2005): 114-32.

장 보드리아르. 『시뮬라시옹』. 하태환 역. 서울: 민음사, 2001.

J. R. 데자르뎅. 『환경윤리: 환경윤리의 이론과 쟁점』. 김명식 역. 서울: 자작나무, 1999.

제임스 러브록. 『가이아의 복수』. 이한음 역. 서울: 세종서적, 2008.

조석영. 「심층 생태주의 환경 윤리학에서 인간과 자연간의 관계에 관한 연구」. 박사학위 논문. 서울대학교, 2005.

조셉 스타이거. 『현대 환경사상의 기원』. 박길용 역. 성균관대학교출판부, 2006.

존 뮤어. 『나의 첫 여름』. 김원중, 이영현 역. 서울: 사이언스북스, 2008.

존 필린. 『숲의 서사시』. 송명규 역. 서울: 따님, 2006.

진교훈. 『환경윤리』. 서울: 민음사, 1998.

진종헌. 「경관연구의 환경론적 함의: 낭만주의 경관을 중심으로」. 『문화역사지리』 21.1 (2009): 149-60.

______. 「자연-사회 관계에 대한 경관론적 접근」. 『대한지리학회 학술대회 논문집』 (2007): 139-40.

커트 스펠마이어. 『인문학의 즐거움』. 정연희 역. 서울: 휴먼앤북스, 2008.

타샤 튜더. 『타샤의 정원』. 공경희 역. 서울: 윌북, 2006.

피터 싱어. 『동물해방』. 김성한 역. 서울: 인간사랑, 1999.

한자경. 『불교철학과 현대윤리의 만남』. 서울: 예문서원, 2008.

헨리 데이빗 소로우. 『월든』. 강승영 역. 서울: 이레, 2007.

홍금수. 「환경사 연구 서설: 마쉬의 비판적 환경인식에서 성찰에 기초한 탈근대적 환경윤리의 정립까지」. 『문화역사지리』 17.3 (2005): 69-100.

황훈성. 「황야의 이데올로기: 미국 자연관의 청교도적 전통」. 『영어영문학』 42.1 (1996): 179-96.

Abbay, Thomas. "The Proceedings of the English Colony in Virginia." *Captain John Smith with Other Narratives*. Ed. James Horns. New York: Literary Classic of the United States, 2007.

Abbey, Edward. *Abbey's Road*. New York: Plume, 1991.

______. *Confessions of a Barbarian: Selections from the Journals of Edward Abbey, 1951-1989*. Ed. David Peterson. Boston: Little Brown, 1994.

______. *Desert Solitaire: A Season in the Wilderness*. New York: Simon & Schuster, 1968.

_____. *The Journey Home: Some Words in Defence of the American West.* New York: Plume, 1991.

Adams, Carol J., ed. *Ecofeminism and the Sacred.* New York: Continuum, 1993.

Adams, Charles H. "Reading Ecologically: Language and Play in Bartram's Travels." *Southern Quarterly* 32.4 (1994): 65-74.

Adamson, Joni. *American Indian Literature, Environmental Justice, and Ecocroticism.* Tucson: The University of Arizona Press, 2001.

Alaimo, Stacy. "The Undomesticated Nature of Feminism: Mary Austin and the Progressive Women Conservationist." *Studies in American Fiction* 26.1 (1998): 73-96.

Allen, Paula Gunn. *The Sacred Hoop: Recovering the Feminine in American Indian Traditions.* Boston: Beacon, 1992.

Alpers, Paul. *What Is Pastoral?* Chicago: University of Chicago Press, 1996.

Armbruster, Karla, and Kathleen Wallace. *Beyond Nature Writing: Expanding the Boundaries of Ecocriticism.* Charlottesville: University of Virginia Press, 2001.

Arnold, Ellen L. "Beginnings Are Everything: The Quest for Origins in Linda Hogan's *Solar Storms.*" *Things of the Spirit: Women Writers Constructing Spirituality.* Ed. Kristina K. Groover. Nortre Dame: University of Nortre Dame Press, 2004. 284-303.

Austin, Mary. *The Land of Little Rain.* Albuquerque: University of New Mexico Press, 1989.

Bartram, William. *Travels of William Bartram.* Ed. Mark Van Doren. New York: Dover, 1955.

Bate, Jonathan. *The Dream of the Earth.* Cambridge: Harvard University Press, 2000.

Battaglia, John. "Zen, Taoism, and American Nature Writing." Diss. University of Kansas, 1998.

Bayles, David. *Notes on a Shared Landscape: Making Sense of the American West.* Santa Cruz: Image Continuum Press, 2005.

Baym, Nina, "Melodramas of Beset Manhood: How Theories of American Fiction Exclude Women Writers." *Feminism and American Literary History*. New Brunswick: Rutgers University Press, 1992. 3-18.

______, ed. *The Norton Anthology of American Literature*. 5th ed. Vol. 1. New York: W. W. Norton, 1998.

______, ed. *The Norton Anthology of American Literature*. 6th ed. New York: W. W. Norton & Company, 2003.

Bennett, Michael. "From Wide Open Spaces to Metropolitan Places: The Urban Challenge to Ecocriticism." *The ISLE Reader: The Ecocriticism, 1993-2003*. Ed. Michael Branch and Scott Slovic. Athens: University of Georgia Press, 2003. 296-317.

______, and David W. Teague, eds. *The Nature of Cities: Ecocriticism and Urban Environments*. Tucson: University of Arizona Press, 1999.

Bentham, Jeremy. *An Introduction to the Principles of Morals and Legislation*. New York: Hafner Publishing Company, 1948.

Bercovitch, Sacvan. *The Puritan Origins of the American Self*. New Haven: Yale University Press, 1975.

Berkeley, Peter. "The Gospel Covenant." *The Puritans in America: A Narrative Anthology*. Ed. Alan Heimert and Andrew Delbanco. Cambridge: Harvard University Press, 1985.

Berlant, Lauren. *The Anatomy of National Fantasy: Hawthorne, Utopia, and Everyday Life*. Chicago: University of Chicago Press, 1991.

Beverley, Robert. *The History and Present State of Virginia*. Ed. and Intro. Louis B. Wright. Chapel Hill: University of North Carolina Press, 1947.

Birkerts, Sven. "Only God Can Make a Tree: The Joys and Sorrows of Ecocriticism." *The Boston Book Review* 3.1 (Nov/Dec 1996). 6-8.

Boime, Albert. *The Magisterial Gaze: Manifest Destiny and the American Landscape Painting c. 1830-1865*. Washington: Smithsonian Institution Press, 1991.

Bookchin, Murray. *The Philosophy of Social Ecology*. Montreal: Black Rose Books, 1990.

Bradford, William. *Of Plymouth Plantation.* Intro. Harold Paget. Mineola: Dover, 2006.

Branch, Michael P. "Before Nature Writing: Discourses of Colonial American Natural History." *Beyond Nature Writing: Expanding the Boundaries of Ecocriticism.* Ed. Karla Armbruster and Kathleen Wallace. Charlottesville: University Press of Virginia, 2001. 91-107.

_____. "Indexing American Possibilities: the Natural History Writing of Bartram, Wilson, and Audubon." *The Ecocriticism Reader: Landmarks in Literary Ecology.* Ed. Cheryll Glotfelty and Harold Fromm. Athens: The University of Georgia Press, 1996. 282-302.

Braun, Bruce, and Noel Castree, eds. *Remaking Reality: Nature at the Millenium.* London: Routledge, 1998.

Bremer, Francis J. *John Winthrop: America's Forgotten Founding Father.* New York: Oxford University Press, 2003.

Budd, Malcolm. *The Aesthetic Appreciation of Nature: Essays on the Aesthetics of Nature.* New York: Oxford University Press, 2002.

Buell, Lawrence. *The Environmental Imagination: Thoreau, Nature Writing, and the Formation of American Culture.* Cambridge: The Belknap Press of Harvard University Press, 1995.

_____. *The Future of Environmental Criticism: Environmental Crisis and Literary Imagination.* Malden: Blackwell Publishing, 2005.

_____. *Writing for an Endangered World: Literature, Culture, and Environment in the U.S. and Beyond.* Cambridge: Harvard University Press, 2001.

Burke, Edmund. *A Philosophical Inquiry into the Origin of Our Ideas of the Sublime and Beautiful.* Ed. James T. Boulton. Notre Dame: University of Notre Dame Press, 1958.

Burroughs, John. *Birds and Poets.* New York: Kessinger Publishing, 2004.

Bush, Sargent, Jr. "After Coming Over: John Cotton, Peter Bulkeley, and Learned Discourse in the Wilderness." *Studies in the Literary Imagination* 27.1 (Spring 1994): 7-21.

Byrd, William. *Histories of the Dividing Line betwixt Virginia and North Carolina.* Intro. Percy G. Adams. New York: Dover, 1967.

Cain, William E., ed. *A Historical Guide to Henry David Thoreau.* Oxford: Oxford University Press, 2000.

Callicott, J. Baird. *Beyond the Land Ethic: Moral Essays in Environmental Philosophy.* New York: State University of New York Press, 1999.

______. *In Defence of the Land Ethic: Essays in Environmental Philosophy.* Albany: State University of New York Press, 1989.

______. "The Pragmatic Power and Promise of Theoretical Environmental Ethics: Forging a New Discourse." *Environmental Values* 11.1 (2002): 3-25.

______, and F. J. R. da Rocha, eds. *Earth Summit Ethics: Toward a Reconstructive Postmodern Philosophy of Environmental Education.* Albany: State University of New York Press, 1996.

______, and Michael P. Nelson, eds. *The Great New Wilderness Debate.* Athens: University of Georgia Press, 1998.

Carlson, Allen. *Aesthetics and the Environment: The Appreciation of Nature, Art and Architecture.* London: Routledge, 2000.

______. *Nature & Landscape: An Introduction to Environmental Aesthetics.* New York: Columbia University Press, 2009.

Carroll, Peter N. *Puritanism and the Wilderness.* New York: Columbia University Press, 1969.

Carson, Rachel. *Silent Spring.* Boston: Houghton Mifflin, 2002.

Castor, Laura Virginia. "Claiming Place in Wor(l)ds: Linda Hogan's *Solar Storms.*" *MELUS* 31 (2006): 157-80.

Castree, Noel. "Socializing Nature: Theory, Practice, and Politics." *Social Nature: Theory, Practice, and Politics.* Ed. Noel Castree and Bruce Braun. Malden: Blackwell Publishers, 2001. 1-21.

Cavitch, Max. "Introduction." *The Pioneers.* New York: Signet, 2007. v-xi.

Chaloupka, William. "Jagged Terrain: Cronon, Soulé, and the Struggle over Nature and Deconstruction in Environmental Theory." *Strategies: Journal of*

Theory, Culture & Politics 13.1 (May 2000): 23-38.

Coates, Peter. *Nature: Western Attitudes Since Ancient Times*. Berkeley: University of California Press, 1998.

Cole, Thomas. "Essay on American Scenery." *American Art 1700-1960: Sources and Documents*. Ed. John W. McCoubrey. Englewood Cliffs: Prentice-Hall, 1965. 98-109.

Coltelli, Laura. *Winged Words: American Indian Writers Speak*. Lincoln: University of Nebraska Press, 1990.

Cooper, James Fenimore. *The Letters and Journals of James Fenimore Cooper*. Ed. James Franklin Beard. Vol. IV. Cambridge: Harvard University Press, 1964.

______. *The Pioneers or The Sources of the Susquehanna*. New York: Signet, 2007.

Coupe, Lawrence, and Jonathan Bate, eds. *The Green Studies Reader: From Romanticism to Ecocriticism*. New York: Routledge, 2000.

Couturier, Lisa. *The Hopes of Snakes & Other Tales from the Urban Landscape*. Boston: Beacon Press, 2005.

______. Interview. "Listening for the Hopes of Snakes: A Celebration of Urban Wildlife." *Satya* 20 (August 2005). ⟨http://www.animalliberationfront.com/ALFront/Interviews/Satya%20Aug%2005%20Interview%20with%20Lisa%20Couturier.htm⟩.

Crèvecoeur, J. Hector St. John de. *Letters from an American Farmer*. New York: The New American Library, 1963.

Cronon, William. *Changes in the Land: Indians, Colonists, and the Ecology of New England*. New York: Hill and Wang, 1983.

______. "The Trouble with Wilderness; or, Getting Back to the Wrong Nature." *The Great New Wilderness Debate*. Ed. J. Baird Callicott and Michael P. Nelson. Athens: The University of Georgia Press, 1998. 471-99.

Danforth, Samuel. "A Brief Recognition of New-England's Errand into the Wilderness." *Puritans in the New World: A Critical Anthology*. Ed. David D. Hall. Princeton: Princeton University Press, 2004.

Deffenbaugh, Daniel G. "Toward Thinking Like a Mountain: The Evolution of an

Ecological Conscience." *Soundings* 78.2 (Summer 1995): 240-61.

Des Jardins, Joseph R. *Environmental Ethics: An Introduction to Environmental Philosophy*. Belmont: Wadsworth Publishing Company, 1993.

Devall, Bill, and George Sessions. *Deep Ecology: Living as if Nature Mattered.* Layton: Gibbs Smith, 1985.

Dixon, Melvin. *Ride Out the Wilderness: Geography and Identity in Afro-American Literature*. Urbana: University of Illinois Press, 1987.

Dunaway, Finis. *Natural Visions: The Power of Images in American Environmental Reform*. Chicago: University of Chicago Press, 2005.

Ehrlich, Gretel. *John Muir: Nature's Visionary*. National Geographic, 2000.

Ellis, John Harvard, ed. *The Works of Anne Bradstreet*. Cambridge: Press of John Wilson and Son, 1867.

Evernden, Neil. "Beyond Ecology: Self, Place, and the Pathetic Fallacy." *The Ecocriticism Reader: Landmarks in Literary Ecology*. Ed. Cheryll Glotfelty and Harold Fromm. Athens: The University of Georgia Press, 1996. 92-104.

Feinberg, Joel. "The Right of Animal and Unborn Generations." *Philosophy and Environmental Crisis*. Ed. W. Blackstone. Athens: The University of Georgia Press, 1974.

Ferguson, Robert A. "'Mysterious Obligation': Jefferson's Notes on the State of Virginia." *American Literature* 52.3 (November 1980): 381-406.

Fiandt, Julie. "Autobiographical Activism in the Americas: Narratives of Personal and Cultural Healing by Aurora Levins Morales and Linda Hogan." *Women's Studies* 35 (2006): 567-84.

Finch, Robert, and John Elder. *Nature Writing: The Tradition in English*. New York: Norton, 2002.

Fisher-Wirth, Anne. "Storied Earth, Storied Lives: Linda Hogan's *Solar Storms* and Rick Bass's *The Sky, the Stars, the Wilderness*." *From the Center of Tradition: Critical Perspectives on Linda Hogan*. Ed. Barbara J. Cook. Boulder: University Press of Colorado, 2003. 53-66.

Flader, Susan L. *Thinking Like a Mountain: Aldo Leopold and the Evolution of an*

Ecological Attitude toward Deer, Wolves, and Forests. Madison: The University of Wisconsin Press, 1974.

Foerster, Norman. *Nature in American Literature: Studies in the Modern View of Nature.* New York: Mcmillan, 1923.

Forster, David R. *Thoreau's Country: Journey through a Transformed Landscape.* Cambridge: Harvard University Press, 1999.

Fritzell, Peter. "The Conflicts of Ecological Conscience." *Companion to A Sand County Almanac: Interpretive and Critical Essays.* Ed. J. Baird Callicott. Madison: The University of Wisconsin Press, 1987. 128-53.

______. *New Writing and America: Essays upon a Cultural Type.* Ames: Iowa State University Press, 1990.

Frye, Northrop. *Bush Garden: Essays on Canadian Imagination.* 2nd ed. Concord, Ont.: House of Anansi, 1995.

Gaard, Greta, ed. *Ecofeminism: Women, Animals, Nature.* Philadelphia: Temple University Press, 1993.

Garrard, Greg. *Ecocriticism.* London: Routledge, 2004.

Gatta, John. *Making Nature Sacred: Literature, Religion, and Environment in America from the Puritans to the Present.* New York: Oxford University Press, 2004.

Gifford, Terry. *Pastoral.* London: Routledge, 1999.

Gilmore, Michael T. "Walden and the 'Curse of Trade'." *Henry David Thoreau's Walden.* Ed. Harold Bloom. New York: Chelsea House Publishers, 1987. 101-16.

Glotfelty, Cheryll, and Harold Fromm, eds. *The Ecocriticism Reader: Landmarks in Literary Ecology.* Athens: The University of Georgia Press, 1996.

Hakluyt, Richard. *Voyages and Discoveries.* Ed. and Intro. Jack Beeching. New York: Penguin, 1972.

Hallock, Thomas. "'On the Borders of a New World': Ecology, Frontier Plots, and Imperial Elegy in William Bartram's Travels." *South Atlantic Review* 66.4 (Autumn 2001): 109-33.

Harmon, David. "Cultural Diversity, Human Subsistence, and the National Park Ideal." *The Great New Wilderness Debate*. Ed. J. Baird Callicott and Michael P. Nelson. Athens: The University of Georgia Press, 1998. 217-30.

Harvey, David. *Justice, Nature and the Geography of Difference*. Cambridge: Blackwell Publisher, 1996.

Hays, Samuel P. "Gifford Pinchot and the Conservation Movement." *Technology in America: A History of Individuals and Ideas*. Ed. Carroll W. Pursell, Jr. Cambridge: MIT Press, 1981. 151-62.

Hogan, Linda. *Confronting the Truth*. New York: Paulist Press, 2000.

_______. *Dwellings*. New York: Touchstone, 1995.

_______. *Solar Storms*. New York: Simon & Schuster, 1995.

_______. "The Two Lives." *I Tell You Now: Autobiographical Essays by Native American Writers*. Ed. Brian Swan. Lincoln: University of Nebraska Press, 2005. 231-49.

Horn, James, ed. *Captain John Smith With Other Narratives*. New York: Literary Classic of the United States, 2007.

Horwitz, Howard. *By the Law of Nature: Form and Value in Nineteenth-Century America*. New York: Oxford University Press, 1991.

Irving, Washington. *The Sketch Book*. New York: Signet, 1961.

Jefferson, Thomas. "A Letter to Benjamin Austin." 9 Jan. 1816 〈http://yamaguchy.netfirms.com/7897401/jefferson/austin.html〉.

______. *Notes on The State of Virginia*. New York: W. W. Norton & Company, 1972.

______. *Writings*. New York: The Library of America, 1984.

Jehlen, Myra. *American Incarnation: The Individual, The Nation, and the Continent*. Cambridge: Harvard University Press, 1986.

Jones, Howard Mumford. *O Strange New World: American Culture: the Formative Years*. New York: Viking Press, 1946.

King, Ynestra. "Healing the Wounds: Feminism, Ecology, and the Nature/Culture Dualism." *Reweaving the World: The Emergence of Ecofeminism*. Ed. Irene Diamond and Gloria Feman Orenstein. San Francisco: Sierra Club, 1990.

106-21.

Knott, John R. *Imagining Wild America*. Ann Arbor: University of Michigan Press, 2002.

Kolodny, Annette. *The Land before Her: Fantasy and Experience of the American Frontiers, 1630-1860*. Chapel Hill: University of North Carolina Press, 1984.

_____. *The Lay of the Land: Metaphors as Experience and History in American Life and Letters*. Chapel Hill: University of North Carolina Press, 1975.

_____. "Letting Go Our Grand Obsessions: Notes Toward a New Literary History of the American Frontiers." *Subjects and Citizens: Nation, Race, and Gender from Oroonoko to Anita Hill*. Ed. Michael Moon and Cathy N. Davidson. Durham: Duke University Press, 1995. 9-26.

Kroetsch, Robert. Afterwoed. *As for Me and My House. By Sinclair Ross*. New Canadian Library, 2008.

Lear, Linda. *Rachel Carson-Witness for Nature*. New York: H. Holt, 1997.

Lease, Gary. "Introduction: Nature under Fire." *Reinventing Nature? Responses to Postmodern Deconstruction*. Ed. Michael E. Soulé and Gary Lease. 3-16.

Leopold, Aldo. *The River of the Mother of God and Other Essays by Aldo Leopold*. Ed. Susan L. Flader and J. Baird Callicott. Madison: The University of Wisconsin Press, 1991.

_____. *Round River*. Oxford: Oxford University Press, 1993.

_____. *A Sand County Almanac and Sketches Here and There*. London: Oxford University Press, 1949.

Light, Andrew. "Boyz in the Woods: Urban Wilderness in American Cinema." *The Nature of Cities: Ecocriticism and Urban Environments*. Ed. Michael Bennett and David W. Teague. Tucson: University of Arizona Press, 1999. 137-56.

Lopez, Barry, and Debra Gwartney. *Home Ground: Language for an American Landscape*. San Anonio: Trinity University Press, 2006.

Lorbiecki, Marybeth. *Aldo Leopold: A Fierce Green Fire*. Helena: Falcon Publishing Co. Inc., 1996.

Love, Glen. "Revaluing Nature: Toward an Ecological Criticism." *Western American*

Literature 25.3 (Nov 1990): 201-15.

Lowenthal, David. "Introduction." *Man and Nature*. Seattle: University of Washington Press, 1965. xv-xxxviii.

Lyon, Thomas J. *This Incomparable Land: A Guide to American Nature Writing*. Minneapolis: Milkweed Edtions, 2001.

MacDougall, Hugh C. "James Fenimore Cooper: Pioneer of the Environmental Movement." 1999. SUNY College at Oneonta. 1 Oct. 2009 〈http://www.oneonta.edu/external/cooper/articles/informal/hugh-environment.html〉.

Macpherson, C. B. *The Political Theory of Possessive Individualism: Hobbes to Locke*. Oxford: Oxford University Press, 1962.

Marsh, George Perkins. *Man and Nature*. 1864. Seattle: University of Washington Press, 1965.

Martin, Terence. "The Negative Structure of American Literature." *American Literature* 57 (1985): 1-22.

Marx, Leo. *The Machine in the Garden: Technology and the Pastoral Ideal in America*. New York: Oxford University Press, 1964.

Matthiessen, Peter. *Courage for the Earth: Writers, Scientists, and Activists Celebrate the Life and Writing of Rachel Carson*. New York: Houghton Mifflin, 2007.

Mazel, David. *American Literary Environmentalism*. Athens: University of Georgia Press, 2000.

McClintock, James I. *Nature's Kindred Spirits: Aldo Leopold, Joseph Wood Krutch, Edward Abbey, Annie Dillard, and Gary Snyder*. Madison: University of Wisconsin Press, 1994.

Meine, Curt. "The Utility of Preservation and the Preservation of Utility: Leopold's Fine Line." *The Wilderness Condition: Essays on Environment and Civilization*. Ed. Max Oelschlaeger. Washington D.C.: Island Press, 1992. 131-72.

Mellor, Mary. *Feminism & Ecology*. New York: New York University Press, 1997.

Merchant, Carolyn. "Ecofeminism and Feminist Theory." *Reweaving the World: The Emergence of Ecofeminism*. Ed. Irene Diamond and Gloria Feman Orenstein. San Francisco: Sierra Club, 1990. 100-5.

______. *Reinventing Eden: The Future of Nature in Western Culture.* New York: Routledge, 2004.

Meyer, Kinereth. "Landscape and Counter-landscape in the Poetry of William Cullen Bryant." *Nineteenth-Century Literature* 18.2 (September 1993): 194-211.

Michael, Mike. *Reconnecting Culture, Technology and Nature: From Society to Heterogeneity*. London: Routledge, 2000.

Mies, Maria, and Vandana Shiva. *Ecofeminism.* Halifax: Fernwood, 1993.

Miller, Angela. *The Empire of the Eye: Landscape Representation and American Cultural Politics, 1825-1875.* Ithaca: Cornell University Press, 1993.

Miller, Perry. *Errand Into the Wilderness.* Cambridge: The Belknap Press of Harvard University Press, 1956.

______. "Nature and the National Ego." *Errand Into the Wilderness.* 204-16.

Mitchell, W. O. *Who Has Seen the Wind.* McClelland & Stewart, 2000.

Muir, John. *The Mountains of California.* New York: Penguin, 2008.

______. *My First summer in the Sierra.* New York: Houghton Mifflin, 1911.

Murphy, Patrick. *Farther Afield in the Study of Nature-Oriented Literature.* Charlottesville: University of Virginia Press, 2000.

Murphy, Priscilla Coit. *What a Book Can Do: The Publication and Reception of Silent Spring.* Amherst: University of Massachusettes Press, 2005.

Naess, Arne. "The Shallow and Deep, Long-range Ecology Movement: A Summary." *Inquiry* 16 (1973): 95-100.

Nash, Roderick. *The Rights of Nature: A History of Environmental Ethics.* Madison: The University of Wisconsin Press, 1989.

______. *Wilderness and the American Mind.* 1967. 3rd ed. New Haven: Yale University Press, 1982.

Newman, Lance. "The Politics of Ecocriticism." *Review* 20 (1998): 71.

Newton, Julianne Lutz. *Aldo Leopold's Odyssey: Rediscovering the Author of A Sand County Almanac.* Washington D. C.: Island Press, 2006.

Nichols, Heidi L. *Anne Bradstreet: A Guided Tour of the Life and Thought of a*

Puritan Poet. Phillipsburg: P&R, 2006.

Norton, Brian. "Environmental Ethics and Weak Anthropocentrism." *Environmental Ethics: An Anthology*. Ed. A. Light and H. Rolston. Malden: Blackwell, 2003.

Novak, Barbara. *Nature and Culture: American Landscape Painting 1825-1875*. New York: Oxford University Press, 1980.

Nunnally, Patrick. "A Mind at Work: Aldo Leopold's A Sand County Almanac." *North Dakota Quarterly* 56.3 (Summer 1988): 79-86.

Oelschlaeger, Max. *The Idea of Wilderness: From Prehistory to the Age of Ecology*. New Haven: Yale University Press, 1991.

O'Grady, John P. *Pilgrims to the Wild*. Salt Lake City: University of Utah Press, 1993.

Opie, John. *Nature's Nation: An Environmental History of the United States*. Fort Worth, Texas: Harcourt Brace College Publishers, 1998.

Orenstein, Gloria Feman. "Artists as Healers: Envisioning Culture." *Reweaving the World: The Emergence of Ecofeminism*. Ed. Irene Diamond and Gloria Feman Orenstein. San Francisco: Sierra Club, 1990. 279-87.

Orr, David W. *Ecological Literacy: Education and the Transition to a Postmodern World*. Albany: State University of New York Press, 1992.

Ouderkirk, W., and Jim Hill, eds. *Land, Value, Community: Callicott and Environmental Philosophy*. Albany: State University of New York Press, 2002.

Passmore, John. *Man's Responsibility for Nature*. New York: Scribner's, 1974.

Patterson, Annabel. *Pastoral and Ideology*. Berkeley: University of California Press, 1987.

Paul, Sherman. *For the Love of the World: Essays on Nature Writers*. Iowa City: University of Iowa Press, 1992.

Payne, Daniel G. *Voices in the Wilderness: American Nature Writing and Environmental Politics*. London: University Press of New England, 1996.

Pearce, Roy Harvey. *Savagism and Civilization*. Baltimore: The Johns Hopkins University Press, 1953.

Pellow, David Naguib, and Robert J. Brulle. *Power, Justice, and the Environment: A*

Critical Appraisal of the Environmental Justice Movement. Cambridge: MIT Press, 2005.

Penna, Anthony N. *Nature's Bounty*. New York: M. E. Sharpe, Inc., 1999.

Perlin, John. *A Forest Journey: The Role of Wood in the Development of Civilization*. Cambridge: Harvard University Press, 1991.

Philbrick, Thomas. "Cooper's *The Pioneers*: Origins and Structure." *PMLA* 79 (December 1964): 579-93.

Plumwood, Val. "Wilderness Skepticism and Dualism." *The Great New Wilderness Debate*. Ed. J. Baird Callicott and Michael P. Nelson. Athens: The University of Georgia Press, 1998. 652-89.

Price, Jenny. "Thirteen Ways of Seeing Nature in L.A.: Part One." *Believer* 4.3 (April 2006). ⟨http://www.believermag.com/issues/200604/?read=article_price⟩.

______. "Thirteen Ways of Seeing Nature in L.A.: Part Two." *Believer* 4.4 (May 2006). ⟨http://www.believermag.com/issues/200605/?read=article_price⟩.

Rainwater, Catherine. "Intertextual Twins and Their Relations: Linda Hogan's *Mean Spirit* and *Solar Storms*." *Modern Fiction Studies* 45 (1999): 93-113.

Rans, Geoffrey. *Cooper's Leatherstocking Novels: A Secular Reading*. Chapel Hill: University of North Carolina Press, 1991.

Rapson, Richard L. *Magical Thinking and The Decline of America*. Bloomington: Xlibris, 2007.

Razak, Arisika. "Toward a Womanist Analysis of Birth." *Reweaving the World: The Emergence of Ecofeminism*. Ed. Irene Diamond and Gloria Feman Orenstein. San Francisco: Sierra Club, 1990. 165-72.

Regan, Tom. *The Case for Animal Rights*. Berkeley: University of California Press, 1983.

Regis, Pamela. *Describing Early America: Bartram, Jefferson, Crèvecoeur, and the Rhetoric of Natural History*. DeKalb: Northern Illinois University Press, 1992.

Robinson, E. Arthur. "Conservation in Cooper's *The Pioneers*." *PMLA* 82.7

(December 1967): 564-78.

Rockland, Michael Aaron. *Snowshoeing through Sewers: Adventures in New York City, New Jersey, and Philadelphia*. 1997. New Brunswick: Rivergate Books, 2008.

Rogers, Tim B. "Revisioning Our Views of 'Nature' Through an Examination of Aldo Leopold's *A Sand County Almanac*." *ISLE* 10.2 (Summer 2003): 47-73.

Rollin, Bernard E. *Animal Rights & Human Morality*. New York: Prometheus Books, 2006.

Rosenbaum, Walter A. *Environmental Politics and Policy*. Washington D.C.: CQ Press, 2008.

Ross, Andrew. *The Chicago Gangster Theory of Life: Nature's Debt to Society*. London: Verso, 1994.

Runte, Alfred. *National Parks: The American Experience*. Lincoln: University of Nebraska Press, 1979.

Sandler, Ronald, and Phaedra C. Pezzullo, eds. *Environmental Justice and Environmentalism: The Social Justice Challenge to the Environmental Movement*. Cambridge: MIT Press, 2007.

Sayre, Gordon M. "If Thomas Jefferson Had Visited Niagara Falls: The Sublime Wilderness Spectacle in America, 1775-1825." *The ISLE Reader Ecocriticism, 1993-2003*. Ed. Michael P. Branch and Scott Slovic. Athens: The University of Georgia Press, 2003. 102-23.

Scheese, Don. *Nature Writing: The Pastoral Impulse in America*. New York: Routledge, 2002.

Schlesinger, Arthur M. *The Age of Jackson*. Boston: Little, Brown and Company, 1945.

Schweitzer, Albert. *Out of My Life and Thought*. Trans. A. B. Lemke. New York: Holt, 1990.

Shabecoff, Philip. *A Fierce Green Fire: The American Environmental Movement*. New York: Hill and Wang, 1993.

Siebert, Charles. *Wickerby: An Urban Pastoral*. New York: Crown, 1998.

Singer, Peter. *Animal Liberation*. London: Pimlico, 1995.

Sivils, Matthew Wynn. "William Bartram's Travels and the Rhetoric of Ecological Communities." *ISLE* 11.1 (Winter 2004): 57-70.

Smith, Henry Nash. *Virgin Land: The American West as Symbol and Myth*. Cambridge: Harvard University Press, 1950.

Smith, John. *Capt. John Smith: Writings with Other Narratives of Roanoke, Jamestown, and the First English Settlement of America*. New York: Literary Classics of the United States, Inc., 2007

Snyder, Gary. *The Gary Snyder Reader*. Washington D.C.: Counterpoint, 1999.

_____. *No Nature: New and Selected Poems*. New York: Pantheon Books, 1993.

_____. *Turtle Island*. New York: New Directions, 1974.

Soper, Kate. *What Is Nature?: Culture, Politics and the Non-Human*. Oxford: Blackwell, 1995.

Soulé, Michael E. "The Social Siege of Nature." *Reinventing Nature? Responses to Postmodern Deconstruction*. Ed. Michael E. Soulé and Gary Lease. 130-170.

______, and Gary Lease, eds. *Reinventing Nature? Responses to Postmodern Deconstruction*. Washington, D.C.: Island Press, 1995.

Spretnak, Charlene. "Ecofeminism: Our Roots and Flowering." *Reweaving the World: The Emergence of Ecofeminism*. Ed. Irene Diamond and Gloria Feman Orenstein. San Francisco: Sierra Club, 1990. 3-14.

Starhawk, M. S. "Power, Authority, and Mystery: Ecofeminism and Earth-Based Spirituality." *Reweaving the World: The Emergence of Ecofeminism*. Ed. Irene Diamond and Gloria Feman Orenstein. San Francisco: Sierra Club, 1990. 73-86.

Sturgeon, Noel. *Ecofeminist Natures: Race, Gender, Feminist Theory and Political Action*. New York: Routledge, 1997.

Swyngedouw, Erik. "Modernity and Hybridity." *Annals of the Association of American Geographers* 89 (1999): 443-65.

Tarter, Jim. "Dreams of Earth." *Reading Under the Sign of Nature; New Essays in Ecocriticism*. Ed. John Tallmadge. Salt Lake City: University of Utah Press,

2000. 128-47.

Taylor, Paul. *Respect for Nature*. Princeton: Princeton University Press, 1986.

Thayer, Robert L. Jr. *Life Place: Bioregional Thought and Practice*. Berkeley: University of California Press, 2003.

Thomas, Brook. *Cross-Examination of Law and Literature: Cooper, Hawthorne, Stowe, and Melville*. Cambridge: Cambridge University Press, 1987.

Thoreau, Henry David. *Thoreau in the Mountains. Ed. William Howarth*. New York: Farrar, Straus and Giroux, 1982.

_____. *Walden: or, Life in the Woods, on the Duty of Civil Disobedience*. New York: Rinehart, 1948.

_____. *Walden and Resistance to Civil Government*. 1854. 2nd ed. New York: W. W. Norton & Company, 1992.

_____. *The Writings of Henry D. Thoreau: Journal*. Ed. John C. Broderick et al. Princeton: Princeton University Press, 1981.

Tichi, Cecelia. *New World, New Earth: Environmental Reform in American Literature from the Puritans through Whitman*. New Haven: Yale University Press, 1979.

Toohey, Michelle Campbell. "The Land of Little Rain: Remembering the Coyote." *Exploring Lost Borders: Critical Essays on Mary Austin*. Ed. Melody Graulich and Elizabeth Klimasmith. Reno: University of Nevada Press, 1999. 203-20.

Townsend, Patricia K. *Environmental Anthropology: From Pigs to Policies*. Long Grove: Waveland Press, 2009.

Tuan, Yi-Fu. *Space and Place: The Perspective of Experience*. Minneapolis: University of Minnesota Press, 1977.

_____. *Topophilia*. Englewood Cliffs: Prentice-Hall, 1974.

Twain, Mark and Charles Dudley Warner. *The Gilded Age: A Tale of To-Day. 1873-1874*. New York: The Bobbs-Merrill Company, 1972.

Valen, Nelson Van. "James Fenimore Cooper and the Conservation Schism." *New York History* 62.3 (July 1981): 289-306.

Vaughan, Alden T. *Roots of American Racism: Essays on the Colonial Experience.* New York: Oxford University Press, 1995.

Wakoski, Diane. "Edward Abbey: Joining the Visionary 'Inhumanists'." *Earthly Words: Essays on American Nature and Environmental Writers.* Ed. John Cooley. Ann Arbor: University of Michigan Press, 1994. 29-34.

Wallach, Alan. "Making a Picture of the View from Mount Holyoke." *American Iconology: New Approaches to Nineteenth-Century Art and Literature.* Ed. David C. Miller. New Haven: Yale University Press, 1993. 80-91.

Warren, Karen. *Ecofeminist Philosophy.* New York: Rowman & Littlefield, 2000.

White, E. B. *Here is New York.* New York: The Little Bookroom, 1976; Harper & Bros., 1949.

Wideman, John. *Philadelphia Fire.* New York: Vintage, 1991.

Wilk, Richard, and Nora Haenn. *The Environment in Anthropology: A Reader in Ecology, Culture, and Sustainable Living.* New York: New York University Press, 2005.

Williams, Raymond. *Problems in Materialism and Culture.* London: Verso, 1980.

Wilton, Andrew. "The Sublime in the Old World and the New." *American Sublime: Landscape Painting in the United States 1820-1880.* Ed. Andrew Wilton and Tim Barringer. Princeton: Princeton University Press, 2002. 11-37.

Wolf, Bryan Jay. *Romantic Re-Vision: Culture and Consciousness in Nineteenth-Century American Painting and Literature.* Chicago: University of Chicago Press, 1982.

Worster, Donald. *Nature's Economy: A History of Ecological Ideas.* Cambridge: Cambridge University Press, 1985.

Zimmerman, Michael E. "Deep Ecology and Ecofeminism: The Emerging Dialogue." *Reweaving the World: The Emergence of Ecofeminism.* Ed. Irene Diamond and Gloria Feman Orenstein. San Francisco: Sierra Club, 1990. 138-54.

찾아보기

[ㅇ]

[ㅈ]

[ㅎ]

Abstract

Changes in the American View of Nature and Ecological Awareness

Edited by Moonsu Shin

This book aims to trace the changing views of nature in American society and the development of ecological awareness propelled by these changes through the historical process, from the colonial period to the present. More specifically, this book divides the historical process into eight different phases to support its detailed investigation. During the colonial period, two contrasting views of nature emerged in the writings of British discoverers and settlers: one was found in the early settlers' perception of the New World as an Arcadia that invited the establishment of a human community and the other was derived from the Puritan view of the new colony as "a desolate and howling wilderness" inhabited by native savages. The latter view of nature became predominant as the New England way increasingly prevailed in North America. However, a shift in the view of nature occurred after the British colony gained independence. Nature was no longer seen as wilderness or as an obstacle that impeded the progress of civilization. Instead, it was celebrated as a national symbol that promised prosperity to the people of the new republic, as well as an important source of national identity and pride. In the Jackson-era, America industrialized rapidly with technological advancement and the growth of the market economy, and the subsequent degradation of the natural environment instigated the emergence of an ecological awareness, which upheld nature not as a source of raw materials for mankind to exploit but as a living organism to be cherished in its own right. Such a new attitude to nature was demonstrated quintessentially in the writings of Henry David Thoreau, who is now justifiably regarded as the father of American environmentalism.

As the Gilded Age that followed witnessed further destruction of nature, environmental protection became a national agenda. Consequently, a grass root movement which called for nature conservation and the spread of environmental consciousness was launched under the direction of environmental protectionists like John Muir, who created the famous Sierra Club. The Sierra Club campaigned for the establishment of national parks, achieving initial success with the designation of Yosemite as the first national park in the United States. With the continuing acceleration of industrialization during the first half of the twentieth century, the biocommunity had rapidly deteriorated. Doubts about Western technological civilization, skepticism about Western modernity, and concern about the emphasis on progress were voiced. The worldwide call to change from anthropocentrism to ecocentrism rang loud and clear. From this grew Aldo Leopold's idea of land ethic, which was praised as a call to action for the new era. The atomic bomb, which paved the way to end World War II, reminded people that modern industrialized civilization had been on a path toward its own annihilation, and Rachel Carson's *Silent Spring*, published in 1962, once again depicted in vivid terms how self-destructive it was. A worldwide environmental movement to save the Earth developed from these ominous warnings. Ecofeminism, born in the 1970s from the idea that women should spearhead the movement to save the dying Earth, played a key role in spreading the new ecological paradigm, while urging male-oriented society to reflect on its social systems and their management. Approaching the end of the twentieth century, the environmental movement once again geared itself up to gain momentum in a campaign to green the brown landscapes of urban areas, as cities had been overlooked by the movement for a long time. Thus, nature has been a key factor in fostering and transforming the identity of American people and their social consciousness throughout the nation's history.

필자 소개

강규한

서울대학교 영어교육과를 졸업하고 동 대학원 영어영문학과에서 영문학 박사학위를 받았다. 현재 국민대학교 영어영문학과 교수로 재직 중이다. 주요 논문으로 「생태비평: 자연문학의 변주인가, 문학연구의 새로운 지평인가」, 「동물권리와 자연의 언어: 생태비평적 접근」, 「환경적 정의의 새로운 관점: 여성적 관점의 재발견」 등이 있다.

권영락

서울대학교 지리교육과를 졸업하고, 동 대학원에서 석사과정을 마친 후 환경교육 협동과정에서 박사학위를 받았다. 현재 한국교육과정평가원 연구원으로 재직 중이다. 주요 논문으로 「장소기반 환경교육에서 장소감의 발달과 환경의식의 변화」, 「지역사회 쓰레기소각장 입지 갈등에 관한 연구」 등이 있다.

김원중

성균관대학교 영어영문학과와 동 대학원 석사과정을 졸업하고 미국 아이오와 대학에서 영문학 박사학위를 받았다. 현재 성균관대학교 영어영문학과 교수로 재식 중이다. 주요 논저로 「생태문학과 동양사상 : 또 다른 오리엔탈리즘인가?」, 「자연에의 애무 : 게리 스나이더의 생태학적 이상」, 「생태묵시록으로서의 엘리엇의 『황무지』」, 『브라우닝의 사랑시 연구』 등이 있다.

박찬구

서울대학교 철학과와 동 대학원 윤리교육과를 졸업하고 독일 튀빙엔 대학에서 철학 박사학위를 받았다. 현재 서울대학교 윤리교육과 교수로 재직 중이다. 주요 논저로 「영국 도덕감 학파와 칸트에 있어서의 도덕감」, 「전 비판기의 칸트 윤리학」, 『윤리학의 다섯 가지 유형』(역서), 『개념과 주제로 본 우리들의 윤리학』 등이 있다.

신두호

충남대학교 영문과를 졸업하고 미국 스티븐 오스틴 주립 대학(Stephen F. Austin State University)에서 석사학위, 펜실베이니아의 인디애나 대학(Indiana University of Pennsylvania)에서 박사학위를 받았다. 현재 강원대학교 영미언어문화학과 교수로 재직 중이다. 주요 논문으로는 「영미정전 소설에 대한 생태비평적 읽기의 문제점」, 「비평 영토의 사유화 : 생태비평과 내러티브 학문」, 「녹색과 갈색의 경계지대 : 미국 도시근교 자연문학과 생태비평의 영역확장」, 「생태학적 사유 : (인)문학과 자연과학의 대화」 등이 있다.

신문수

서울대학교 영어교육과와 동 대학원 영문학과를 졸업하고 미국 캘리포니아 대학(버클리)에서 석사학위, 하와이대학에서 영문학 박사학위를 받았다. 현재 서울대학교 영어교육과 교수로 재직 중이다. 주요 논저로 『타자의 초상: 인종주의와 문학』, 『자연』(역서), 「장소· 인간· 생태적 삶」, 「고래·『모비딕』· 생태주의적 비전」, 「자연 체험의 중요성: 갈색 도시 환경과 청소년의 인성 발달」 등이 있다.

임우진

한국외국어대학교 영어과를 졸업하고 동 대학원 영문과에서 영문학 석사학위와 박사학위를 받았다. 현재 한국외국어대학교 영문학과 강사로 재직 중이다. 주요 논저로는 「초기 미국 문학의 형성연구」, 「헤테로토피아로서의 미국의 자연」, 『미국문학기행』 등이 있다.

장경순

성균관대학교 영어영문학과와 동 대학원 석사 과정을 졸업하고 미국 펜실베이니아의 인디애나 대학(Indiana University of Pennsylvania)에서 영문학 박사학위를 받았다. 현재 신라대학교 영어영문학과 교수로 재직 중이다. 주요 논문으로는 「인종과 자연에 관한 윌리엄 포크너의 대화적 담론」, 「『마마 데이』: 인간중심주의를 넘어 대화적 공존을 향하여」, 「유도라 웰티의 『황금사과』: 대화주의를 통한 여성들의 목소리 찾기」 등이 있다.